许中缘 崔雪炜
袁治杰 于宪会
等著

国别卷 上

中外土地征收制度比较研究

◎「十三五」国家重点图书出版规划项目
◎国家出版基金资助项目
◎国家社科基金重大项目「中外土地征收制度的资料整理与比较研究」（14ZDB125）研究成果

CTS
湖南人民出版社
·长沙·

目
录
CONTENTS

第九章
澳大利亚土地征收制度研究 /681

后　记 /706

第一章

美国土地征收制度研究

尽管美国学者对于美国土地征收法的改革内容多有争议，但基于对美国土地征收法修改过程中的问题修正的审视，能够反思我国土地征收制度改革中的诸多相同问题，进而提供解决思路。总体上而言，美国征收法对于征收目的范围呈现缩小趋势，禁止以发展经济为目的的征收立法改革仍旧存在缺陷，立法机关"精心制定"经济发展计划的能力应当获得落实和实施；[1]公开的立法听证能够保障政治过程的公正性和民主参与性，而由立法机关享有对征收计划的审查和审批权面临合理性的质疑；征收补偿摒弃公平市场价值的唯一衡量标准，对于贫困地区的非经济价值亦给予一定补偿，以解决地租差异造成的价值不公正，但亦应防止出现补偿过度或补偿不足的情形；土地征收的程序控制对于征收正当性的限制有重大影响，赋予被征收人更多的程序性权利，能够有效地抑制征收权被滥用的问题。本部分将对美国土地征收的公共利益、补偿机制、程序控制和救济机制四个主要方面进行阐述，以期为我国征收制度的完善提供可供参照适用的范型。

---

[1] 参见邹爱华：《美国土地征收法的新发展及其对我国的启示》，《现代法学》2013年第4期。

第一节　美国土地征收制度中的公共利益

一、美国土地征收的公共使用到公共利益

（一）美国土地征收中公共使用理论的产生

在美国的后殖民时期，殖民统治者授予创始家庭的土地逐渐通过继承和转让得以细化，农业、商业、住宅用地出现。由此，殖民地定居点演变成城市、乡镇和县，最终获得政府地位和立法权①，但这些城市不能被视为主权实体，而只是被国家法律授权的国家产物，并用以影响和指导公民的健康、安全和福利。到 18 世纪末，殖民土地所有者已经习惯政府为了公共健康、公共利益甚至美学而在土地上进行建设。如纽约市在 1787 年为实现城市发展，被授权颁布法律来指导私人土地所有者在某些社区统一安排建筑物以供更多群众使用。由此，公共使用渐现雏形，私人土地更多地转化为公共用途，用来满足殖民

---

① See John R. Nolon，Historical Overview of the American Land Use System A diagnostic approach to Evaluating Governmental Land Use Control. Social Science Electronic Publishing （2006）.

统治者对殖民地区的管理和统治。

美国大革命爆发后，美国从英国殖民统治中独立出来，拥有完整的土地权利，美国的政府体系也于 1780 年建立起来。由于那些经历过殖民主义的公民对财产的征用特别谨慎，一些州的宪法在此之前就率先规定了对财产权的额外保护，1776 年，"公共使用"条款首次出现在宾夕法尼亚州和弗吉尼亚州的宪法中①。但由于那时候美国的政府体系尚未建立，美国宪法也未颁行，因此这两个州的做法并未给美国公共使用理论带来太大的影响。

直到 18 世纪 80 年代，才有几位立法者和法官建议联邦政府应当有权征收州内的财产，并提出被征收的财产可被用于战争、外交和城市内部改进三个方面②。1787 年《美国联邦宪法》颁布，在条文的第 1 条第 8 款中用极其笼统的语言对政府的土地征收权作出了规定。随后，更多的立法者和学者关注到土地征收问题，并认识到如果对政府的征收权不加以限制的话，可能会危害到私有财产权利。1789 年，詹姆斯·麦迪逊在关于《权利法案》的审议过程中提出一项关于土地征收的法案，他认为该法案可以遏制政府土地征收权的滥用③。该提案经过部分修订后，于同年被批准为《美国联邦宪法》（第五修正案）的一部分。1791 年，《美国联邦宪法》（第五修正案）正式颁布，其有关条款提出："非有公正补偿，不得征收私有财产为公共使用。"就此，美国

①See Emily A. Johnson, Reconciling Originalism and the History of the Public Use Clause, 79 Fordham Law Rev. 2010, p.265.

②See Nolon John R., Historical Overview of the American Land Use System A diagnostic approach to Evaluating Governmental Land Use Control. Social Science Electronic Publishing（2006）.

③See Mark C. Landry, The Public Use Requirement in Eminent Domain – A Requiem, 60 Tulane Law Rev. 1985.p.419.

土地征收中的公共利益理论正式确立。值得注意的是，立法者在对"公共使用"措辞的选择上十分慎重，其最后尽量选择了含义明显且客观的词语，以此也可以看出立法者对限制政府权力的期望十分明显[1]。

其后，1868年颁布了《美国联邦宪法》（第十四修正案），将公共使用条款向各州推行。该修正案第一款规定："不经法定程序不得剥夺任何人的财产。"[2] 该规定不仅加大了宪法对财产权的保护力度，相应地也对法院对财产权的保护提出了更高的要求。[3]

（二）美国公共使用理论向公共利益理论的转变

公共使用理论从产生起到19世纪上半叶一直采用的是狭义解释，法院在审判土地征收案时以不得征收私人财产用于另一私人使用作为其判案的基本原则。关于这一原则，在卡莱诉布尔案中，法官凯斯做了经典的阐述："联邦或州的立法不得超越权限。一些重大的原则决定着立法的界限，其中包括……或者征收私人财产转移给另一私人使用，这些都是毫无道理且违背公正的，更不符合人民赋予立法机关的权力[4]。"

19世纪下半叶，技术创新以前所未有的速度发展，私营公司越来越多地开始寻找更多土地以实现自己的目标。[5] 各州也开始授予一些私人公司在建设铁路、桥梁、运河等工程时强制征收土地的权力。在19

---

[1] See Richard A.Epstein，Takings： Private Property and the Power of Eminent Domain，Harvard University Press（1985）.

[2] See U.S. CONST. Amend. XIV.

[3] See Gideon Kanner，Unequal Justice Under Law，41 Loy. L.A. L. REV. （2008）.

[4] See Calder V. Bull，3 U.S. 386 （1978）.

[5] See William A. Fischel，The Political Economy of Public Use in Poletown： How Federal Grants Encourage Excessive Use of Eminent Domain，2004 Mich. St. L. Rev. 2005，pp.929—930.

世纪末和 20 世纪初的几起案件中，美国最高法院指出，向私人当事人提供公共利益违反了公共使用或正当程序条款。这些早期最高法院的判决以及大多数 19 世纪法学家的观点是，这些目的在征用领域违反了公共使用的要求。①他们之所以坚持狭义的公共使用理论是因为他们担心在工业革命高涨的情况下，若不对政府的征收行为做出严格限制，政府会在日益增多的征收中出现滥用征收权情况。

但显然这些观点无法适应当时快速发展的工业需要。部分州法院开始支持政府授权私人公司使用征收土地以发展公共事业的行为，主张只要征收有利于公共工程的完成，即使被征收的财产不被公众所直接使用也是合法的。由此，出现了公共使用理论由狭义向广义的转变。在很长一段时间里，这两个理论一直处于博弈状态，并没有确定的输赢。直到 20 世纪 30 年代，美国联邦法院通过一个里程碑式的判例，才使公共使用理论的广义解释为美国所接受。因此，公共利益这一概念的扩展，在 1930 年代到 1940 年代通过经济实体程序的转让和 1940 年代及 1950 年代的城市更新驱动得以实现。对公共使用的广义解释大大跳出了狭义解释的范围，因为只需要一个潜在的公共利益，而不是公众的实际使用，或者说只是大部分的意义上的公共有利。②征收中的"公共使用"几乎只要求符合一些潜在的，可以被使用的公共利益。③

总结美国公共利益理论的发展过程，可以概括为从公共使用理论

---

①See Hairston v. Danville & Western Ry. Co., 208 U. S. 598, 606（1908）.

②See Lawrence Berger, The Public Use Requirement in Eminent Domain, 57 OR. L. REV. 1978, pp.203—205.

③See Steven E. Buckingham, Comment, The Kelo Threshold: Private Property and Public Use Reconsideration, 29 U. Rich L. Rev.2004, pp.1279—1289.

向公共利益理论的转变，而在这两大理论下对应五个要素，以展示不同阶段"公共使用"的内涵变化。

1. 两大理论

根据美国最高联邦法院的判决分析，公共使用可以被分为以下两个理论：一个是传统的实际使用理论，另一个是当代的公共利益理论。[①]

实际使用理论也被认为是对"公共使用"的狭义解释，该理论要求政府或公众实际使用被征收的财产[②]（例如军事设施、公路、铁路和公用事业）。这种狭隘的观点反映了那个时代的法学信念，即公共使用条款是一个直截了当的简单概念，只有在公众真正使用该土地时才允许政府获得私有财产，实际使用理论的基本要求就是土地存在被公众物理使用的部分。[③]该理论下最典型的征收类型是军事基地，或学校、医院等。政府征收的主要目的是加强对社会的管理和发展公共事业，而被征收的土地必须是能在实际上被公众使用的或是有被公众使用的机会。[④]

19世纪后期，当法院开始通过《美国联邦宪法》（第十四修正案）来向全国推行时，越来越多且自然地将"公共使用"解释为"公共目的"[⑤]。公共目的的测试基本上将"公共使用"与"公共利益"等同起来，

[①]See Kelo v. City of New London，125 S. Ct. 2655（2005）.

[②]See Nathan Alexander Sales，Classical Republicanism and Fifth Amendment's "Public Use" Requirement，49 DUKE. J. 339，1999，p.345.

[③]See Thomas W. Merrill，The Economic of Public Use，72 Cornell Law Review，1986.pp.67—68.

[④]See Eric L. Silwood，The Downlow on Kelo：How an Expansive Interpretation of the Public Use Clause Has Opened the Floodgates for Eminent Domain Abuse，109 West Virginia Law Review，2007.p.499.

[⑤]See Fallbrook Irrigation Dist. v. Bradely，164 U.S. 158-64（1896）.

重点关注到公众从征收的土地中所获得的益处。[①] 因此，从 20 世纪初到中旬，公共利益理论逐渐引入，实际使用理论出现削弱，进一步让位给公共利益理论。公共利益理论的盛行是因为法院关注到公共利益是由财产征收带来的，而不是在公共使用中产生的。在公共利益理论下，公共使用（public use）是公共获利（public advantage）的同义词，公共获益（public advantage）是一种公共利益（public interests）或公共目的（public purpose），且法院遵从公共利益理论下立法机关对公共利益的定义。[②] 该理论不再要求公众需要实际地、有物理接触地使用被征收的土地，而将重点放在利益上，即只要被征收的土地能够给公众带来利益或者好处，就符合"公共使用"。其既允许将征收的土地转化给私人使用的行为，也允许征收的土地仅仅是为了未来的可能利益。

发展到后期的实际使用理论认同将财产从私人业主 A 转移到私人铁路公司 B 的做法，但只有在整个公众能够实际使用被征收的财产的情况下，这种做法才有利于整个公众。实际使用和公共利益之间的差别是一条细线，因为所有实际用途都是公共利益，界定两者的困难在于确定公共利益是否符合公众的实际用途[③]。

---

① See West River Bridge Co. v. Dix，47 U.S. 597（1848）.
② See Kelo v. City of New London，125 S. Ct. 2668（2005）.
③ See Emily L. Madueno，The Fifth Amendment's Takings Clause： Public Use and Private Use；Unfortunately，There is No Difference，40 Loyola of Los Angeles Law Review，2017，p.809.

2. 五大要素

从公共使用理论转向公共利益理论的转变不是一蹴而就的，"公共使用"的概念在实践中实现了一次次的拓展，并经历了以下五个重要阶段或要素：

第一，通过政府完成的公共使用。该要素要求征收的使用必须是通过政府来实现的，而只有政府是公共的代表，例如空军基地。该理论只包括"政府自己或通过其部门或官员作为政治目的使用，其就政府而言，是一种政治实体，如为堡垒、灯塔、码头而占用土地"[1]。在这种实际使用形式下，政府保留所有权，并以公众的名义使用所取得的财产，但实际是一般公众作为个人不得使用军事设施。因此在这一要素中，一般民众不参与实际使用。然而，一般公众无法实际获取所占有的财产，这一情况并不意味着对公共使用的减损，例如，政府拥有一个以公众名义为公众提供国防的空军基地，然后政府保留所有权，不将所取得的财产转让给提供公共利益的私人。[2]这是不同于典型的公共利益征收，公众实际上是通过其代表人民的名义的整体来使用被占有的财产。

第二，实际上的公共使用。这一要素强调公众，不再仅是政府使用土地，个人也参与到土地使用中去。例如公路或者公园。该要素包括政府与公众实际使用和持有的财产。以公共道路为例，政府以公众的名义保留某条道路的所有权，但不同于第一类要素中的公共用途，一般市民个人可实际使用道路[3]。

---

①See Bloofgood v. Mohawk & Hudso R.R，18 Wend. 59（N.Y. Sup. Ct. 1837）.

②See Bloofgood v. Mohawk & Hudso R.R，18 Wend. 59（N.Y. Sup. Ct. 1837）.

③See Bloofgood v. Mohawk & Hudso R.R，18 Wend. 59-60（N.Y. Sup. Ct. 1837）.

第一类要素和第二类要素共同构成传统的公共使用理论。该理论强调土地必须实际上被大多数人使用或为公众谋利，而将任何私人使用征收土地的情况排除在外。

第三，转化为私人财产而实际上为公共使用。[①] 第三类公共使用是在19世纪，特别是在交通和工业经济快速发展时期发展起来的[②]。这一类型在实际操作中最为广泛，因为政府不能保留其所征收的所有的土地的所有权。在这一要素中，政府可以将征收所获得的私有财产转让给另一个私人团体，使其可供公众使用。另外，通过法令授权后，私人可以直接使用财产，而不用政府来作为中间人[③]。铁路和公用事业是第三类要素的典型代表。在1831年的Beekman诉Saratoga案中，最高法院认为，纽约州宪法公共条款允许政府征收土地转移给另一私人使用，去建设铁路[④]。私有铁路公司是所拥有财产的所有者和主要使用者，然而，公众仍然有权乘坐铁路公司运营的火车或通过铁路公司作为共同承运人运送货物。虽然铁路和公用事业案例符合实际使用理论，但它们削弱了实际使用理论，并从传统的实际使用理论中分离出来，土地征收不再以政府为主体，相反转变为那些可以使土地真正变为公共使用的私人或者个体[⑤]。第三类要素拓展了前两类公共用途，因为除了公共用途，这些用途也赋予私人一些利益。因此，第三类要素

---

①See Beekman v. Saratoga & Schenectady R.R., 3 Paige Ch. 45（N.Y. Ch. 1831）.

②See Laura Mansnerus, Public Use, and Judicial Review in Eminent Domain, 58 N.Y.U.L.Rev. 1983,p.409.

③See Clark v. Nash, 198 U.S. 361, 370（1905）.

④See Beekman v. Saratoga & Schenectady R.R., 3 Paige Ch. 73-75（N.Y. Ch. 1831）.

⑤See Emily L. Madueno, The Fifth Amendment's Takings Clause： Public Use and Private Use； Unfortunately, There is No Difference, 40 Loyola of Los Angeles Law Review, 2017, p.809..

属于实际使用理论与公共利益理论的折中。公众接受这种折中，因为私人当事人可以最大限度地从财产中衍生出公共利益，而这是公有制不能有效地实现的。①

　　第四，未被公众实际使用但是产生了直接的公共利益和目的。这一要素的出现标志着公共利益理论的形成。该要素侧重于直接的公共利益或其所产生的目的，而并不要求公众实际使用了土地。第四类要素涉及采取措施消除某些公共伤害，例如荒芜地区，尽管这种行为可能包括损害一个荒芜地区内的非破败的财产。②而该理论是从著名的伯尔曼诉帕克尔案中产生的。

　　该案发生在 20 世纪四五十年代。当时华盛顿特区的部分地区出现了严重的城市枯萎病，即大量建筑物严重失修，城市普遍缺乏公用设施、医疗设施。因此，哥伦比亚特区颁布了《城市再规划法案》，授权一个土地开发机构通过征用和其他方式来规划华盛顿地区的房地产，并将该地区房产转让给一家私人开发公司，让其对城市中的破败地区进行规划，处理相应的拆迁、迁居工作。而在规划区域内，有一家经营店的店主麦克斯·麦若思的房屋并不属于规划法案中破败的标准，但其依旧要被拆除。土地所有者对此提起诉讼，主张该行为违反了《美国联邦宪法》（第五修正案）中公共使用的条款的规定。最后该案被上诉到联邦最高法院，法院认定：首先，政府征收的土地可以转让给私人使用以发展公共目的。法院主张该案如果通过将征收的土地转让给私人使用可以更好地实现土地价值，那么宪法就不一定非得

---

①See Emily L. Madueno，The Fifth Amendment's Takings Clause： Public Use and Private Use； Unfortunately，There is No Difference，40 Loyola of Los Angeles Law Review，2017,p.809.
②See Berman V. Parker，384 U.S. 2632（1954）.

要政府来行使该土地的所有权。[1]其次，政府为了消除破败地区带来的具有伤害性的征收行为，也应当属于公共使用的内容。

伯尔曼诉帕克尔案30年后，美国最高联邦法院在夏威夷房屋管理局诉米的基夫案中，再次对公共利益理论下的"公共使用"赋予新的内容，取消了第四要素中要求土地存在"有害"这一条件，而逐渐体现出只要征收可以带来经济发展就属于公共利益这一思想。该案体现了第四要素向第五要素的转变。

在该案的审理中夏威夷立法机关发现，除联邦政府拥有该州近49%的土地，有47%的该州土地仅被72个私人所有。这种土地所有权的寡头垄断不仅抬高了该州土地的价格，还损害了公众利益。因此在1967年，夏威夷立法机构通过土地改革方案，试图利用其领土权力将土地从这72名土地所有者手中夺取过来，进而在私人承租人中进行更均匀的分配。征收过程中，夏威夷房屋管理局发现，征收米的基夫的土地可以实现其预期的公共利益，因此要求强制仲裁米的基夫的土地。但米的基夫并未按规定执行，而是上诉到联邦地区法院，主张房屋管理局的行为违反了《美国联邦宪法》（第五修正案）。联邦最高法院维持了原判决，理由如下：第一，国会有权认定某些财产的重建符合公共目的，并可以采取合理的方式促进该目的的实现；第二，采取合理的方式包括征收和转移该规划区域内未受到破坏的财产，并对被征收财产实行完全的所有权并转移给私人重建公司；第三，当被征收人获得了相应的补偿时，征收行为应当被认为符合《美国联邦宪

---

[1]See Berman V. Parker，384 U.S. 2648（1954）.

法》（第五修正案）中的规定①。

第五，未被公共使用也未产生直接的公共目的和利益（但是可能会产生未来利益或满足未来目的）。直到 2005 年凯洛案的出现，公共利益理论的发展达到了最高峰，第五类要素也相应产生。第五类要素与第四类要素密切相关，也缺乏公众的实际使用；然而，第五类因侧重于间接的公共利益或目的而与第四类要素略有不同。不像受直接公共利益或目的所规范的那样，受非直接公共利益或目的所规范的征收不会消除任何损害，同时也不能保证产生任何公共利益征用财产以重建或促进经济发展。

凯洛案中既不存在荒败土地，也没有寡头政治的垄断，其征收的原因仅仅是新伦敦市被康涅狄格州认定为"经济萧条城市"，而州政府希望通过征收实现经济振兴。在该案下，联邦最高法院做出了两项引起轩然大波的判决：第一，为实现经济的发展而实行的征收属于"公共使用"的范畴；第二，最高法院应当尽可能地遵循立法机构的征收议案。

该案是迄今为止联邦法院对公共利益审理的最新判决，也代表了美国公共理论的最新内涵。可以看出，在第五类要素下，几乎排除了所有公共利益的限制，只要征收可以带来经济利益，就可以视为满足公共利益的目的。

（三）从凯洛案中的反对意见看公共利益理论的未来趋势

凯洛案仅以 5∶4 的微弱多数支持了州政府的征收行为，而持反对意见的法官所做的陈述却更为学界和社会所认可，并加以主张。

---

① See Berman V. Parker，384 U.S. 2658（1954）.

　　法官桑德拉·戴·奥康纳主写了这份反对意见。她首先指出："该判决清除了所有私人使用和公共使用的区别——这等于是把'为了公共使用'这几个字眼从《美国联邦宪法》（第五修正案）中完全地剔除。①"因此，她将该案的事实与伯尔曼和米的基夫的事实区分开来，分析认为，在伯尔曼案和米的基夫案中，虽然也同凯洛案一样存在事先征收的情况，但该事先征收行为中确实存在肯定会对社会造成伤害或存在社会经济弊病的情况；且在那两个案件中，财产的事前征收都正在有利于消除伤害，使土地很好地为公众所使用，而以上两个重要前提是不被凯洛案所具有的②。同时，她根据伯尔曼和米的基夫案的判决结果，总结出三类在《美国联邦宪法》（第五修正案）允许下的公共使用的类型：第一类，将征收的土地转化为公共所有，这一类型的公共使用包括公路、医院、武装防护；第二类，将征收的土地转化为私人所有，但该土地最终应当被公众使用，铁路、公共设施建设、体育场馆则属于这一类型的公共使用；第三类，在特殊情况下，征收可能不会被公众所使用，但是符合公共目的③。其次，她认为为经济发展而动用征收权只是在为了避免坏的财产变得更坏时才是合乎宪法的，若只是为了把好的财产变得更好不足以满足公共利益的需要④。最后，她对法院和立法机关的角色进行了讨论，认为尽管尊重立法机关和市政行政官对公共目的的意义非常重要，但法官应当维持一定的角色和作用，对公正的政府权力进行限制和司法检查。

---

①See Kelo v. City of New London，125 S. Ct. 2676（2005）.（O'Connor, J., dissenting）.
②See Kelo v. City of New London，125 S. Ct. 2678（2005）.（O'Connor, J., dissenting）.
③See Kelo v. City of New London，125 S. Ct. 2678（2005）.（O'Connor, J., dissenting）.
④See Kelo v. City of New London，125 S. Ct. 2680（2005）.（O'Connor, J., dissenting）.

　　同样持反对意见的还有大法官克拉伦斯·托马斯，他除了在反对奥康纳的反对意见上签字，自己另外还撰写了一份反对意见稿。首先，他把更多的关注点放在对"公共使用"本身的文本的解读上。其主张"公共使用"只应当限于本身的公共的意义上，且反对将公共使用解释为公共目的，"如果公共使用和私人使用都属于公共使用的话，宪法就没必要单独把公共使用一词作为内容了"①。其在解释"使用"一词时提出，可以把使用当作"雇佣"来理解，即政府有权征收私人土地，而公众享有合法的使用被征收的土地的权利。同时他反对将征收的土地转移给没有公共使用权的个人，即使该征收行为可能会产生公共利益。其次，托马斯大法官反对在解释公共使用时引入公共利益的概念，认为《美国联邦宪法》（第五修正案）的目的是限制政府权力而不是授予政府权力，如果公共利益可以作为对公共使用的限制的话，那在最开始创立宪法时就应当使用该概念了。

　　从这两份反对意见及学界对这两份意见支持的呼声中可以看出，美国的公共利益理论在未来的发展中会作出以下两方面的改变：第一，对公共利益理论的内涵进行限缩。最后采取哪一要素下的公共利益内涵目前并没有定论，但笔者认为对公共利益内涵的缩小不得过于严苛，至少不能回到实际的公共使用理论中去。因为，随着经济的发展，土地的用途必然更加多元化，土地征收所带来的利益也必然呈现多种形式。若严格地将公共使用限定在必须由公众实际参与到土地使用中去，而完全排除通过他种形式的转化来实现公共利益，一方面无法顺应时代的发展，另一方面弱化了土地所能带来的利益。第二，保障法院在

---

① See Kelo v. City of New London，545 U.S. at 506.

司法审查中的职能。根据三权分立的要求，法院必须发挥其司法审查的职能，加大对政府行政行为的审查，以更好地保障私人土地所有者的财产权利，并防止政府权力的滥用。

二、美国土地征收中公共利益的规范分析

尽管目前美国联邦最高法院对土地征收中公共利益的界定及其司法职能受到了很大的质疑，但我们不能否认其长期形成的对公共利益的立法模式、程序控制和救济措施上的优异性。

（一）美国公共利益的立法模式

自从联邦最高法院在 2005 年的凯洛案中作出不受欢迎的决定以来，47 个州的立法者已经提出并通过了限制政府在私人使用领域的权力范围的立法。[1] 有 30 个州制定法规，并将重点放在防止征用权的滥用上。而在这 30 个州中，有 27 个州的州长已经签署法令将改革列入法律。[2] 爱荷华州、亚利桑那州和新墨西哥州是仅有的三个否定征用权改革的州，而爱荷华州是率先否决征用权改革的州。从这些州的立法措施中，我们可以总结出美国对公共利益的立法模式，并汲取有用之处加以学习。

第一，通过修改宪法概括地对征收目的作出规定或限制。例如新罕布什尔州通过宪法修正案规定征收必须适于私人发展或其他个人可

---

[1]See Lisa Knepper and John Kramer，Iowa Legislature Overrides Eminent Domain Reform Veto：History Event Secures Greater Property Protection，详见 http：//www.castlecoalition.org/media/releases/7_14_06pr.html（最后访问 2017 年 12 月 28 日）.

[2]See Lisa Knepper and John Kramer，Iowa Legislature Overrides Eminent Domain Reform Veto：History Event Secures Greater Property Protection，详见 http：//www.castlecoalition.org/media/releases/7_14_06pr.html（最后访问 2017 年 12 月 28 日）.

以使用该被征收的土地。[①]密歇根州宪法修正案则禁止征收私人土地用于经济发展或增加税收[②]。但这些修宪行为所能发挥的作用并不大，因为其并未对征收法提出任何实质性的更改，只是表面上对征收权作出了限制。

第二，采用正面列举的方式，通过特别立法，对"公共使用"做出明确的定义。例如亚利桑那州颁布《207 提议》明确规定公共使用的含义包括：（一）被普通公众或公共机构使用、占有、享受的土地。（二）用于建立或运作公共事业的土地。（三）根据实时情况征收的土地，包括移除不适于人类居住或已不可再修复的建筑。（四）征收无人使用的土地[③]。与亚利桑那州采用同样做法的还有路易斯安那州，其也对公共使用作出了非常具体的限制性规定，将公共使用的定义限制在以下三个方面：（一）用传统的公共权来定义公共使用。（二）未来的公共财产所有者应符合以下一种或多种使用目的：1. 提供给公共使用的公共建筑；2. 道路、桥梁、水路、公共水域和土地及其他可以给公众使用的公共交通、通道、导航系统等；3. 排水、防洪、堤防、海岸和航海保护和为一般公共利益的开垦；4. 向公众开放的公园、会议中心、博物馆、历史建筑和娱乐设施等；5. 为了公共利益的基础设施建设；6. 便于国内或国际商业货物人员的运输的公共港口、机场。

---

① 参见 Proposal 064（Michigan），详见 http：//www.legislature.mi.gov/documents/20052006/join tresolutionenrolled/Senate/pdf/2005SNJRE.pdf（最后访问 2018 年 3 月 3 日）.

② 参见 John Kramer and Lisa Knepper，2006 Election Wrap Up： Voters Overwhelmingly Passed Eminent Domain Reform，详见 http：//www.castlecoalition.org/media/releases/7_14_06pr.html（最后访问 2018 年 1 月 20 日）.

③ 参见 Proposition 207（Arizona），详见 http：//www.castlecoalition.org/legislation/ballotmeasures/index.html（最后访问 2018 年 1 月 20 日）.

（三）消除现有使用或废弃财产对公共健康或安全造成的威胁。[1] 从该条文的第二款"未来的公共财产所有者"这一表述可以看出，路易斯安那州承认将征收的土地转让给私人使用的行为，但公共土地所有者必须以公共利益为使用目的。同时，也可以看出，该州希望通过尽可能详尽的对公共使用的正面列举来限制公共使用内涵的拓展，并实现对政府征收权的限制。

该类型的立法相较于宪法修正案更为具体，并更易落到实处，为公共使用的判定提供依据。但公共使用是一个抽象且广泛的概念，列举法并不能涵盖公共使用的所有类型，且在很多方面限制了土地征收权的行使。

第三，采用多种立法模式相结合的办法。相比于仅通过修订宪法或颁布单行条款，多方面综合立法自然为公共使用提供了更为详尽的法律依据。例如亚利桑那州的《207提议》，其不仅对公共使用的含义做了明确的规定，还对立法权和司法权做出了概括化的规定。该提案削弱了立法机关在解决土地征收中公共使用问题的权力，并由司法机关来解决此类问题，同时该提案规定："司法机关在解决公共使用问题时不应当考虑任何立法机关关于公共使用的声明[2]。"显然，该提案的这一规定与联邦最高法院采取的态度是截然不同的。其目的在于限制政府权力以突出法院在司法审判时的独立性的意图十分明显。

---

[1] 参见 S. Res. 851，84th Leg.，Reg. Sess.（La. 2006），Louisiana Secretary of State，Statement of Proposed Constitutional Amendments，详见 http://www.sos.louisiana.gov/elections/MISC/CA_Statements.pdf（最后访问 2018 年 1 月 20 日）。

[2] 参见 Proposition 207（Arizona），详见 http://www.castlecoalition.org/legislation/ballotmeasures/index. html.（最后访问 2018 年 1 月 20 日）。

不管最后各项法案的落实效果如何，我们可以看出，在凯洛案极大扩大了公共使用的定义范围后，联邦及各州政府都开始采取措施逐步限制政府的征收权和公共使用的范围。

（二）美国土地征收中公共利益的界定主体

伯尔曼案判决中提到，在宪法下，立法机关对什么是公共利益所作出的决定有最终的效力。在立法领域，立法机关才是公共利益的守卫者。只要立法机关的立法是在职权范围内作出的，那么征收行为就可以视为有效。[①] 由此，我们不难知道，美国土地征收中公共利益的界定主体是立法机关，即美国国会。国会被认为是土地征收中界定公共利益最为可靠的制度保障，国会对制度公共利益的立法享有独断权。在联邦政府一级，公共使用范围并未列举有关征收法律的单独章节，国会会通过法令来阐明征收的确切用途[②]，当联邦政府为了公共使用目的征收私人土地时，应明确遵循国会法令的规定。

笔者认为，由立法机关作为公共利益的界定主体的方式是可取的。因为政府作为土地征收的执行机关，为了征地的实施很难做到对公共利益进行正确的界定。而通过司法机关来实现对公共使用的界定非常有限。首先，法院不会主动对征收的法案作出审查。尽管法院有权对违反法律的政府行为作出否决，但司法机关不会主动干预行政行为，因此，如果没有人对征收行为提起诉讼，法院不会主动对公共使用作出界定。其次，法院不会轻易地对公共使用作出界定。在法院审判时，法官可能会保持对政法法案的尊重与遵从，当违反征收行为表现得不

[①]See Kelo v. City of New London，125 S. Ct. 2669（2005）.

[②] 参见李晓妹：《美国蒙大拿州土地征收制度》，载《中国土地》2003 年第 9 期，第 44 页。

具有典型性时，法院并不会对公共使用作出性质的定义。这一点在凯洛案的判决中便有体现。

（三）美国土地征收中公共利益的程序控制

美国为土地征收建立了一套相当完善的征收程序，该程序将从征收前的调查到征收授权再到征收的实施和救济都置于公共利益的保障之下。例如，《美国征收统一规范法典》规定：在征收授权书中必须明确阐述，是哪块土地符合公共利益而由哪个具体征收执行者执行，且授权书中必须写明征收是符合什么公共利益的。[1]

1. 行政程序

（1）预先购买程序

美国大部分州的法律都对征收启动前的程序作出了相关规定，这些规定被认为是征收的加速机制，即通过先行的协商购买实现政府对土地所有权的获得。通常情况下，虽然这些州的征收行为加速了，但有相关的法律为业主提供程序性的保护，这些程序为土地征收者提供了与民事诉讼过程中相类似的通知和对抗程序。[2]例如阿拉巴马州的法律规定，除非征收者主动提出通过购买获得财产并合理地尝试价格谈判，否则征收行为不能妨碍土地所有者的所有权。[3]另外其规定：如果这些谈判失败了，那么征收者必须向有管辖权的法院提出申诉，并附上对该财产的"法律描述"，包括征收的范围及征收的目的是否符合公共利益，以及赔偿的标准[4]。

---

①See Uniform Law Commissioner's Model Eminent Domain Code § 301（a），（c）.

②See D. Zachary Hudson，Eminent Domain Due Process，119 Yale L.J. 2019,p.1280.

③See Ala. Code § § 18-1A-22.

④See Ala. Code § § 18-1A-72.

（2）通知、听证程序

在美国，就征收前是否必须事先通知和听证曾出现过一段时间的争论。最初，大部分州并未将其写入法典当中，而是通过判例来进行确定。例如在罗得岛州的案件中，州立最高法院指出："征收私人财产之前的听证权并不是《美国联邦宪法》（第十四修正案）所包含的正当程序的必要内容，因此不举行听证会在宪法上是被允许的。"但大部分州的法院提供了超出法律规定的程序保护，认定征收前必须实行预先通知和听证程序。例如在 Sapero 诉巴尔的摩市一案中，马里兰州最高法院认定巴尔的摩市违反了正当程序原则，并指出："根据正当程序的要求，被征收人财产被剥夺以前至少有被通知和听证的机会去了解自己土地被征收的情况，其包括征收行为是否违反公共利益。"

之所以有的地方法院会认为政府并不必要就公共利益进行通知或听证，是因为他们未将《美国联邦宪法》（第十四修正案）适用于征收条款当中。到1993年，联邦最高法院的判例对这两项程序作出了明确的规定。在美国诉詹姆斯·丹尼尔不动产一案中，大法官肯尼迪表明："提前通知和听证权是宪法正当程序的中心，抽象来说，这项要求的目的不仅在于确保公平地对待个人，具体来说是为了保护个人对财产的使用和不受任意的侵犯，并最大限度地实质上减少不公平或者错误的财产剥夺。"[1]在该案中，法院就征收前的通知和听证作出了以下规定：第一，被征收人在财产被征收前必须要先收到通知，并有机会听证以确保其财产是否被用于适当的目的，且赔偿是否公平；第二，应当缩小通知和举行听证的例外情况，而该例外情况应当只限于

---

[1]See United States v. James Daniel Good Real Property，510 U.S. 43（1993）.

政府利益处于危险状态时可将听证推迟到征收开始后；第三，当通知采用邮寄无法送达时，应当采取别的手段送达[1]。在之后的判例中联邦法院也作出强调：正当程序原则适用于《美国联邦宪法》（第五修正案）的征收条款，这意味着政府有义务就公共利益和公平赔偿进行通知和听证[2]。

也有部分州将该程序写入法律当中。纵观各个州的规定，笔者认为纽约的《土地征收程序法注释》对该程序的规定最为详尽清晰：首先，除特殊情况，为了审查征收是否符合公共使用的公共目的，征收者必须在征收之前在被征收地域举行公开的听证会[3]。其次，设置了通知条款。该条款规定征收者必须在听证前 30 天将听证的通知送到相关人手中，通知的内容包括听证的时间、地点、听证的目的、听证参与者的权利等。且该通知还必须在报纸上连续刊登至少 5 天；更重要的是，该条款还规定在通知中必须明确告知财产所有者有权通过司法审查的方式来解决听证中发生的问题、事实或者听证举行的目的等争议。[4]再次，该法规定征收者必须概括征收的目的、征收的举行地点、征收项目等，并允许听证参与者发表自己的看法，并记录整个听证过程，以备后续的查阅，且相关人员可以在事后要求查看或复制听证笔记[5]。最后，该法规定，征收者必须在 90 天内根据听证的内容作出决定，决定必须书面陈述："该公共项目所包含的公共使用、公共利益或者

---

[1]See United States v. James Daniel Good Real Property，510 U.S. 43（1993）.

[2]See Lingle v. Chevron，544 U.S. 528（2005）.

[3]See McKinney's E.D.P.L. § 201.（该条也可称 NY EM DOM PROC § 201.）

[4]See McKinney's E.D.P.L. § 202.

[5]See McKinney's E.D.P.L. § 203.

公共目的"等内容①。

由此可以看出，在美国，征收前的预先通知和听证是一项强制性政府作为，其有利于保障被征收者的知情权和参与权，更有利于防止政府权力的滥用，将征收的公共利益性放在阳光下，让公众监督。

2. 司法程序

在美国，司法机关在土地征收的预先程序就开始介入，该行为被称为事先的司法审查。因为美国法院从案例中发现，很多政府在征收时其实并不具有公共利益的理由，而如果法院能在征收开始前就行使预先的司法审查则能很好地防止这类问题的发生。②笔者在前面提到的纽约州的预先听证程序中就对预先的司法审查程序有所体现。当然，《纽约土地征收程序法》也设有专门章节对该问题作出规定：任何个人或者群体在认为征收者的决议或者裁决有误的，可以在决议发布30天内向当地的司法机关提出司法审查的申请。且征收者必须将听证的决议复印并递交给法院。纽约最高法院有对该问题的排他审查权，其作出的规定应当是最终决定，且法院应当对该问题的审查优先于对其他案件的审查。法院的审查范围至少包括：第一，征收程序是否违反州或者国家的宪法；第二，征收的决议是否符合该法律规定的环境的要求；第三，征收是否符合公共使用、公共利益或者公共目的。③与纽约州相类似的，密歇根州的《征收程序规则》也对征收司法审查的重要性作出了规定，同样也规定征收决议作出后30天内，被征收者有

---

① See McKinney's E.D.P.L. § 204.

② See D. Zachary Hudson，Eminent Domain Due Process，119 Yale L.J.2010，P.1280.

③ See McKinney's E.D.P.L. § 207.

权向法院起诉。[①]

有的学者指出，过早的司法审查其实是一种对金钱和时间的浪费，因为这些审查很可能会延迟政府对征收的实行，且造成司法管理成本的浪费。面对这些质疑，更多的学者认为，将解决这些争端的过程从征收后转为征收前并不会增加司法的管理成本，反而是对损害私人财产的行为做了有效的预防，并有利于阻止那些在未来司法程序中注定会失败的政府或政府授权的征收机构的成本浪费。[②] 同时联邦法院也认为，事先的司法审查将有助于尽量减少对财产的实质性不公或错误的剥夺。

当然，与事先审查相对应的，就是土地征收立案后的司法审查。其存在于土地征收已经实行或者实行完毕，被征收人认为征收者因违反公共利益目的使得自己的财产权受到了侵害，而诉诸法院。如前面提到的凯洛案等案件，此种情况下的审查为实质性审查。征收者有义务就自己的行为符合公共利益进行举证说明，并由法院来判断征收是否符合公共利益。

从以上内容可以看出，美国公共利益的司法程序具有以下特点：第一，司法程序启动时间早。法院在征收开始前就有权介入对征收行为的审查，而不是仅在征收结束后损害后果已造成的情况下才介入。第二，司法审查面较广。法院审查的不仅仅是征收补偿和征收方案，还对征收是否符合公共利益和正当程序进行全面审查。这种做法有利于及时制止征收中违法行为的出现，既减少了征收机关的财政成本和

---

①See M.C.L.A. 213.56

②See D. Zachary Hudson，Eminent Domain Due Process，119 Yale L.J. 2010, p.1280.

法院的救济成本，更对土地被征收人的财产进行了有效的止损。第三，形成权力制约机制。美国强调三权分立和三权制约，法院通过行使司法审查职能来监督政府的行为，形成了较强的权力制约机制。

三、美国土地征收中公共利益的经济分析

公共利益是否应当与经济利益相关联一直也是各国所讨论的焦点，很多学者认为，所谓公共利益必然应当排除金钱关系，百分百地体现公益价值。但笔者认为，所谓"利益"必然会借用社会经济价值来得以体现，因此对美国公共利益的分析仅从法律角度进行规范性讨论，并不足以深刻认识其内容。相反，也正因为有市场和经济的驱动，才能体现土地征收中公共利益的重要性，并使其更好地为社会服务。

（一）公共利益在自由市场中的必要性

不论是在中国还是在美国，自由市场都允许合法手段下的土地所有权的自由转让，在这一前提下，政府是否有必要通过征收手段来实现土地经济利益与公共利益的等同成为一件值得商榷的事情。以凯洛案为代表的许多征收案件表明，美国政府主张被征收的土地可以转化为私人使用，并将经济发展视为公共利益的原因是，一方面，其认为政府通过土地征收将土地转让给有实力的"管理者"来使用可以为该地区提供更多的税收和就业的机会，从而使得该地区获得更好的发展。[1]另一方面，其害怕不通过征收权的实施，自由市场自己很难解决土地持有者不愿售卖土地的问题。[2]但显然该主张不仅未得到学界及社

---

[1]See Kelo v. City of New London，125 S. Ct. 2687（2005）.

[2]See Ilya Somin，Overcoming Poletown：Country of Wayne v. Hathcock，Economic Development Takings，and the Future of Public Use，Michigan State Law Review（2005）.

会的认同，反而带来了一系列危害。

第一，自由市场可以自己实现更高的土地价值，而不需要政府的助力。在美国，大资本家们为了更好地扩大自己的经济利益，不得不需要获得更多、更集中的土地，例如开发大型商场或游乐场。为此，他们会不惜花费大量的资金试图去购买私人土地，或者与私人土地所有人签订一些互惠合同以未来的回报吸引私人土地所有者转让其所有权。[1]此外，美国还有土地秘密购买机构，他们以中间人的身份，帮助大资本家们集中与私人土地所有者进行谈判，并获得集中的土地。[2]因此，其实政府根本不必为土地买卖问题担心，因为私人企业家们在自由市场机制下有很多办法来解决土地转换的问题。当然，我们并不否认在很多情况下，公共利益的要求可以刺激企业在未来产生很大的经济效益，但政府不能仅仅就为了那些可能会创造经济利益的企业去实行征收，因为该做法完全违背了《美国联邦宪法》（第五修正案）的立法目的。更重要的是，在严格的市场环境下，征收的成本必定是大于自由市场交换成本的，因为从立法机关授权实施征收到与被征收者协商、通知、听证，再到其后的赔偿认定及司法程序，都需要花费大量的人力、物力，因此自由市场下，土地使用者们自己就可以实现对土地的转化，并不需要政府的帮助。

第二，若不在自由市场下凸显土地征收的公共利益性，会导致自由市场的丧失，私人土地所有者的所有权不复存在。首先，强调公共

---

[1]See Ilya Somin，Overcoming Poletown：Country of Wayne v. Hathcock，Economic Development Takings，and the Future of Public Use，Michigan State Law Review（2005）.

[2]See Daniel B. Kelly，The "Public Use" Requirement in Eminent Domain Law：A Rationale Based on Secret Purchase and Private Influence，Cornell Law Review（2006）.

利益在自由市场的必要性要回归到自由市场下土地买卖双方的主体地位。自由市场下的买卖双方是受到民法调整的平等民事主体，其在意思自治下完成对土地的买卖和转换。倘若不对公共利益的内涵加以规定与限制，而允许政府不加任何条件地将征收的土地转让给另一私人使用，等于政府成了大企业家，获得土地的保障，而破坏自由市场下买卖双方的平等地位，使得私人土地所有者丧失了对土地的安全所有，每天担心自己的土地可能随时会因为某一经济目的而被强制征收。其次，强制征收与自愿平等的交换是不同的，自愿交易是双方同意下的交换，一般是对双方都有益的交易，但强制征收却不一定，取决于赔偿对被征收者是否是充足的，且其征收的土地能否被用于合理目的。[①]因此，广义上的公共利益会破坏私人土地所有者获取更多应得利益。国家征收对私人土地的补偿是相当有限的，因为其征收的前提是发展公共利益，从而迫使私人权利在一定程度上为公共利益让步，其仅能以相对公平的市场价值对土地所有者进行赔偿。但是这并不能弥补被征收者的所有损失，因为被征收者的损失可能还包括情感伤害、间接花费或者律师费用等。[②]而自由市场下，买卖双方可以自由议价，被购买者可以就自己的损失提出更高的"赔偿金"。而不在自由市场下强调征收的公共利益性，其后果就是未来的土地使用者为了尽可能地少支付赔偿金而要求政府为其实施征收，从而使得土地购买的自由市场丧失，政府成了造成市场失灵的帮凶。

因此，在自由市场体制下强调征收的公共利益性显得尤为重要，

---

①See Thomas W. Merrill，The Economic of Public Use，72 Cornell Law Review1986，P.64.
②See Thomas W. Merrill，The Economic of Public Use，72 Cornell Law Review1986，P.83.

因为只有合理的公共利益的内涵才能更好地保障自由市场的稳定及市场主体的权利。在经济视角下分析公共利益的界定，为法院在实际审理中提供了更多的帮助。

（二）从经济角度看公共利益的界定标准

法律对某一概念的规定是相当有限的，因此仅从法律层面来实现对公共利益的界定无法为法院在具体案件中对公共利益的界定提供全面的支撑，因此，美国法院形成了以下几种经济视角下的界定模式。

1. 成本与收益模式

成本与收益模式是由弗兰克·米歇尔曼提出来的，顾名思义就是通过对成本和收益的比较来确定征收是否符合公共利益。该模式要求法院全面地计算征收所耗费的成本，包括对私人土地所有者所支付的赔偿金的总额，并与征收后土地所获得的利益进行比较，如果利益是大于成本的，则法院可以认定征收是符合公共使用的；如果相反，则应当认定征收违反了宪法。[1] 该模式排除了征收中很多的复杂因素，用最为直观的方式来考量公共利益，可以让法官快速入手得出结论，也能很好地让征收参与者信服。但其仍存在以下几方面的问题：

第一，关于计算问题。在实际操作中法院其实很难准确计算征收所带来的利益是多少，因为有很多利益是无形的。对于该问题有学者提出了自己的建议，他们主张对征收成本采用机会成本法计算，即被征收者有权享有除征收提议的用途外的最高用途的财产收益的公平市场价值。[2] 由此可见，美国对征收成本的计算要求是很高的，其在作出

---

[1] See Frank Michelman, Property, Utility, and Fairness: Comments on the Ethical Foundations of "Just Compensation" Law, 80 Harvard Law Review 1967, p.1174.

[2] See United States v. Cors, 227 U.S. 325（1949）.

成本预算时尽可能将成本抬高。

第二，法院角色定位的问题。政府实行征收前必然已经对土地的征收利益作出了分析，并在法庭上主张利益是大于成本的，在这种情况下法院是否合适去作出一个有关的决定。从凯洛案中，我们很显然地看出了美国联邦最高法院目前对这个问题采取的是逃避的态度，其并不愿意过多地做实际上的利益比较，而是尽可能地相信行政机关的行为。

因此，笔者认为不能在审查时仅借助于单纯的成本和效益的比较来判断政府征收行为是否符合公共利益，因为很多公共设施的建设并不一定会带来经济上的利益，其可能作用于公众使用后的身体或精神健康。但其也必须成为考虑是否构成公共利益的内涵之一，因为成本大于利益的征收肯定是不符合公共利益要求的。

2. 公共产品模式

公共产品模式是由理查德·爱泼斯坦提出来的，其涉及公共事业的概念。在该模式下，法院在审理时将关注征收是否为了获得公共产品，如果是则符合公共利益，若不是则视为私人使用。根据纯粹的公共产品理论，公共物品具有两个特性：一是供给的不可分割性，即当其为一个消费者生产公共产品就必须为所有的消费者生产该产品；二是排他性，即一旦公共产品被供应，就不能排除其他人的使用。[1] 该模式为此要求公共利益体现两方面内容：第一，受益对象必须是多数。第二，公众必须可以直接从被征收的土地中受益。

---

[1] See Samuelson, The Pure Theory of Public Expenditure, 36 Rev. Econ. & Statistics1954,p.387—389.

但在实际操作中是很难对公共产品进行定义的，因为其概念既可以很宽泛又可以很严格。严格来说，很难有真正的"纯粹公共产品"，因为对于大部分物品而言，一个人的使用必定会减少其他人的使用；而从宽泛来说，大部分的物品可以提供给很多人来共同使用。而我们在考虑征收是否符合公共利益时，应当从手段和目的两个方面来考察。"手段"即政府将在哪里，如何来取得土地，而目的则是取得后会怎么用。① 从手段入手，要求政府正确地规划出可以实现更高公共利益的土地，而不得随意对土地进行征收。从目的入手，要求政府将征收后的土地以正确的方式来实现公共利益。因此，公共产品模式仅注重到土地征收的目的，而忽视了"手段"的要求。

3. 财产规则向责任规则的转化机制

财产规则是指政府可以征收私人的土地，但是必须获得私人土地所有者的同意，并支付赔偿金，其是对私人财产保护的最高要求；责任规则是指政府可以在不获得私人土地所有者的同意下征收土地，但必须进行赔偿。② 在这一模式下，政府可以根据市场情况来采用不同的征收方式，而法院借用市场情况来考察政府的征收是否符合公共利益。在市场交易完善且良好的情况下，政府必须按照财产规则模式进行征收，而当交易成本过高使得市场交易受阻的情况下，政府则可以采用责任规则进行征收。

根据市场情况来确定征收的手段，意味着公共利益在不同市场情况下可以有不同内涵，在市场活跃时，公共利益不允许政府将征收的

---

① See Thomas W. Merrill, The Economics of Public Use, 72 Cornell Law Review 1985, p.66.

② See Thomas W. Merrill, Property Rules, Liability Rules, and Adverse Possession, 79 Northwestern University Law Reivew 1984, p.1122.

土地不加限制地转给私人使用；但在市场不景气时，政府则可以为了发展经济征收土地。该界定模式的好处在于其不仅仅将审查放在征收的目的上，更注重征收手段的审查，同时也使得公共利益可以与时代相联系。但是，笔者认为该界定模式仍过于宽泛。一方面，市场变动可能很不稳定，且变化很快，依靠市场来决定公共利益并未给公共利益的界定提供一个准确的标准。另一方面，仍存在肆意扩大公共利益的可能，因为该模式，并未将经济发展型征收排除在外。

笔者认为，以上三种主要的界定模式都有其不足之处，但并不意味着其不能为界定公共利益所使用。公共利益的界定本就需要考虑多方面的因素，因此具体采用哪种界定模式仍应当根据不同的案件来确定。

（三）公共利益与经济性利益的辩证统一

在研究公共利益的界定问题时，探讨公共利益能否存在经济性利益也是其重要内容之一。笔者认为，不管是从现实需要还是实际操作来看，公共利益都无法将经济性利益排除在外，而只有实现经济性利益与公共利益的辩证统一，才能完善对公共利益内涵的界定，也使得土地征收创造出更多的价值。

1. 公共利益不排除商业及营利目的

从美国土地征收案件的实际操作来看，美国土地征收中的公共利益里并不排除商业性及营利目的的征收，并认可将征收的土地转移给私人以实现营利。但凯洛案的出现让这一问题又有了新的争议，那就是以经济发展为目的的征收也具有营利性，是否应当被纳入"公共使用"的范畴。而笔者认为，公共利益不能将商业及营利目的排除在外。

首先，从公共利益本身的定义来看，公共利益未将商业性和营利性事业排除在外。美国《Black's Law Dictionary》对公共利益作了如下定义：（1）公共利益是一项对公众提供保护的普遍性利益；（2）公共利益是一项与公众相关且可以证明政府的管理是否具有正当性的原则。由此看出，公共利益的内涵主要由两方面组成：一是对公众普遍利益进行保护，二是对政府行为作出限制。商业和营利性活动可以为公众带来经济效益，也是公众所普遍追求的基础价值，若将其排除在公众普遍利益之外，显然不合理。

其次，土地征收无法将营利目的排除在外。一方面，土地本身就具有很高的经济价值，而国家对土地进行征收是为了发掘其内在价值来造福于公众，其无法做到阻止土地本身产生经济效益。有的学者主张，法律并不禁止商业开发，但只有公益性项目才可以动用国家土地征收权，而商业目的的开发则不能。[1]笔者认为这一论点并不具备可行性。不论是美国的判例还是我国的法律都承认将征收的土地用于道路、学校、医院等事业是符合公共利益标准的，尽管这些事业的出发点是为了公共使用，但其不能排除商业性和营利目的。直白来说，若是学校、医院都仅靠财政拨款，而不追求任何营利目的，那其根本无法正常运营下去。另一方面，国家无法对所有征收的土地实行亲自管理，必须借助私人力量来实现公共目的。国家资源是有限的，其无法做到建设过多的事业单位或者公共组织来完成对土地的建设和管理。在实际操作中，政府不可避免地需要找公司或私人组织来建设和发展土地以实现公共利益。例如，私人学校、私人医院、私人养老院等，特别是在

---

① 参见钱天国：《"公共使用"与"公共利益"的法律解读——从美国新伦敦市征收案谈起》，载《浙江社会科学》，2006年第6期，第81页。

美国，其铁路和地铁都是由私人来进行管理的。而作为私主体，就不可能不考虑自身的经济条件和营利情况。

因此，笔者认为，土地征收的实现无法排除营利目的，且为了更好地实现公共利益，国家可以将征收的土地转给私人使用。但值得注意的是，国家将征收的土地转给私人使用时，必须以私人是将土地提供给更多公众使用或为了实现公共目的为前提，而不得仅为了某一私人的利益。

2. 在公共利益前提下私人可使用被征收的土地

对被征收的土地是否可以转化为私人使用一直是讨论的焦点，也是划分美国"公共使用"实际使用理论和公共利益理论的重要标准。在公共利益理论下，政府可以在不对私人土地用途作出限制的情况下将征收的土地转给另一私人用以谋利。笔者认为将被征收的土地直接转让给私人使用，而不考虑其是否能创造公共利益的做法值得商榷。

一方面，土地征收若只考虑征收本身目的的公共利益性，而不考虑征收后的土地的实际用途是否符合公共利益的做法，就像上了一趟无人驾驶的列车，乘客无法对途中发生的状况采取救助措施。政府无法确保被分配到土地的土地使用人有能力或者想要把土地管理好。若没有任何限制地将土地分配给私人，意味着政府再次丧失了对该土地的规划和控制力，而被分配到土地的私人若因为自身原因无法再对土地进行合理使用，其对社会造成的影响也许甚至比当初的寡头控制土地时更加糟糕。当问题再次发生时，再由政府出面重新对土地进行另一番改造，也是对政府资源的浪费，因此应当在实行土地征收伊始就对土地的用途进行限制，这才未违背征收的目的。另一方面，将土地分配给私人，而不要求私人将土地用于公共使用，无疑是变相地为私人 b 征收私人 a 的财产。该做法看似是为更多人获得了土地使用权，使土地的分配更为合理，其实质只是将土地所有权分散给更多人而已，从分配手段来看，不仅没有实现公共利益，反而损害了原土地所有人的利益。

由于公共利益无法排除营利性目的，决定了私人在使用被征收土地以更好地发挥土地价值上起到了很大的作用。因此，私人应当在公共利益前提限制下来使用被征收的土地。对此，赖安法官在 Poletown 一案中的反对意见中给出了建议，其认为以下三种情况下被征收的土地可以转给私人使用：第一，"特别形式的公共需要"，其指出于公共的必要去克服集体性问题的情况，例如修建公路或石油管道；第二，被转为的私有财产会继续受到政府的持续监督，如建设政府的附属大学；第三，超出接管者个人利益，且事实是独立的公共事务，例如政府要征收相邻的荒败土地。① 尽管 Poletown 案的判决结果后被密歇根最高法院以韦恩诉哈萨库克案所推翻，但赖安法官的这一建议仍然被保留。哈萨库克法院也指出："不能排除征收使得一些私人公司受益，但当私人实体在使用被征收的财产时，应当继续对公众和社会负责，继续为当地作出贡献。"以上建议较为全面地限制了被征收土地转化为私人使用的情况，有利于实现对政府征收权的控制。而由这一限制引发的一个问题就是，应当如何实现这些限制。在美国普遍的做法是引入公众监督和建立统一的联邦标准。

公众监督的模式有两种。第一，私人公司在获得土地前应当承诺该土地将会被用于公共目的，并签订合同或者"追回条款"。在这种

---

① See Poletown Neighborhood Council v. Detroit，304 N.W.2d 1981,p.478.

条款限制下如果受益的公司未能兑现其承诺，将土地用于公共使用，则必须向该市政府支付相当于所得到的所有利益的"回扣"。第二，给获利的公司建立可撤销的财产或者对其加以限制性契约。例如，市政府在转让被征收的土地时明确规定该土地的用途，获益公司必须完全履行该目的。这样的契约可以保证公司必须完全将土地用于公共利益，例如修建公路、私人学校等。同时，在这种模式下，受益公司不得自行以高于之前自己获得土地的价格出售其财产。当其无法完成预期的目的时，政府可以授予该受益公司租赁权，或者选择一些满足条件的公司来购买，以期继续完成对公共利益的建设。而建立统一的联邦标准的目的是对受益公司违反当初承诺时提供统一的惩罚标准，例如支付罚款或者放弃财产，每个州有不同的规定。

3. 经济发展型征收不属于公共利益的范畴

尽管公共利益并不完全排除经济性利益，但并不意味着凡是可以创造经济价值的土地使用都可以纳入公共利益的范畴。正如有的学者提出的，经济发展理论几乎可以使任何商业企业利益都变得正当化。[1]因为经济发展是一个预期概念，任何征收的土地都可以被赋予经济发展的内涵。正如笔者前面所提到的一样，在经济发展的内涵下，政府将土地转让给私人大企业家用于实现私人利益的时候，其确实会创造更多的税收、提供更多的就业机会来促进当地的经济发展。但是这一认定脱离了公共利益对征收的要求。宪法设置公共利益条款是要求政府在征收土地时就看到公共利益的存在，而不是通过征收来创造公共

---

[1] See Ilya Somin, Overcoming Poletown: county of Wayne v. Hathcock, Economic Development Takings, and the Future of Public Use, Michigan State Law Review（2005）.

利益。

首先，若将经济发展列入公共利益的范畴，将大大违背宪法修正案五的立法初衷。宪法修正案五的设立是为了防止政府滥用权力，但倘若将经济发展作为公共利益，则等于完全放弃了对政府征收权的限制，因为只要政府想要实行土地征收，其很容易就能找到一个理由来判定征收可以带来的经济利益。其次，将经济发展列入公共利益范围将导致法院失去司法审查的作用。因为政府在举证的时候可以很轻松地找到理由来证明征收可以带来经济利益。最后，也是最重要的一点，发展经济性征收带来的是更多、范围更广的征收，从而伤害私人土地所有权。正如一些经济学家对凯洛案的不满，他们认为凯洛案错失了一个很好的缩小公共利益范围的机会，并且提到，之所以过去并没有将关注点放在经济发展新征收上，是因为那时候政府对征收权的使用较少，而如今，该理由为政府使用征收权打开了大门，使得政府经常以该理由进行征收，导致政府征收项目效率低下，并侵蚀了私有产权。[①]

正如笔者上述所列明的凯洛案后联邦和各州的立法所表明的一样，公共利益应当将经济发展型征收排除在外。同时，有的学者认为类似于伯尔曼案件的旧城区改造其实也属于对未来经济的发展的类型[②]，主张对荒败地区的改造也应当排除在公共利益的内容之外。对此，笔者并不认同。

笔者认为，为了对旧城区实现改造而实行土地征收，并不是情况

---

① See Wendell E. Prichett, The "Public Menance" of Blight: Urban Renewal and the Private Uses of Eminent Doman, 21 Yale Law & Policy Review 2003, pp.48—49.

② See Ilya Somin, Overcoming Poletown: Country of Wayne v. Hathcock, Economic Development Takings, and the Future of Public Use, Michigan State Law Review（2005）.

单一地针对未来经济的发展。因为旧城区本身可能存在基础设施老化、环境卫生不达标、社会治安混乱，交通不便利，火灾、疾病多发等各种危害公共生活的因素。反对将重建荒败地区纳入公共利益的学者表示，该做法其实同样是为政府滥用权力打开了大门，因为政府有可能利用其职权来操纵财产价值导致其成为荒败地区，例如降低教育、卫生或警务等市政服务质量来诱发荒败的产生。[1]笔者承认上述可能性的存在，但认为并不能因此就否定重建荒败地区本身属于公共利益这一客观事实。若政府为了征收而故意损害土地，那自然会有其他应对措施或诉讼途径来对此进行限制，而不能仅因为存在这种可能就将门关死。奥康纳法官在凯洛案中提到，应允许政府实行征收来消除"有害"财产带来的负面经济影响，但禁止政府征收非有害财产来鼓励经济的增长。防止政府在此方面的权力滥用最主要的方法就是对荒败提供认定标准，而不是简单禁止征收达到"有害"标准的土地。

不可否认，对荒败地区的改造包含发展经济的因素，但其本身改造的原因是对原危险环境的改善，使其变得适合公众居住或工作。对这一性质的征收的认定对我国实行旧城区改造也有很大的借鉴意义。

---

[1]See Abraham Bell Gideon Parchomovsky，The Uselessness of Public Use，106 Columbia Law Review，2006,p.1412.

第二节　　联邦法院公共使用的
演进（1980—2018）

一、问题及界定

当前我国正处于经济发展的黄金时期，为了提高经济发展水平，各地政府需要进行多方面的建设，土地作为开发资源被大量需要，这是世界各国经济发展的必然要求。在我国的法律表达中，公共利益一直是土地征收的前提。然而，土地征收所导致的土地所有权人与政府的矛盾在实践中屡屡发生。如何在实践中监督和平衡公共利益的应用，需要进一步思考。特别是随着我国乡村振兴战略的实施，要求全面深化农村改革，进行农村土地征收，为农村带来新的活力。因此，如何引导人民群众在新时代下正确看待公共利益，如何防止政府滥用征收权等，都是公共利益需要解决的问题。在这种情况下，笔者认为可以借鉴国外的司法经验来考察我国的司法适用。

美国作为最大的判例法国家，其土地征收制度的起源与发展都是领先于各个国家的，值得我们研究与借鉴。"公共利益"一词在美国的土地征收制度中表示为"公共使用"（Public Use）。作为征收的先决条件，自 1791 年《美国联邦宪法》（第五修正案）以来，这种表达方式就没有改变过。但是随着时间的推移，"公共使用"的内涵却发生了翻天覆地的变化，从"公众实际使用"（Actual Use of Public）变化为"公众受益"（Public Benefit）。

笔者选取 1980 年之后这一时期进行研究的目的是，从 1980 年开始，美国处在一个全面发展地方经济的阶段，通过解读这段时期，美国联邦法院对"公共使用"如何进行解释的，存在什么样的规律，代表案例存在哪些共性和不同，征收中的"公共使用"在美国联邦法院的实践中发生了何种演变，能够挖掘出哪些值得我国借鉴的经验，以期对同样处在发展经济的城市化进程中的我国关于公共利益的问题有所裨益。

长期以来，中国的法律界一直非常重视土地征收制度中与公共利益有关的问题。许多法律专业人士对如何界定土地征收中的公共利益进行了广泛的理论分析。目前，学术界对公共利益的标准定义有几种不同的观点。

有学者认为公共利益的确定应当根据目的，即按照征收土地后的土地服务目标进行判断，如彭诚信和刘海安教授认为，公共利益的程序设计，应该强调公共利益是公众的，即广义利益主体和不确定性，以及可享受性，即公众的福利可以真正体验到的好处。[①]但是，笔者认为从什么角度来判断公众是否切实可以享受到福利不好判断，仅从公众客观的角度还是从政府主观的角度，就存在不一致的地方。

---

① 参见彭诚信、刘海安：《论征收制度中认定公共利益的程序性设计》，载《吉林大学社会科学学报》2009 年第 1 期，第 102—109 页。

有的学者则认为公共利益不可能被完整界定，也不需要被完整确定。如学者刘禹涵在《我国土地征收制度改革的问题与走向》一文中认为，无论是积极列举还是消极排斥，都无法解决公共利益的难题，仅依靠立法来解决社会公共利益的定义已经过时，宜通过主体和程序等方面全面保证其准确实施。①王利明教授在《论征收制度中的公共利益》一文中认为，在立法上不宜对公共利益进行详细界定，因为其是一个不确定概念的范畴，司法上公共利益纠纷应以公共利益的类型化来解决。该作者还认为，该观点是与时俱进的。随着社会的不断变化，公共利益的内涵也会不断变化。②因此，与其困难地在立法上进行界定，倒不如让司法来解决相关问题，也可以克服因立法的滞后性带来的一些问题。

因此，越来越多的学者开始关注司法实践上关于公共利益的问题，而美国作为最典型的判例法国家，其良好的土地征收征用制度在推进其从殖民国家到发达国家的城市化进程中所起的作用是不可忽视的。我国部分学者已开始研究美国征收制度中的问题，学习美国在土地征收方面采用的方法和理论。如高建伟在《美国土地征收中的"公共利益"》一文中介绍了美国公共使用（public use）从狭义到广义的演变。③姚佐莲也在《公用征收中的公共利益标准——美国判例的发展演变》一文中介绍了美国土地征收中"公共使用"判断标准的严格解释阶段、

---

① 参见刘禹涵：《我国土地征收制度改革的问题与走向》，载《河北法学》2017 年第 4 期，第 123—133 页。

② 参见王利明：《论征收制度中的公共利益》，载《政法论坛》2009 年第 2 期，第 22—34 页。

③ 参见高建伟：《美国土地征收中的"公共利益"》，载《美国研究》2011 第 3 期，第 126—141，5—6 页。

宽严标准并存阶段以及宽泛解释的阶段。[①]衡爱民教授在《美国土地征收制度的历史考察》一文中认为美国征收中的"公共使用"是国家不同时期的价值判断，构建了土地征收制度的历史，体现在公共用途的界定、程序等各个方面。[②]这几篇文章给笔者的研究提供了非常详细的历史线索与研究基础。但是我国学者对美国土地征收中"公共使用"的研究都集中在对"公共使用"本质的界定上，关于判例的研读没有很好地深入判决原文，而是立足于前人的研究，先入为主地去解读案例，以致挖掘出的信息不够全面和充分。

在美国历史中，作为征收的前提的"公共使用"经历了从由公众所有，到被公众实际使用，再到满足公共目的的过程。美国学者对于公共利益的界定产生了两种相反的观点，一种观点是对公共适用做出最为狭义的解释，即只有该征收完成之后，该土地能够切实被社会公众所适用才能称之为"公共使用"，并且不涉及任何私人成分，例如，美国的宪法学大师托马斯·库利（Thomas M.Cooley）认为，如果征收的财产转让给私人团体后，该私人团体并没有直接服务于公共利益，则不符合"公共使用"的要求，因为纯粹的私用征收是不合法的，公众只能偶然从中获益，"公共使用"系多数利益人可享受的福利，或

---

① 参见姚佐莲：《公用征收中的公共利益标准——美国判例的发展演变》，载《环球法律评论》2006第1期，第107—115页。
② 参见衡爱民：《美国土地征收制度的历史考察》，载《法学评论》2016年第1期，第159—164页。

者公众机构直接占有；[1]另一种观点则认为对于公共使用可以适用扩张的广义解释，即只要是符合公共目的，即使土地征收之后被归于私人所有，也不影响公共使用的形成，如芝加哥大学法学院的理查德·艾普斯丁（RichardaA.Epstein）教授提出的公共产品说认为，"公共使用"是一个非常主观的价值判断，"公共使用"作为征收的目的是将可以服务于公众的产品向社会提供，或者是公众可被预期地使用这些归于私人的财产，征收就是合宪的。[2]学者艾米莉·马杜诺（Emily L.Madueno）总结了美国"公共使用"的理论，认为美国土地征收中的"公共使用"可以分为五类，即：1. 由政府使用；2. 公众的实际使用；3. 转移到私人公众实际使用的一方；4. 直接的公共利益或目的，未经公众实际使用；5. 间接公益。[3]每类都逐渐减少了公共性，前两个类别与公共使用的实际使用理论一致，并要求政府将私有财产仅用于政府所有权或由公众使用，最后两类是公益理论的应用，允许将私有财产用于公共利益或公共目的，第三类则是这两种理论适用的连接点。[4]耶鲁大学梅若里·瑞尔（Merrill）教授与我国王利明教授的观点一致，认为"公共使用"无法从实体上被精确界定，因为其内涵具有广泛性、丰富性，所以可

---

[1]See Thomas M.Cooley， "A Treatise on the Constitutional Limitations Which Rest Upon the Legislative Power of the States of the American Union"，Nabu Press ，2000，p585 转印自 Donald J. Kochan， "'Public Use' and the Independent Judiciary，Condemnation in an Interest - Group Perspective"，3 Tex. Rev. L. & Pol. 49 （1998），p66.

[2]See Richarda.A Epstein，Takings： Private Property and the Power of Eminent Domain，Boston ： Harvard University Press ，1985.

[3]See Madueno，Emily L.，The Fifth Amendment's Takings Clause： Public Use and Private Use； Unfortunately，There Is No Difference.40 Loyola of Los Angeles law review 2007，p811.

[4]See Madueno，Emily L.，The Fifth Amendment's Takings Clause： Public Use and Private Use； Unfortunately，There Is No Difference.40 Loyola of Los Angeles law review 2007，p851.

以从程序控制的角度来进行界定。①

　　总而言之，对于公共利益，国内外学者并无统一定论，各种理论孰优孰劣，从哪种方式能对公共利益做出更好的理解，怎样判断公共利益才能适应我国当下社会的要求，国内外学者的研究即使无法统一，但也给笔者对公共利益的理解提供了基础。既然无法从理论上找到一个平衡点，倒不如从实践中来看看美国是如何运作的。笔者欲从美国联邦法院法官们的判决思路出发，从他们的判决中找到一些有价值的东西，从而给我国提供一些启示。

二、美国土地征收中"公共使用"的制度背景

（一）"公共使用"的制宪原义

1. 自然法财产权理论的影响

　　《美国联邦宪法》（第五修正案）对于公共利益的描述为"非有公正补偿，不得征收私有财产为公共使用"，该修正案是在 1791 年作为前十条宪法修正案一次性通过的。该条的制定深受当时自然法学派财产权理论的影响，特别是洛克和布莱克·斯通的财产理论的影响。美国的自然财产权理论是建立在洛克的个人自然财产权理论之上的，他在遵循格劳修斯和普芬道夫的观念基础上提出了个人自然财产权理论。洛克还在他的《政府论（下）》中集中论述了他的财产权理论，他提出了劳动价值论，指出价值都来源于劳动，个人财产的多与少取决于他的勤劳程度，财产所有权原始取得的方式就是通过劳动。美国宪法中的私有财产神圣不可侵犯就是源于洛克的劳动财产观所奠定的

---

①See Merrill T W. "Property and the Right to Exclude"，77 Neb. L. Rev. 730 1998，p730.

基础。洛克认为私有财产权利是上帝赐予每个人的自然权利，提出"任何人的财产非经其同意都不得被任意剥夺，若是无法明确这一点，则人民就相当于无私有财产①"。由此，《美国联邦宪法》（第五修正案）就体现了洛克的财产观。而布莱克·斯通的绝对财产理论就奠定了美国个人绝对财产观念的传统。他的学说是充分吸收了洛克的个人自然财产权理论再发展为个人绝对财产权理论。他认为，"保护个人享有永恒自然法赋予他们的绝对权利"是社会的首要目标。②布莱克·斯通把个人绝对权利分为私有财产权、人身自由权和人身安全权，其与洛克的观念一起成为18世纪美国财产法的理论来源，《美国联邦宪法》（第五修正案）对于私有财产的保护就来源于布莱克·斯通的个人绝对财产权利中的私有财产权的划分。

2. "公共使用"原义的初期适用

《美国联邦宪法》（第五修正案）制定者接受洛克和布莱克·斯通的理论，通过使用"公共使用"一词，严格限制了政府征收财产的权力。"公共"一词否决了"私人"用途的合法性，"使用"一词突出公众直接所有的意思，规定只有在财产被征收之后给予公众所有，由公众直接使用并在使用中获得利益，才满足"公共使用"，这就形成了初期《美国联邦宪法》（第五修正案）的立法本义，即该修正案制定者意在通过"公共使用"来严格限制政府的征收权力，在自然法财产权理论的影响下做出了最为严格的保护私有财产的限制条款。美

---

①See Laura Mansnerus, Public Use, Private Use, and Judicial Review in Eminent Domain, 58 N.Y.U. L. Rev. 1983，p412.

②See Stern S. William Blackstone, Commentaries on the Laws of England, 4 Social Science Electronic Publishing 1769，2013.

国宪法之父麦迪逊于 1789 年提出对《权利法案》的审议建议，要对土地征收的权力做出规制，用于严格限制当权者滥用征收权。[①] 也正是基于此宪法制定意图，法院在宪法制定后的初期也只严格遵循条款的字面意思进行理解和判决。在美国建国初期 1789 年 Calder V. Bull 一案中，联邦最高法院 Chase 大法官在判决词中明确说明："在没有超出其权限的情况下，联邦或州立法机构不能采取行动。我们自由的共和党政府中有一些至关重要的原则，这些原则将决定过度统治明显和公然滥用立法权……在明确的契约和共和原则基础上建立的政府的法律义务必须由其所依据的权力的性质决定。一些例子足以解释我的意思……或者是从 A 征收财产并将其交给 B 的法律，是违反一切理由和正义的。"[②] 这便是美国建国制宪最初期联邦法院大法官对《美国联邦宪法》（第五修正案）的援引，即严格按照制宪原义及字面意思绝对否定了征收个人财产转让给他人所有，而是应当由公众所有，公众直接使用，公众直接获益。此种严格理论的关注点在于被征收后的财产的使用结果，即全体公众是否有利益，其对于政府进行征收的目的并没有给予过多的关注。例如，将征收后的财产用于兴办政府大楼、军事基地、法院等其他政府性建筑，又或者是公众有权使用或者进入的公用道路、公立学校、医院和图书馆等。这些财产的使用都是公众能够直接共享的利益，都是公共设施，由全民共享服务，符合"公共使用"

---

① See Meidinger，Errol . The 'Public Uses' of Eminent Domain： History and Policy. Social Science Electronic Publishing，2011.p17.

② See Calder v. Bull，3 U.S. 386，388，1 L. Ed. 648（1798）.

的要求，也是初期征收启动的目的。① 这便是"公共使用"制定初期联邦法院严格按照制宪原义进行的司法适用。

（二）"公共使用"宪法解释的变化——原旨主义向非原旨主义的过渡

美国联邦法院对"公共使用"宪法解释的方法可以分为原旨主义与非原旨主义。原旨主义便是上文提到的美国建国制宪后初期法院对"公共使用"的解释方法，即按照制宪者的意图或是条文的立法原义进行解释。非原旨主义则认为对于"公共使用"的宪法解释应当考量诸多因素，例如不同判例所产生的政治、经济和社会影响等，不局限在宪法条文的字面意思，而是根据当时的社会、经济、文化、政治背景，充分调动解释者的主观能动性对"公共使用"进行释义，使宪法条文能够与社会的不断变化相适应。

美国的社会变迁经历了几个重要的阶段，从建国制宪，到工业革命的兴起，到经济危机的爆发，再到经济危机结束之后的城市更新运动，最后到更新结束发展城市经济。随着美国社会的变迁，法院对"公共使用"的宪法解释也慢慢从原旨主义过渡到非原旨主义。联邦法院的最重要角色可能是将国家政治程序及其宪法阐释正当化和合理化，一般而言，法院的实践是一种教义阐释过程，这种阐释合理化补足了政治部门的宪法阐释，回应了整个国家的政治和文化价值的变迁。②

在美国建国制宪初期，法院基于自然法财产观的影响和对制宪者

---

① 参见冯桂：《"公共利益"的作用与局限——对美国不动产征收判例法的观察和思考》，载《华东政法大学学报》2009 年第 2 期，第 60 页。

② 参见［美］杰克·M.巴尔金：《活的原旨主义》，刘连泰、刘玉姿译，厦门大学出版社 2015 年版，第 224 页。

立宪意图和原义的尊重，原旨主义得到了广泛的运用，社会也普遍认同法院的解释。随着工业革命的兴起，各种技术的突破与创新，私人企业开始寻求土地资源作为企业发展的资本，自然法财产理论中关于私有财产神圣不可侵犯的观念渐渐被侵蚀。[1]20世纪三四十年代城市更新运动时期则是原旨主义解释方法向非原旨主义解释方法过渡的关键时期，"公共使用"的宪法解释概念在许多地方被法院渐渐扩充，1954年联邦最高法院判决的伯尔曼诉帕克尔案成为原旨主义解释向非原旨主义解释过渡的转折点。该案中，国会做出了立法决定，由于技术和社会变化，过时的布局以及其他因素，哥伦比亚特区存在关于不合标准的住房和破败地区的条件，对公共健康、安全、道德和福利造成损害，特此声明该立法决定是美国保护和促进居民福利的政策，政府通过采取一切必要和适当的手段消除所有这些有害条件，并且根据项目区域重建计划的不动产的收购和组装及其重新开发或出售，特别声明构成"公共使用"[2]。而该征收计划范围内的百货商店的店主作为上诉人反对为项目目的征收这一财产，声称他们的财产不是贫民窟住房，并不破败；它将在私人而非公共机构的管理下投入项目，并在私人手中重新开发，而非宪法意义上的"公共使用"[3]。此案联邦最高法院Douglas大法官在判决中认为："公共福利的概念是广泛和包容的。它所代表的价值既是精神的，也是物质的，既是美学的，也是货币的。确定社区应该是美丽的、健康的、宽敞的以及干净、平衡和精心巡逻

---

[1]See Fischel，William A.，The Political Economy of Public Use in Poletown：How Federal Grants Encourage Excessive Use of Eminent Domain. Social Science Electronic Publishing，2005.

[2]See Berman v. Parker，348 U.S. 26，29，75 S. Ct. 98，100，99 L. Ed. 27（1954）.

[3]See Berman v. Parker，348 U.S. 26，31，75 S. Ct. 98，101，99 L. Ed. 27（1954）.

的，这是立法机关的权力。在本案中，国会及其授权机构已作出决定，考虑到各种各样的价值观。我们不应该重新评估它们。如果管理哥伦比亚特区的人觉得城市应该更加美丽和卫生，那么第五修正案中没有任何东西会妨碍这个目标。一旦公共目的确认，国会可以选择通过私营企业提供更好的服务，可能更容易或者更好地达成公共目的，这是合法手段。"①

由此，联邦最高法院明确了"公共使用"概念是广泛而包容的，也首次明确否定了将财产转移给私人就不构成"公共使用"的原旨主义解释观点。大法官 Douglas 将社会变迁的经济政治因素结合到了对宪法的解释中，认为个人对社会义务的负担打破了私人财产神圣不可侵犯的观念，表明即使自身被征收的财产并没有破败，但是只要符合被征收区的总体发展计划，征收就是合法的。该案的判决给清理贫民窟、城市更新运动提供了司法上的合法性，极大地推动了征收权力的扩张，打开了非原旨主义宪法解释的大门。该案赋予"公共使用"富有弹性的内涵，即"价值相当广泛"，为以后的法院判决提供了判例依据。②从此，在非原旨主义解释下，关于"公共使用"的争议也越来越多，出现了一些经典案例，为本书奠定了基础。因此本书将视角聚焦于与我国社会发展现时期相似的 1954 年伯尔曼诉帕克尔案之后的 20 世纪 80 年代城市更新基本结束，开始大力发展经济时期的经典案例进行研究。

---

① See Berman v. Parker, 348 U.S. 26, 33—34, 75 S. Ct. 98, 102—103, 99 L. Ed. 27（1954）.
② 参见高建伟：《美国土地征收中的"公共利益"》，载《美国研究》2011 年第 3 期，第 131 页。

三、　美国土地征收中"公共使用"的界定标准

（一）　"公共使用"界定标准的演进

笔者在（万律）法律数据库上以土地征收（Eminent Domain）作为主关键词，以公共使用（Public Use）、公共目的（Public Purpose）及征收条款（Taking Clause）作为副关键词，在 1980—2018 年联邦法院案件中析出案例 159 例，根据"公共使用"的界定标准进行阅读和整理，并将在非原旨主义解释方法下"公共使用"的界定标准的发展中选取具有代表性案例进行研究。

1. "合理性关系检验"标准（Rational Relationship Test）

"合理性关系检验"这一标准的提出最早是在 1984 年联邦最高法院 Hawaii Housing Authority v. Midkiff 案中，随后便不断被法院所引用，作为判断征收行为是否符合《美国联邦宪法》（第五修正案）中"公共使用"的标准，并且经过不同的案例一步一步发展。该界定标准的意思是："只要征收行为能够与可以想象的公共目的产生合理的联系，就符合'公共使用'的含义，法院就可以接受。"在该案中，夏威夷的土地由于历史上封建土地保有制度的原因，土地的所有权掌握在少数私人的手中，州和联邦政府虽然拥有该州近 49％的土地，但另有 47％的土地掌握在仅仅 72 个私人手中。在城市化程度最高的岛屿中，22 个土地所有者拥有 72.5％的土地所有权。立法机关的结论是，集中的土地所有权导致了该州住宅所有权市场的扭曲，土地价格上涨以及公共安宁和福利的受损。[①]为解决这些问题，夏威夷立法机关要求大型

---

① See Hawaii Hous. Auth. v. Midkiff，467 U.S. 229，232，104 S. Ct. 2321，2325，81 L. Ed. 2d 186（1984）.

土地所有者出售他们租给承租人的土地。然而，土地所有者强烈抵制这一计划，并指出他们将承担重大联邦税负。事实上，土地所有者声称，联邦税法是他们以前选择租赁而不是出售土地的主要原因。因此，为了满足出租人和承租人的需要，夏威夷立法机构颁布了1967年的《土地改革法案》，该法案建立了一种征收住宅区和将被征收的所有权转让给现有承租人的机制。通过征收有关土地，夏威夷立法机构打算使土地的出售变得非自愿，从而使联邦税收后果不那么严重，同时仍然便于重新分配所有权。根据该法案的征收计划，住在发展区内至少5英亩的单户住宅区的租户有权要求夏威夷房屋管理局（HHA）征收他们居住的房产。如果25名符合条件的租户或者土地中一半的租户（以较少者为准）提交适当的申请，该法案授权HHA举行公开听证会，以确定该州对全部或部分土地的收购是否将"实行该法案中的公共目的"。如果HHA发现这些公共目的将会被满足，则有权指定该区域中的部分或全部批次进行收购。① 后来，双方谈判失败，经过联邦地区法院、第九巡回上诉法院，最后上诉到联邦最高法院。在第九巡回上诉法院，法官认为"公共目的无法通过，此举是夏威夷州赤裸裸地企图将A的私人财产转移给B并仅为了B的私人使用和福利"②。但是，联邦最高法院推翻了上诉法院的判决，发回重审，该案主审大法官奥康纳（O'CONNOR）在判决中阐明了理由，笔者整理如下：（1）该要求与主权警察权力的范围相关。本法院不会以其判决取代立法机关

①See Hawaii Hous. Auth. v. Midkiff, 467 U.S. 229, 233–34, 104 S. Ct. 2321, 2325, 81 L. Ed. 2d 186（1984）.

②See Hawaii Hous. Auth. v. Midkiff, 467 U.S. 229, 235, 104 S. Ct. 2321, 2326, 81 L. Ed. 2d 186（1984）.

对什么构成"公共使用"的判断，除非使用明显没有合理的基础。如果行使征收权力与可想象的公共目的合理相关，则公共使用条款不禁止有偿获取。在这里，调节土地寡头垄断和与之相关的坏处是对州警察权力的经典行为，简单地重新分配费用以减少这种坏处是对征收权力的理性行使。（2）仅仅由土地征收直接转让的财产首先转移给私人受益人这一事实并不将其视为仅具有私人目的，政府本身不必为了使征收合法化而不得不使用其征收的财产；只有征收的目的，而不是其技术方法，必须通过公共使用条款下的审查。[1]

该案的判决给法院审查征收是否满足"公共使用"提供了新的标准，也再次强调和确定了征收财产转移给私人并不是判断是否满足宪法要求的标准，也是在非原旨主义解释方法下对1954年Berman案提出的"广泛且包容"的公共目的的内涵的一次升华，给以后的判决提供了一个标准的框架。"合理性关系检验"标准的提出显然也将"公共使用"的界定标准宽松化，从该案的事实和判决可以看出，法院在审查"合理性"的时候并没有对其界限作出明确的陈述，也为后来的判例对该"合理性关系检验"标准的发展留下了空间。

2."合理性关系检验"标准 + "目的 – 手段的双重合理"

1984年联邦最高法院Hawaii Housing Authority v. Midkiff案是美国判例史上对确定"公共使用"界定标准的一大经典案例，其提出的"合理性关系检验"标准被后来的法院判例所承继和发展。笔者（万律）法律数据库对此案的引用情况进行了统计，一共有876个案例对其进

---

[1]See Hawaii Hous. Auth. v. Midkiff，467 U.S. 229，230–31，104 S. Ct. 2321，2324，81 L. Ed. 2d 186（1984）.

行了引用，在进行整理之后发现一些典型的联邦案例在引用其标准的基础上也提出了自己的意见，对"合理性关系检验"标准进行了补充。

在 1991 年联邦地方法院理查德森诉火奴鲁鲁（Richardson v. City and County of Honolulu）案中，法院对"合理性关系检验"标准提出了一点补充。该案属于管制性征收①的案件，1990 年火奴鲁鲁城市议会通过了一个条例，该条例旨在对仅在火奴鲁鲁市和县的住宅公寓重新协商租赁租金规定最高限额。具体而言，该条例规定，"重新协商的年度地租"不得超过租约开始时支付的初始租赁租金乘以"租金系数"（"租金系数"是"通胀系数"和"收入因素"的平均值）。②条例第 90—95 条声称其目的是减少"夏威夷人的租赁住房成本"。一项限制最高重新协商租赁租金的公式，将产生一个承租人可承受的租金，可预测，并为出租人提供公平回报。火奴鲁鲁市和县仅占该州总土地面积的 9%，火奴鲁鲁的土地总面积中约有 11% 属于住宅和公寓用途。由于人口压力，其住宅用地需求量高于其他县。由于其对住宅区的高需求和租赁系统的延续，出租人能够在重新谈判时要求并获得州法律允许的最大租赁费用……鉴于上述情况，理事会认定并宣布火奴鲁鲁市存在直接和连续的社会紧急状况，因此该条例对于市和县人民的总体健康，安全和福利是必要的。③

法院认为其构成了实际上的征收的效果，并且援引了 Midkiff 案

---

① 管制性征收（regulatory takings）是指政府的管制导致土地利用权受到严重限制，虽然没有对私人财产进行物理上的剥夺，但是却产生剥夺伴随着财产所有权的其他重要权利的实质性效果，比如财产的使用和收益，并且减损的财产价值超越了合法的程度，从而产生类似于物理征收的损失。

②See Richardson v. City & Cty. of Honolulu，759 F. Supp. 1477，1479（D. Haw. 1991）.

③See Richardson v. City & Cty. of Honolulu，759 F. Supp. 1477，1492（D. Haw. 1991）.

的"合理性关系检验"标准，在法院没有找到明显不合理的基础的情况下认可了立法机关对于公共目的的判断。但是，在承继了"合理性关系检验"标准的基础上，该联邦法院法官认为除了认定基于公共目的具有合理性的关系，法院接下来还必须在确定了合理的公共目的的基础上继续审查该立法机关所选择的实现公共目的的手段是不是合理的，[①] 才能够最终认定整个征收是否违反"公共使用"条款。最终，该法院认为由于立法机关选择实现公共目的的手段并不具备某种程度上的合理性，因此不满足"公共使用"的要求，法院理由整理如下：（1）该条例在宪法上过于宽泛。它不仅规定了承租人占用的火奴鲁鲁住宅公寓的 1/3，而且还规定了 2/3 未被承租人占用的住宅公寓，对于该 2/3 未被承租人占用的住宅公寓而言，该条例对转租人可向实际租户收取的租金并无任何限制。（2）该条例的条款不仅适用于住宅公寓，也适用于商业共管公寓。（3）该条例在厘定最高可容许重新协商租金时，并未考虑任何财产的个别特征或市值。（4）没有指定任何政府机构监督其一贯适用，或评估每一个租金上限是否合理。[②] 由此可见，在决定手段是否合理上，法院对征收手段所针对的范围、价值以及是否具备监督等方面进行了审查。

比较本案和 Midkiff 案，本案在前案的明确界定标准上进行了补充。在 Midkiff 案中，法院认为"只有征收的目的，而不是其技术方法，必须通过公共使用条款下的审查"，即只要认定了目的的合理性关系，所采取的技术方法就交给立法机关自行选择，而在本案判决中，法院

---

① See Richardson v. City & Cty. of Honolulu，759 F. Supp. 1477，1493（D. Haw. 1991）.

② See Richardson v. City & Cty. of Honolulu，759 F. Supp. 1477，1494–95（D. Haw. 1991）.

不仅明确了在公共目的具备合理性的基础上，还进一步审查了立法机关所采取的技术方法的合理性，规定在"合理性关系检验"的基础上还需满足征收手段的合理性。

3."合理性关系检验"标准 + "实质目的"审查的提出

"合理性关系检验"的界定标准作为检验是否符合公共目的的基石一直被后续法院所援引，后续的判例在其基础之上继续有所发展。在 1996 年 Armendariz v. Penman 案中，联邦第九巡回法院在其基础上隐晦地提出了"实质目的"的审查。该案中，原告是圣贝纳迪诺市 Arden-Guthrie 区（"A 区"）的低收入住房单位的业主和前业主，这是一个犯罪率高、主要是低收入住房的地区。 1991 年，该市在 A 区进行了一系列房屋执法扫荡，驱逐了租户，并将其带到城市的其他地方。该市没有提前通知受影响的业主扫荡的事情，没有通知业主为什么他们的建筑物被关闭，并没有确定他们发现的具体违规行为。关闭建筑物的通知确实到达时，要么措辞模糊，要么无益或引用看似微不足道的、易于恢复的违规行为。[1]例如，一些通知引用"一般破损"作为关闭的原因。原告声称被告驱逐租户的计划剥夺了原告可能用于使建筑物符合规定的租金收入，防止业主了解必须进行哪些修复工作以使其房屋免于破败，使他们的财产符合要求。[2]联邦第九巡回法院认为，被告的行为似乎不是像《美国联邦宪法》（第五修正案）所要求的那样"公开使用"，清理破败的房屋目的也许只是一个借口，而背后的实际目的为赋予另一个私人使用，即购物中心开发商。该计划所谓的

---

[1]See Armendariz v. Penman，75 F.3d 1311，1312（9th Cir. 1996）.

[2]See Armendariz v. Penman，75 F.3d 1311，1314（9th Cir. 1996）.

实质目的可能是如原告所指控的那样，剥夺原告的财产强迫出售，降低物业的市场价值，以便购物中心的开发商可以以较低的价格购买，或将导致原告失去他们的财产。[①]法院提出了这点疑惑，但是并没有继续深究这一点，而是将审查焦点转移到立法机关对于公共目的的认定上，直接判决：由于没有立法机关的立法决定有否公共目的的存在，而是直接通过闭门决定对财产的一些使用是"公共使用"，所以无须尊重该决定，认定公共目的无效。虽然没有深入分析征收背后的实质目的，但是该案提出了此点疑惑，让后案在该案的基础上又有所发展。

在 2001 年 99 Cents Only Stores v. Lancaster Redevelopment Agency（99 美分店诉兰卡斯特市重建局）案中，法院在 1996 年 Armendariz v. Penman 案的基础上，将审查焦点放在征收的实质目的上。在该案中，兰卡斯特市修改了一项重建计划[②]，以延长该市可以利用财产税增加资金的年限，并实现其他规划目的。值得注意的是，兰卡斯特市并没有扩大其土地征收权，也没有做出任何关于地区枯萎的新发现。第二年，即 1995 年，兰卡斯特市的征收权力根据计划已过期。一年半之后，在 1997 年 3 月，兰卡斯特市再次修改了该计划，更新了他们的征收权。尽管如此，兰卡斯特市并未对地区枯萎做出新的证据。相反，它

---

①See Armendariz v. Penman，75 F.3d 1311，1321（9th Cir. 1996）．

② 该重建计划系由兰卡斯特市 1983 年根据加利福尼亚州的社区再开发法颁布的一项法令所建立，以振兴该项目区。兰卡斯特市在计划中描述了当时项目区存在的破败状况，赋予了兰卡斯特市征收任何已破败的不动产所必需的土地征收权。根据社区再开发法，这些征收权力将于 1995 年到期，除非该计划经过明确修订，将其延长至该年之后。

仅仅依赖于 1983 年以前的研究结果。①1988 年，兰卡斯特市开始计划开发了"Power Center"的大型零售购物区，它将容纳所谓的"主力"企业，如 Costco 和沃尔玛。事实上，Costco 于 1988 年进入中心，并参与了持续规划和开发。"Power Center"于 1991 年竣工，所有相邻的公共道路、基础设施于 1993 年完工。1998 年，99 美分店搬入位于 Costco 旁边的空置物业，并与中心的业主签订了为期 5 年的租约，在 99 美分店进入商业中心后，Costco 几乎立即建议商业中心和兰卡斯特市扩大业务的规模，Costco 威胁称其要搬迁，除非兰卡斯特市在商业中心为 Costco 提供额外的空间。②Costco 与兰卡斯特市和商业中心开始谈判 Costco 可以扩展其商店并留在兰卡斯特市的选择。值得注意的是，商业中心建议兰卡斯特市最有效地利用 Costco 的财产的方式将使他们现有设施南面扩展到 99 美分店。然而，Costco 要求允许它扩展到这个被 99 美分店占据的空间，将 Costco 视为所谓的"主力租户"，并担心 Costco 搬迁到另一个城市，兰卡斯特市始与商业中心谈判收购 99 美分店所在的物业。为此，兰卡斯特市于 1999 年 9 月批准了"处置与发展协议"（DDA），要求兰卡斯特市尽最大努力从商业中心购买该物业并重新安置 99 美分店。然而，99 美分店从未成为这些讨论的一方。最终，兰卡斯特市和商业中心无法就双方可接受的交易达成共识，因此，兰卡斯特市决定通过"友好"的征收程序来收购商业中心的财产。具体而言，兰卡斯特市建议从商业中心购买 99 美分店的

---

①See 99 Cents Only Stores v. Lancaster Redevelopment Agency，237 F. Supp. 2d 1123，1125（C.D. Cal. 2001）.

②See 99 Cents Only Stores v. Lancaster Redevelopment Agency，237 F. Supp. 2d 1123，1126（C.D. Cal. 2001）.

物业，价值约 380 万美元，重新安置 99 美分店，然后以 1.00 美元的名义价格将物业出售给 Costco。到此兰卡斯特市却并没有发现破败的情况，没有发现商业中心被破坏，也没有任何关于 99 美分店所在的财产以任何方式被破坏的调查结果。[1]法院在援引"合理性关系检验"标准以及 Armendariz v. Penman 案提出的疑惑上，认为法院面临的唯一问题是"兰卡斯特市征收 99 美分店的目的是公用，还是仅仅是表面托词"[2]。最后，法院认为 Costco 可以很容易地在商业中心内部扩展到相邻的房产，而且根本不会取代 99 美分店，但它们拒绝这样做。兰卡斯特市最后也承认它愿意不遗余力地，甚至征收仍具有商业价值的，并不破败的不动产，只是为了让 Costco 保持在城市的边界内。[3]简而言之，兰卡斯特市决定征收 99 美分店租赁权益的原因是为了安抚 Costco。 这种行为背后的实质目的相当于纯粹私人目的的违宪行为。[4]该案的判决将"实质目的"审查置于了该案的判决关键，明确了在"合理性关系检验"标准的基础上，法院还应进行"实质目的"审查，以判断具有合理性关系的目的是否为实质目的。该案"实质目的"审查的明确提出，在第二年的联邦判例上得以再次确定，证明了这一审查的必要性。

---

[1]See 99 Cents Only Stores v. Lancaster Redevelopment Agency，237 F. Supp. 2d 1123，1126—27（C.D. Cal. 2001）.

[2]See 99 Cents Only Stores v. Lancaster Redevelopment Agency，237 F. Supp. 2d 1123，1129（C.D. Cal. 2001）.

[3]See 99 Cents Only Stores v. Lancaster Redevelopment Agency，237 F. Supp. 2d 1123，1130（C.D. Cal. 2001）.

[4]See 99 Cents Only Stores v. Lancaster Redevelopment Agency，237 F. Supp. 2d 1123，1130（C.D. Cal. 2001）.

在 2002 年 Cottonwood Christian Center v. Cypress Redevelopment Agency（卡顿伍德基督教中心诉赛普拉斯重建局）案中，联邦地区法院确定了"实质目的"审查的必要性。该案是赛普拉斯市与卡顿伍德基督教中心之间的争议，卡顿伍德地产的所有者卡顿伍德寻求建造一座教堂设施，其中包括一个有 4700 个座位的礼堂和周围的建筑物供其各部使用；另一方面，赛普拉斯市希望将卡顿伍德的地产用作商业零售空间，并计划在其上设置 Costco 等主要折扣零售商。① 为此，该市已经开始对卡顿伍德地产的征收程序。卡顿伍德寻求初步禁止这些程序。2002 年 2 月 28 日，赛普拉斯重建局提出以 14583500 美元的价格购买卡顿伍德的地产，被卡顿伍德拒绝了。2002 年 4 月 8 日，重建机构确定，卡顿伍德的参与利益声明没有响应，并且它进一步确定，即使它有回应，Costco 的第三方利益声明更符合该市的计划。重建机构随后决定采取措施收购土地，2002 年 5 月 28 日，市议会通过了一项符合性决议，宣布拟议的零售项目符合该市的总体规划和具体计划。卡顿伍德于 2002 年 1 月 15 日提起诉讼，质疑纽约市和重建局的各种土地使用决定违反了美国和加州宪法以及各州的法规。② 法院援引了"合理性关系检验"标准，Armendariz v. Penman 案和 99 美分店案中提出的"实质目的"审查，引用了 99 美分店案中的事实和判决，认为法院必须超越政府声称的公共使用，以确定这是实质的原因还是仅仅是表面托词。该案判决将"实质目的"审查的必要性予以了明确。

---

① See Cottonwood Christian Ctr. v. Cypress Redevelopment Agency, 218 F. Supp. 2d 1203, 1213（C.D. Cal.2002）.

② See Cottonwood Christian Ctr. v. Cypress Redevelopment Agency, 218 F. Supp. 2d 1203, 1214—15（C.D. Cal. 2002）.

以上三则典型案例对"实质目的"审查的提出，虽然意识到实质目的问题的重要性，但对于实质目的的讨论仍然较为概括，并没有深入到其本质，因为法院还没有明确对于"实质目的"审查的标准。

4. "合理性关系检验"标准的范围补充

在 2002 年联邦第七巡回法院审理的 Daniels v. Area Plan Comm' n of Allen County（丹尼尔斯诉艾伦县区域计划委员会）一案中，法院在援引"合理性关系检验"标准的同时，又对该标准中公共目的的认定做出了一点重要补充，即未来才能决定的公共利益不满足公共目的的标准。在该案中，1999 年 10 月，"HNS"公司向艾伦号区域计划委员会提交了一份重新分区的申请和初级开发申请。作为申请的一部分，HNS 要求计划委员会根据印第安纳州法典清空他们的地块和相关的限制性契约，HNS 也请求委员会将批准重新划分购物中心并且批准一个包括 12，000 平方英尺的购物中心的初级开发计划。[1] 计划委员会在两次公开听证会上认定清空地块和重新分区与开发计划符合"公共使用"，因为"它将允许该场地以商业用途进行重建，这可能更合适于该物业之使用，也可能给邻近地区带来利益。无人居住和不断恶化的建筑将从现场拆除"。在批准重新分区和初级发展计划时，计划委员会还做出了以下调查结论[2]：1. 附近商业开发和增加的交通使得该房产不太适合住宅使用。2. 重新开发用于商业用途的场地将需要计划委员会进行开发计划审查。该审查将解决因财产的商业使用而产生的土地使用兼容性问题，并将保留该土地的其余部分的财产价值。3. 拟

---

[1] See Daniels v. Area Plan Comm' n of Allen Cty，306 F.3d 445，449—50（7th Cir. 2002）.

[2] See Daniels v. Area Plan Comm' n of Allen Cty，306 F.3d 445，461—62（7th Cir. 2002）.

议的场地重建将创造一个商业发展，可以成为周边社区的资产。场地开发计划审查将减轻对相邻住宅物业的任何负面影响。4. 拟议的重新划分将在该地区建立一个理想的先例。法院基于对上述发现的简单解读，认为很明显，如果没有 HNS 或其后所有者承诺的许多商业开发，公共利益将不会实现。因此，HNS 是限制性契约的撤销的主要受益者，而不是艾伦县。艾伦县的居民将看到他们的健康、安全和福利方面没有任何可能的改善，直到 HNS 将房产出售给潜在的开发商或对房产本身进行商业开发。但是，法院根据"合理性关系检验"标准，提出这种私人利益并不一定会使当前征收失效，因为即使征收是将财产从一个私人转移到另一个私人，也只要转移的公共目的是合理的。[1]然而，在本案中，没有由印第安纳州立法机构或计划委员会所定义的合理相关的公共目的来支持私人征收。根据印第安纳州的法律[2]，经济发展本身并不构成一个公共目的，而对破败区域的清理，重新规划和重新开发才满足公共目的。[3]计划委员会未依赖立法确定的"公共使用"，因此法院不必尊重计划委员会独立决定的公共目的。但是，计划委员会辩称，HNS 可能在未来开发房产，从而清除空置房屋并创建可能成为社区资产的商业区，即它们认为此种未来才能决定的公共利益系出于对任何"可以想象的公共目的"的全面考虑。[4]计划委员会的这个论断使得法院对"合理性关系检验"这一标准又做出了新的补充。法院认为，这种可能的未来才能决定的"公共使用"不符合《美国联邦宪法》（第

---

① See Daniels v. Area Plan Comm' n of Allen Cty，306 F.3d 445，462（7th Cir. 2002）.

② See Ind. Code § 36–7–13–3.

③ See Ind. Code § 36–7–13–3. at 1111–12.

④ See Daniels v. Area Plan Comm' n of Allen Cty，306 F.3d 445，464（7th Cir. 2002）.

五修正案）的要求，提出当权力下放给地方政府以确定"公共使用"时，"此后财产可能被用于公共使用是不够的"。未来某些可能的财产使用，这种利益将始终服从未来私人使用的地段，即由 HNS 享有的私人利益。因此，如果"公共使用"要求包含推测性的未来才能决定的公共利益，则该"公共使用"要求将变得毫无意义。[①]该案的判决对"可以想象的公共目的"进行了修饰，即明确表示"可以想象的公共目的"必须是在征收的当下就能决定的，未来可能的推测性的公共目的无法满足《美国联邦宪法》（第五修正案）中关于"公共使用"的要求。

5.　"合理性关系检验"标准 + "实质目的"审查标准的明确

2005 年联邦最高法院审理的 Kelo v. City of New London, Conn.（凯洛诉新伦敦市）案在继续援引"合理性关系检验"标准的基础上，明确了"实质目的"审查的标准，从此，联邦法院对于"公共使用"界定标准已发展成型。该案中，新伦敦市位于康涅狄格州东南部的泰晤士河和长岛海峡交界处。数十年的经济衰退使得州政府机构在 1990 年将该市定为"陷入困境的市政府"。1998 年，该市的失业率几乎是该州的两倍，其不到 24000 的人口处于 1920 年以来的最低点，这些条件促使州和地方官员瞄准新伦敦市以实现经济复兴。[②]为此，新伦敦发展公司，一个多年前成立的私人非营利实体，为了协助该市规划经济发展而再度开工，该市希望以辉瑞制药公司在其附近投资建立研究中心为契机，在该市开展新业务，从而成为该地区复兴的催化剂。在获得市议会的初步批准后，新伦敦发展公司继续其规划活动，并举行

---

① See Daniels v. Area Plan Comm' n of Allen Cty, 306 F.3d 445, 466 （7th Cir. 2002）.
② See Kelo v. City of New London, Conn, 545 U.S. 469, 474-75, 125 S.Ct. 2655, 2658 （2005）.

了一系列社区会议，以向公众宣传该过程，最终确定了一项综合发展计划，重点是占地 90 英亩的特伦布尔地区。该计划包含建立海滨会议酒店、娱乐和游艇码头、河边步道、博物馆、辉瑞制药公司研究办公空间等商业用途空间，除了创造就业机会，创造税收，并"为新伦敦市中心的复兴创造动力"，该计划还旨在使城市更具吸引力，并在海滨和公园创造休闲和娱乐机会。①市议会于 2000 年 1 月批准了该计划，并指定新伦敦发展公司作为其负责实施的开发代理。市议会还授权新伦敦发展公司以该市名义行使土地征收权以获得房产。新伦敦发展公司成功地协商购买了占地 90 英亩的大部分房地产，但与凯洛等九位申诉人的协商失败了，凯洛等人认为没有任何指控表明这些财产处于破败状态；相反，他们的土地被征收执行只是因为他们恰好位于开发区。11 月，新伦敦发展公司启动了征收程序，凯洛等人提起诉讼。②最后，上诉到达联邦最高法院。

法院的九位大法官以 5：4 的判决结果认为新伦敦市以商业开发为目的的征收计划是符合"公共使用"标准的，因此并不违宪。多数意见认为：其一，援引"合理性关系检验"标准，从整体上看，我们已经认识到社会的需求在国家的不同部分之间有所不同，正如它们随着时间的推移而变化以应对变化的环境。之前的案例尤其体现了联邦主义的强烈主题，强调了我们对州立法机构和州法院在辨别当地公共需求方面的"极大尊重"（注意到这些需求可能会因资源、土壤的容量、工业对公众福利的相对重要性以及人们长期建立的方法和习惯而

①See Kelo v. City of New London, Conn, 545 U.S. 469, 474—75, 125 S.Ct. 2655, 2658（2005）.
②See Kelo v. City of New London, Conn, 545 U.S. 469, 474—75, 125 S.Ct. 2655, 2659（2005）.

有所不同）。促进经济发展是政府传统和长期接受的功能。更何况，没有任何原则性的方法可以将经济发展与我们已经认识到的其他公共目的区分开来。^①其二，法院对"实质目的"进行了审查，当城市的实际目的是获得私人利益时，也不允许城市以公共目的为借口获取财产。然而，本案中的征收将根据"经过深思熟虑"的发展计划执行。初审法官和康涅狄格州最高法院的所有成员都同意，在这种情况下没有任何证据表明其存在非法目的。该市的发展计划并未被认为是"使特定类别的可识别个人受益"。^②其三，政府追求公共目的的通常会使个人私人团体受益。例如，在 Midkiff 案中，强制转移财产给那些以前无法购买房屋的承租人带来了直接和重大的好处。通过私营企业的代理机构，而不是通过政府部门，公共终端可能会得到更好的服务。我们不能说公共所有权是促进社区重建项目具有公共目的的唯一方法。^③该案最重要的就是法院在将经济发展目的列入"公共使用"的范围的同时，持多数意见的大法官 Stevens 与撰写了协同意见的大法官 Kennedy 又对其实质目的进行了判断，并且明确了"实质目的"审查标准。两位大法官提出的审查标准不谋而合，笔者对两者提出的标准做出一个合并总结，即：征收需具有深思熟虑的综合规划，只有在规划和征收执行之前没有确定特定类别的可识别的受益人，并且在一对一转让财产时不会超出综合规划的范围，才可判断其实质目的不是为了私人受益。

该案的判决在联邦层面构成了先例，由于没有任何联邦最高法院的判决推翻该案的判决结果，所以该案判决即为美国界定"公共使用"

①See Kelo v. City of New London, Conn, 545 U.S. 469, 482—83, 125 S.Ct. 2655, 2664（2005）.
②See Kelo v. City of New London，Conn，545 U.S. 469，478，125 S.Ct. 2655，2661（2005）.
③See Kelo v. City of New London，545 U.S. 469，485—86，125 S. Ct. 2655，2666（2005）.

的最高发展。

（二）"公共使用"界定标准的发展分析

根据笔者整理的结果，发现在非原旨主义解释方法（即"公共使用"解释为价值广泛的公共目的）下，1980 年之后的美国联邦法院在界定"公共使用"中实际上发展出两条不同的界定路径，一条是从 1984 年 Midkiff 案中确定的"合理性关系检验"标准，另一条是在 1996 年 Armendariz 案中首次提出质疑，在 2005 年 Kelo 案中进行明确的"实质目的"审查标准。我国之前的很多学者在研究美国的"公共使用"的问题上，都只对"合理性关系检验"标准做了简单介绍，没有对美国的判例进行脉络式的阅读和分析，遗漏了对"实质目的"审查标准的研究。

笔者认为，"合理性关系检验"标准和"实质目的"审查标准是紧密联系的，"实质目的"审查标准其实是在"合理性关系检验"标准有了一定的发展基础之上，联邦法院发现了"实质目的"审查的重要性后产生的。联邦法院运用"合理性关系检验"标准审查的是征收具不具有"可想象的公共目的"，而"实质目的"审查标准是即使具有"可想象的公共目的"，还要审查该公共目的是否为征收的实质目的。因此，美国对于"公共使用"要求的界定实际上采取的是一种竞合审查的方式。

1. 联邦法院界定标准的性质

美国法院对征收行为是否违反"公共使用"要求的这一系列的审理判决，实际上都是针对《美国联邦宪法》（第五修正案）所行使的违宪审查权。根据学者朴飞撰写的《美国违宪审查基准研究》一文，将美国违宪基准的审查程序分为严格审查、中度审查以及合理审查的三元审查体系。[1] 其中合理审查为合宪性推定式的程序式审查，适用举证责任倒置，由主张违宪者承担。[2] 通过以上典型案例不难发现，在使用"合理性关系检验"标准时，法院都是尊崇立法机关对于公共目的的判断，先推定立法机关决定的公共目的是合宪的，如果没有明显的不合理，且主张征收违宪者无法出示有说服力的证据来证明征收不符合公共目的，则推定成立，判决征收合宪。因此，"合理性关系检验"标准落入违宪审查基准的合理审查之中，法院运用该标准进行判断时，只是在尊崇立法机关决定之上进行的程序性审查。对于"实质目的"审查标准，结合 Kelo 案的判决来看，两位大法官在对"实质目的"进行审查时，将目光放在是否具有经深思熟虑制定的总体规划、是否于征收前就确定了受益人以及是否超出了总体规划的范围三个方面。从这个识别实质目的的标准来看，法院对于实质目的的审查也是通过强调征收遵循深思熟虑的综合规划，即整个征收过程应当遵循正当程序，从征收的程序侧面审查其背后的实质目的。因此，"实质目的"审查标准也是通过避开对公共目的的实质探讨的程序性审查。总体而言，联邦法院在界定"公共使用"时运用的两个标准都是程序性的，对于实质性的判断事实上并没有予以把握。

2. 两种界定标准的发展关系

笔者根据"合理性关系检验"标准和"实质目的"审查标准的发展形势，结合案例中两种标准严格程度的发展，简单绘制出下图（图1），

---

[1] 参见朴飞、许元宪：《美国违宪审查基准研究》，载《延边大学学报（社会科学版）》2010 年第 3 期，第 138—144 页。

[2] 参见朴飞、许元宪：《美国违宪审查基准研究》，载《延边大学学报（社会科学版）》2010 年第 3 期，第 140 页。

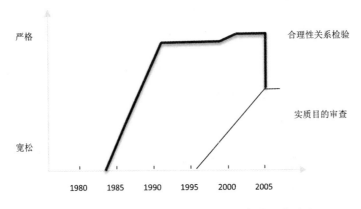

图 1　合理性标准和实质目的标准的程度对比

以便直观地观察两个标准随时间推移的发展情况。

可以看出，自 1984 年 Midkiff 案明确提出"合理性关系检验"标准以来，联邦法院一直都在引用该标准进行是否符合"公共使用"的司法判断。到 1991 年，联邦法院明确了该标准不仅要有合理的目的，所使用的手段也必须合理，不能超出必要的限度，对该标准进行了一次完善，使得该标准更加严格。[①] 在 1991—2002 年这段时期，联邦法院没有对"合理性关系检验"标准进行新的补充，只要立法机关决定的公共目的没有明显的不合理，法院一般都是做合宪判决。然而，在这个时间段内，对于"合理性关系检验"标准的引用似乎产生了过多的征收之后转移给私人开发使用的案例，这是联邦法院对立法机关公共目的决定的尊崇所导致的。因为根据该标准，即使征收之后转移给私人开发使用，只要是根据地方立法机关的公共目的的立法决定，所进行的征收都是合宪的。于是，援引"合理性关系检验"标准造成的过多的转移给私人开发使用的合宪征收给联邦法院敲了警钟，联邦法

①See Richardson v. City & Cty. of Honolulu，759 F. Supp. 1477（D. Haw. 1991）.

院开始察觉这些征收背后的实质目的究竟是不是为了公共目的，"合理性关系检验"标准是否足够面对这些情况。基于对立法机关决定的尊崇的司法传统，联邦法院不能过多地干涉立法机关对公共目的的判断，而"合理性关系检验"标准也给予立法机关最大的尊重，是一个成熟的司法界定标准。因此，法院为了考量征收背后的实质目的，以防止滥用征收权将土地转移给私人使用，法院在"合理性关系检验"标准之上于1996年首次提出了"实质目的"的质疑[①]。随后，由于私用征收造成的纠纷的增加，联邦法院于2002年Daniels案中对私用征收再次做出一点限制，即未来的推测性的公共目的是不满足"公共使用"要求的。[②]虽然该案中法院基本是根据该市计划委员会没有按照"经济发展本身不构成公共目的"的州立法来进行决定，并且未来的可能的商业开发所带来的推测性利益也不属于公共目的，从而判决该市败诉。但是也反映了从1980年以来地方立法和联邦法院对于商业开发、经济发展这一类型的私用征收还是持否定态度。而到了2005年Kelo案，联邦最高法院根据"合理性关系检验"标准，认为经济发展是政府的长期传统职能，为了推动当地经济发展，增加就业，税收这些公共性满足"广泛而包容"的公共目的，地方立法机关认为通过经济发展可以给公众带来利益，那么法院在无明显不合理的情形下不会做过多的判断。[③]但是，认可纯粹的经济发展目的的征收满足"公共使用"要求更加模糊了公用征收与私人使用的界限，对此，联邦最高法院将"实质目的"审查标准进一步提高，明确了其审查标准。可见，到了

①See Armendariz v. Penman，75 F.3d 1311（9th Cir. 1996）.

②See Daniels v. Area Plan Comm'n of Allen Cty，306 F.3d 445（7th Cir. 2002）.

③See Kelo v. City of New London，Conn，545 U.S. 469（2005）.

2005年，联邦法院适用"合理性关系检验"标准认可了纯粹商业开发、经济发展的公共目的，将该标准对于"公共使用"的界定的严格程度拉低到了前所未有的地步。我国和美国很多学者都对该案判决构成的如此宽松的界定标准进行了批判，但是他们只看到了一方面，没有看到此案对于"实质目的"审查标准的明确，正是由于联邦法院在尊崇立法机关将单纯的经济发展也作为公共目的的判断下，才会从侧面出发，将"实质目的"审查提高到新的台阶。

笔者结合两种标准的发展来看，虽然 Kelo 案降低了"合理性关系检验"标准对于"公共使用"的界定的严格程度，但是明显提高了在私用征收增多的情况下"实质目的"审查的严格性。因此，Kelo 案之后，联邦法院在尊崇立法机关决议的传统上，对于"公共使用"的界定的严格程度实际上控制在了一个合理的中间水平。

（三）"合理性关系检验"标准的法理分析

"合理性关系检验"标准所提供的判断焦点是是否与"可想象的公共目的"合理相关，如果没有明显的不合理，法院就推定立法机关对于"公共使用"的决议是合法的。因此，该标准只要求法院审查征收者是否合理地考量了征收将满足公共目的，换言之，即若立法机关通过的征收法令没有明显的不合理性，法院就会尊重立法机关的判断结果。

1. 法院对立法机关的尊重

根据笔者的整理不难发现，自1984年联邦最高法院明确"合理性关系检验"标准以来，联邦法院在"尊崇立法机关立法决定"的传统下，也在试图对该标准进行外部限制，以期体现法院审查的独立性。例如上文所分析的1991年理查德森诉火奴鲁鲁市案提出在具有合理公共目的的情况下法院还需对征收手段进行合理性审查①，2002 年丹尼尔斯诉艾伦县区域计划委员会案对未来可能的推测性公共利益的否定②。但是，从这一时期整体的案例判决情况来说，联邦法院对于该标准的适用还是遵循立法机关所决定的"广泛而包容的公共目的"而作出合宪判决，对其所称的公共目的的实质性并没有进行审查。因此，美国联邦法院对于"合理性关系检验"标准适用的法理基础是法院出于对立法机关的尊重。

第一，从表象来看，法院尊重立法机关的传统产生的原因是在福利国家的背景下，社会政治事务的决策变得愈来愈专业和烦琐，造成在某些领域司法机关在能力和信息上的欠缺。这也是源自于法院认识到自身在政治体系中有限的地位和作用而保持谨慎、谦抑的态度去面对政治事务。③

第二，在英美国家，法院尊重立法机关的传统是根深蒂固的。历史上，在英国，立法机关（英国议会）和国王都在长期争夺征收权，英国法律在很早以前便规定禁止国王夺取公民的财产，就算是为了公共利益也不准许，只有英国议会才能征收公民的土地。美国的殖民者继承了英国的经验，规定只有各殖民地的议会有权力征收土地，法院没有任何干涉的权力。

第三，议会作为立法机关所做出的判断也不是肯定不会出差错，而是因为立法机关是多数人利益的代表，无论在哪个国家立法机关都

①See Richardson v. City & Cty. of Honolulu，759 F. Supp. 1477（D. Haw. 1991）.

②See Daniels v. Area Plan Comm' n of Allen Cty，306 F.3d 445（7th Cir. 2002）.

③参见陈道英：《浅议司法尊重（judicial deference）原则：兼论与司法谦抑（judicial passivism）的关系》，载《湖北社会科学》2009 第 3 期，第 147—151 页。

是公民权利的直接保障。因为任何一项法案的通过，都要依靠立法机关的智慧、正直和爱国精神，除非该法使人没有合理怀疑的余地。①法院认为，社会在不断更新发展，这就要求土地所有权在短时间内完成转移，若立法机关认为社会的改革需要征收土地，则司法不会阻碍其权力的行使。因此，有学者总结说，征收本身符不符合公共利益是立法机关决定的问题，法院的义务是保证被征收者的公正补偿不会被多数人及其代表剥夺。②

总而言之，由于法院尊重立法机关的传统，法院在面对立法机关所做出的公共目的判断时，始终不能打破传统去严格审查，法官们都认为不应该用自己的主观判断去替代代表公民的机关所做的判断。虽然法院在历史上也尝试过对"公共使用"做出实质性的解释，但是由于该概念的抽象性和社会变迁所造成的一致认可的"公共使用"的广泛和包容性，也就致使法院采用宽松的"合理性关系检验"标准。

2. 地方立法机关的警察权（The Police Power）

"合理性关系检验"标准的提出与立法机关的警察权密不可分，在 1984 年 Midkiff 案中，法院明确了"公共使用"要求与主权警察权力的范围相连，本法院不会以其判决取代立法机关对什么构成"公共使用"的判断，除非使用明显没有合理的基础。③于此，联邦最高法院将征收权与警察权明确进行连接，将内涵广泛的警察权与必须基于"公

---

① 参见［美］查尔斯·A. 比尔德：《美国政府与政治（上册）》，朱曾汶译. 商务印书馆 1987 年版，第 63-64 页。

② 参见邢益精：《联邦最高法院在财产征收中的公共利益标准——对美国司法实践的一个实证考察》，载《法治研究》2009 第 1 期，第 34—41 页。

③ See Hawaii Hous. Auth. v. Midkiff，467 U.S. 229，230–31，104 S. Ct. 2321，2324，81 L. Ed. 2d 186（1984）.

共使用"要求的征收权进行融合，使"公共使用"要求同警察权所包含的广泛的公共目的相互融合，"公共使用"标准的范围就进一步被扩大了。

第一，警察权描述的是政府制定法律和法规以使其社区受益的基本权利。在美国的政府体制下，只有各个州才有权根据其警察权力制定法律。联邦政府的立法权仅限于宪法中规定的特定权力。制定有关安全、健康、福利和道德的法律的各州权利来自《美国联邦宪法》（第十修正案），该修正案规定："宪法未授予合众国、也未禁止各州行使的权利，由各州及其人民予以保留。"

第二，州立法机关通过颁布法规行使其警察权力。地方法规将其大部分警察权力下放给州内的县、市、镇、村和大型自治市。警方权力也被用于在分区、土地使用、消防和建筑规范、赌博、歧视、停车、犯罪、专业人员许可、酒类、汽车、自行车、滋扰等领域制定各种实体法的基础。如果根据警察权力颁布的法律不能促进社区的健康、安全或福利，则可能是违反宪法剥夺生命、自由或财产的行为。

简言之，警察权就是州立法机关为了公益（包括公共安全、公共健康、公共道德等）进行管制的权力。①基于州立法机关的警察权力，如果立法机关认定征收在警察权范围之内，是为了维护当地的公共利益而进行的，则征收权的行使就可以合理地被认定为公共目的。因此，联邦法院基于州立法机关的警察权力，在尊重州警察权的情形下明确了"合理性关系检验"标准的司法判断方式。

①See Christopher Supino，"The Police Power and 'Public Use'：Balance the Public Interest against Private Rights through Principled Constitutional Distinctions"，110 W. Va. L. Rev. 2008，pp.728—729.

3. 个人财产权地位的降格

公共利益由于其"既极具抽象性，又是一种正面价值评断的概念，因此必须以一个变迁之中社会的政治、经济、社会及文化等因素及事实，作为考量该价值的内容①"。质言之，社会情况的变迁决定了"公共使用"标准要求的转变。本节选取的研究时期为美国城市更新运动基本结束的经济发展时期。

第一，20 世纪 40 年代之后至 80 年代之前，美国处于大规模的城市更新运动时期，这一阶段的主要任务就是清理贫民窟等破败地区。根据之前学者的研究结果，法院在这一时期基本认可清理贫民窟等破败地区当然符合"公共使用"的范畴。②

第二，20 世纪 80 年代之后，美国开始大力发展城市经济，"商业开发"成为这个时期的关键词。基于之前清理贫民窟等破败地区作为公共目的的影响，联邦法院都会考虑被征收财产是否破败来判断"商业开发"是否是公共目的，而这一时期法院对"破败"也做了相应的扩大解释，即即使自身被征收的财产并不破败，但是如果财产处在整个规划的破败地区，此地区整体的破败危害到了城市的健康、安全、美观和福利状况，该财产也属于破败地区。上述典型案例中法院基本都对"破败"进行了预先讨论，例如在 1984 年 Midkiff 案中法院认为土地所有权过去集中的情况确实危害到了地区的发展；1991 年理查德森诉火奴鲁鲁案（Richardson v. City and County of Honolulu）中法院尊重立法机关的决定认为火奴鲁鲁市和县存在直接和连续的社会紧

---

① 陈新民：《德国公法学基础理论》，山东人民出版社 2001 年版，第 205 页。
② 参见姚佐莲：《公用征收中的公共利益标准——美国判例的发展演变》，载《环球法律评论》2006 第 1 期，第 107—114 页。

急状况，因此该条例对于市和县人民的总体健康，安全和福利是必要的；1996 年 Armendariz 案中法院讨论了清理破败地区的情况，但是认为实质目的是私人受益；99 美分店诉兰卡斯特市重建局与兰卡斯特市案（2001 年 99 Cents Only Stores）中法院认为兰卡斯特市并没有出具任何有关"破败"的调查或报告书，实质目的是私人受益；2002 年 Daniels（丹尼尔斯诉艾伦县区域计划委员会）一案中法院认为艾伦县计划委员会没有进行对"破败"的认定，没有根据州立法的要求确认"破败"的前提。这些案例都表明，即使在已经如此宽松的"合理性关系检验"标准下，法院在考量"商业开发"征收是否符合公共目的时，依旧会考虑该地区是否"破败"，会考虑个人的财产状况来衡量征收的必要性。

第三，到了 2005 年 Kelo 案后，联邦最高法院却对"破败"避而不谈，直接认定了"商业开发"作为发展经济的途径符合公共目的。此判决表明法院在大力高速发展经济的社会任务下，已经不再要求对财产是否"破败"做出审查，如果商业开发确确实实能够完成发展经济的任务，则无论被征收的财产的状况如何，都必须为发展经济这一社会目标让步。

因此，发展经济时期个人财产权地位的降格导致了联邦法院态度的转变，个人财产权利在为了经济发展的公共目的的征收权面前无条件地退让，反映了发展经济时期司法对财产权保护的极度弱化。相比于其他权利，如今的财产权已经被降格到了次级地位（Second-class status）。①

---

①See Cato Institute. Cato Handbook for Policemakers，8th Edition. Cato Institute 2017，p.188.

（四）"实质目的"审查标准的法理分析

1. 联邦法院司法策略的转变

根据笔者的整理不难发现，"实质目的"审查标准是在"合理性关系检验"标准的基础上提出的。首先，"合理性关系检验"标准的"可想象的公共目的"的范畴过于庞大，联邦法院无法对公共目的的实质性进行彻底的审查。其次，基于尊重立法机关的传统，法院更不会对立法机关提出的公共目的进行再次界定，法院在审查立法机关决定的公共目的时，只要找不到明显的不合理就基本认定征收符合"公共使用"要求。这样的情况极大地促进了征收权的扩张，私用征收的情况越来越多，使得司法保护个人财产权的作用大打折扣。

因此，联邦法院提出"实质目的"审查标准，并在令个人财产权地位完全降格的 Kelo 案中明确了"实质目的"审查的标准，在尊重立法机关对公共目的的判断下，没有放弃法院作为保护个人财产权的最后屏障的角色。联邦法院克制地从侧面对立法机关决定的过程进行审查，以判断其实质目的是否是为了私人获益。"实质目的"审查标准的明确是联邦法院作为司法机关的司法策略的转变，反映了美国分权原则的具体适用。即法院作为司法机关尊重立法机关的判断，不过分干涉立法机关的判断，但同时又要求法院作为公民权利的最后一道保障去保护公民的权利，克制地去限制立法机关的权力。司法策略的转变使联邦法院通过更加可操作的方式发挥司法对"公共使用"要求的判断作用。

2. 私人利益与公共利益之主客性判断

一项征收，政府行使征收权的目的不是为了拥有该财产，而是通过行使征收权消除财产上的原权利，进而把该财产投入公用。基于这个过程，财产上原有的利益格局被打破，部分利益或消灭，或转移，更多的则是通过征收被重新创造。这就形成了征收后的多元利益格局，从而既有公众的受益，又有私人的受益存在。所以，在发展经济的大背景下，存在大量私人受益的情况出现，这时法院就需要在多元利益格局下对私人利益和公共利益的相互关系作出厘清。因此，只有存在私人受益的征收，法院才会采用"实质目的"审查标准。

"实质目的"审查标准的目的就是通过更加可操作的程序性手段来审查征收究竟是为了公共利益还是私人利益，其认定实质目的确实是为公共利益的理由是：征收具有深思熟虑的综合规划，在规划和征收执行之前没有确定特定类别的可识别的受益人，并且在一对一转让财产时没有超出综合规划的范围。结合其判决中的讨论部分所说到的"政府追求公共目的通常会使个人私人团体受益"[1]可以发现，"实质目的"审查标准系对私人利益和公共利益究竟哪一个为征收的附带利益的查明。通过审查征收是否存在深思熟虑的综合规划来判断规划的制定是否具有广泛的参与性以及是否被滥用；通过审查是否具有在先确定的特定可识别的受益人来判断后续的规划和征收是否具有特定指向性；通过审查财产转让是否超出总体规划的范围来判断征收是否超出公益的界限而具有私人目的性。刘连泰教授在研究Kelo案的判决时，虽没有讨论法院对"实质目的"审查标准的论述，但却从一个抽象的视角提出了公共利益的主客观标准的判断框架，即主观上为了满足公共利益，客观上带来了私人利益，合宪；主观上为了私人利益，客观

---

[1] See Kelo v. City of New London，Conn.，545 U.S. 469，485，125 S. Ct. 2655，2666（2005）.

上增加了附带的公共利益，违宪。[①]笔者认为，这一抽象的标准框架恰好为"实质目的"的判断提供了一个整体的、宏观层面的原则，通过衡量公共利益和私人利益"谁主谁客"来确定一项征收的目的是否正当。法院可以把握这个大方向，对征收是否是为了公共目的予以判定。但是，该标准过于抽象，在实践中涉及比例衡量的问题，因此还是要还原到具体的可操作的标准上来。

（五）"公共使用"界定标准的反思

1. 商业开发可以构成"公共使用"

通过 2005 年的凯洛诉新伦敦市案，联邦最高法院认为商业开发能够促进经济的发展，从而判决纯粹的发展经济目的就符合"公共使用"的要求。在经济发展时期的大背景下，该案延续了"合理性关系检验"标准，再次扩大了"公共使用"的范畴。该案判决在联邦层面构成了先例，承认了纯粹的发展经济符合"公共使用"要求。由于在私用征收中，作为财产接收者的私人企业更有能力使财产发挥其价值，更有效地利用被征收财产，也就能够促进经济发展、增加税收和就业。所以，该案的判决几乎等于承认任何实质性的私用征收，因为政府可能随时为了经济利润联合私人企业发起征收。[②]因此，一些学者认为此案的判决是失败的，该案的判决也引发了美国各地的争议。美国许多州都通过修改当地法律来反对该案的判决，目的都是限制征收权的使用，防止征收权的滥用过度损害私人利益。

[①] 参见刘连泰：《将征收的不动产用于商业开发是否违宪——对美国相关判例的考察》，载《法商研究》2009 年第 3 期，第 148 页。

[②] 参见冯桂：《"公共利益"的作用与局限——对美国不动产征收判例法的观察与思考》，载《华东政法大学学报》，2009 年第 2 期，第 64 页。

　　从总体来说，这些反对意见主要集中在两个方面。第一是禁止发展经济目的的征收，例如，有的州采取概括式规定，不得为了发展经济而征收财产①；有些州则明确了发展经济目的的范围，比如零售、商业、住宅或公寓的开发和税收收入的增加②，或者仅包括税收收入的增加③。第二是禁止向私人实体转让将被征收的财产，例如直接规定无论什么情况下都不能向私人实体转让被征收财产④；有的规定禁止私人转让的具体范围，如禁止以发展经济的目的或者仅以增加税收收入的目的转让被征收财产给私人企业⑤。

　　可以看出，这些立法修改毫无保留地反对联邦最高法院的判决结果，对以发展经济为目的的征收持坚决的否定态度。那么我们应当如何看待这些地方性的立法改革呢？联邦最高法院的判决和之后各州反制所产生的矛盾，需要我们辩证地看待以发展经济为目的的征收。有学者认为，当今时代，不应当也不可能全面禁止以发展经济为目的的征收⑥，这样的立法改革存在负面效果。有学者说，明确地将发展经济从公共目的中排除出去的规定，与美国联邦最高法院正确的先例直接冲突，而且明确地取消了政府在过去所拥有的、用来清除使"居住在

---

①See Texas，Senate Bill 7，Signed into law on September 1，2005.

②See Alabama，Senate Bill 68，Signed into law on August 3，2005.

③See Florida，House Bill 1567，Signed into law on May 11，2006.

④See Alabama，Senate Bill 68，Signed into law on August 3，2005.

⑤See Ohio，Senate Bill 7，Signed into law on July 10，2007.

⑥See Marc Mihaly，"Turner Smith. Kelo's Trail：A Survey of State and Federal Legislative and Judicial Activity Five Years Later"，38 Ecology L.Q.2011,P703.

那里的人沦落到牛马地位的生存状态”的工具①，这又将使“公共使用”回到早期过时的界定之中。如果一个州能够确定一个开发项目确实符合公共利益，那这样的立法岂不是又将此种情况禁止了。全面禁止私人征收的立法改革，会限制政府在私人实体之间重新分配财产的能力，将损害政府管理工业和商业的能力。此外，限制政府将被征收的财产转让给私人公司将抑制公共部门和私营部门之间建立伙伴关系，阻碍创新性土地利用计划的实施，即使该计划将鼓励政府落实旨在促进经济发展本身，而不是为了私人公司的利益量身打造的项目②。另外，还可能导致政府必须亲自从事开发和经营的企业，例如医院、停车场和体育场馆等③。

笔者认为，各州对以发展经济为目的的征收嗤之以鼻的态度源于对联邦最高法院判决的片面看法，也是不符合时代背景的看法。

第一，经济发展是一国之命脉，而土地是一个国家经济发展最为基础的资源。土地的有效利用、合理配置是一个地区得以发展经济的基础路径。特别是到了 21 世纪，经济发展的重要性不言而喻，对于一国之居民来说，更有效地配置资源意味着更良好的生活环境。在市场经济高速发展的时代，土地能够为政府获取更多的发展资金。实践证明，只有通过征收土地才能把土地作为资源进行有效配置，进行土

①See Jonathan Michels. "Kelo v. City of New London： Is the Response to Curb the Effect of the Supreme Court Decision Going Too Far？", 37 Seton Hall L. Rev.2006,P527.

②See Julia D. Mahoney. "Kelo's Legacy： Eminent Domain and the Future of Property Rights". Sup. Ct. Rev. 2005，p103.

③See Scott J. Kennelly. "Florida's Eminent Domain Overhaul： Creating More Problems Than It Solved", 60 Fla. L. Rev. 2008，p471.

地资本的深层次运作，让土地成为经济发展的深层动力。^①就像美国在城市更新时期，如果没有统一征收土地就难以有效地完成对贫民窟的清理，而如果没有私人企业的介入，清理工作则缺乏利益推动，必将进展缓慢；到了发展经济的时代，社会的目标便是创造经济收入、增加就业与税收，如果禁止行使征收权或者禁止私人企业介入，就无法吸引投资，无法提供工业用地。

第二，公益的行使夹杂私人获益，难以泾渭分明。美国联邦最高法院也一致肯定促进经济发展是政府的传统职能，没有任何方式可以把它从现有所知的公共目的中予以排除。对于是否符合"公共使用"的判断应当根据时代的要求进行转化，这也是美国从对"公共使用"采取原旨主义解释到进行非原旨主义解释所体现的观念。因此，以发展经济进行商业开发征收有其社会意义所在，联邦最高法院判决形成的结果在这个时代当属利大于弊。

第三，批评者没有看到联邦法院判定标准的转变。虽然为发展经济而进行征收的大目标是可取的，但是各州应当更加严格关注的问题在于商业开发征收的实质目的属于公共利益还是私人利益，应防止在拓宽了"公共使用"要求后，滥用征收权造成的权力寻租的出现。所以，要判断好公共利益和私人获益在征收中的位置，"实质目的"审查标准就提供了这样的判断路径。因此，对于发展经济型的征收构成"公共使用"，应当看到联邦最高法院的全面考量，而不是片面地认为判决的做法不可取。笔者认为联邦最高法院的判决顺应了时代的要求，

① 参见丁新务：《土地征收在经济社会发展中的作用》，载《资源导刊》，2013年第6期，第10页。

是可接受的，不能断言商业开发一定与公共利益相冲突。

2. 实质性审查的缺位

法院在界定"公共使用"时，基于"合理性关系检验"标准的审查是在尊重立法机关决定的传统下的程序性审查。这一宽松的界定标准在发展经济时期给许多私用征收提供了"保护伞"，所以后来联邦法院明确了"实质目的"审查标准，从征收是否具有深思熟虑的合理规划等方面判断征收背后的目的是否是为了私人获益。但是，这一标准系对规划的形式审查，依旧还是程序性审查方式。也就是说，法院在判断征收是否符合"公共使用"这一问题上放弃了实质审查的方式，法院会先入为主地认为立法机关决定的公共目的符合"公共使用"，这就导致被征收人承担着举证不利的败诉责任，使本来就处在弱势地位的被征收人在法庭上陷入更为不利的位置。这样的设置是否合理，对于被征收人的权益保护来说是否公平，是否体现出了法院应有的司法判定作用？

学者乔纳森·尼尔·波特纳（Jonathan Neal Portner）提出了与笔者一致的思考，认为联邦法院如此做扩大了"公共使用"的范围，即宪法条款不再是对私有财产的限制。而为了更充分地保护私有财产权，法院应该制定一项测试，对财产从私人方获取并交给另一方的情况进行更严格的审查，更严格的测试将确保实际上是为了公共利益，并且宪法公共使用要求不被忽视。[1] 在凯洛案中，肯尼迪大法官在协同意见中也表达了相似的考虑，他认为："希望能够敦促法院在'公共使用'

---

①See Portner, Jonathan Neal., "Continued Expansion of the Public Use Requirement in Eminent Domain" U.balt.l.rev（2015），p557.

条款下，采用更严格的方式来确定征收是否意图支持某一特定的私人方，而附带了一些公共利益……如果被征收人指控征收存在'不被允许地偏袒'（Impermissible Favoritism）私人方的情况，法院就必须秉持严格的态度来审查。"[1]

学者迈克尔·伯尼尔（Michael V. Bernier）认为肯尼迪大法官所敦促的标准确实是比先例更严格的评估，但它并不是一个额外的审查程度，而是法院来确定拟议的公共利益是否实际上与拟议的征收合理相关的特别程序。他在其研究中提出了"负担转移分析法"，进一步延伸肯尼迪大法官的观点。

第一，在被征收人指控征收存在"不被允许地偏袒"私人方时，法院依旧会假设征收是合理的并且是为了公共目的而进行的，这时就需要被征收人提供初步证据证明私人方的参与，即提出足够的事实来提出指控的初步合理性。

第二，如果原告满足了该初始负担，那么负担将转移到征收者身上，来证明合法的公共目的理由。此时，"负担转移分析"要求被征收者明确说明私人参与征收的正当理由，其责任是通过证明私人参与的合法理由来驳斥被征收者的初步证据。如果征收者在分析的第二步中承担了其负担，那么负担就会转回到被征收者身上，来表明征收者声称私人参与的公开理由是借口。[2]

"负担转移分析法"通过转移一次举证负担，把被征收者和征收者拉到了相对公平的举证责任平台上，因为在传统的法院分析中，征

---

[1]See Kelo v. City of New London, Conn., 545 U.S. 469, 491, 125 S. Ct. 2655, 2669（2005）.

[2]See Michael V. Bernier, "When the Legislature Robs Peter to Pay Paul: Pretextual Takings and Goldstein v. Pataki", 30 Miss. C. L. Rev. 87（2011）.

收者在面对公共理由不充分的指控时，可以提出传统的公共目的直接转移法院的注重点，例如消除城市枯萎，集中财产所有权的重新分配等，只要征收与所声称的公共目的"合理地相关"（迈克尔使用"负担转移分析"评析了 2008 年 Goldstein v. Pataki 案[①]，认为联邦法院仅仅采纳了立法机关提出的传统的公共目的的证据，这样的判决是不合理的），而在负担转移框架中征收者则必须证明所宣称的公共理由的法律优势。这样一来，不再是由被征收人在一开始就需要全面举证征收的实质目的是为了私人获益，而提供了一个转移空间，只要提供初步的事实证据就能将举证负担转移到征收者身上，减轻了被征收人的举证负担，给予了被征收人喘息的时间。并且，迈克尔进一步认为，实践中存在一种未被察觉的"不被允许地偏袒"私人方的风险存在，这种情况对公共利益的损害更为严重而又难以察觉。例如，私人转移到与具有特定征收权的官员之间存在某种关系的受让人可能存在这样的潜在风险。这些关系可能存在于各种个人或实体中：家庭、亲密朋友、选民、竞选捐助者等。因此，他认为法院在面对一项涉及上述范围内的受让人存在私人转移的征收时，应当首先假定立法机关决定的公共目的是无效的，也就是说，让征收者承担举证不利的败诉责任，而非被征收者。

笔者认为，在发展经济的时代大背景下，联邦法院在尊重立法机关对"公共使用"的决定的传统下采取的"合理性关系检验"标准表现的是司法淡化公共利益的态度，反映的是法院对效率的追求，而忽略了被征收人的个人利益。而"实质目的"审查标准的应有之义是为

---

① See Goldstein v. Pataki. 516 F.3d 50（2008）.

了限制涉及私用征收背后的实质私人获益，填补司法的公正。特别是随着社会经济的发展，利益变得具有多元性、复杂性以及潜在性，使涉及私用征收中隐藏的私人获益更加难以被察觉。在这样的背景下，"实质目的"审查标准应当更加严格。在司法采取"合理性关系检验"标准已经淡化了公共利益的情形下，"实质目的"审查标准就应当不再拘泥于形式审查。实质性审查的缺失导致难以甄别不易被发觉的实际私人目的。因此，笔者认为，敦促法院对"实质目的"审查标准进行实质审查，将举证责任设置在强势的征收者之上，而非被征收者承担举证不利的败诉责任，才能在淡化公共利益的态度下，杜绝以公共利益为名使私人获益的情况发生，平衡司法效率和司法公正。

四、美国土地征收中"公共使用"的界定主体

（一）立法机关对"公共使用"的界定

1. 联邦法院认可地方议会的初步公共目的决定

联邦法院在 1984 年后的一段时期都是基于"合理性关系检验"标准，对于地方议会通过立法决定或者审查批准的公共目的予以最大限度的认可，只要在形式上没有明显的不合理之处，联邦法院就不会干预议会决定的"公共使用"。例如，在 1984 年 Midkiff 案中，夏威夷立法机关首先判断集中的土地所有权导致了该州住宅所有权市场的扭曲、土地价格上涨以及公共安宁和福利的受损，颁布了一项土地法案。立法机关最终认为解决这些问题符合"公共使用"的要求。联邦最高法院采用"合理性关系检验"标准判断是由于在夏威夷地区独特的土地产权被认为扭曲了土地市场，因此行使土地征收权是合理的。如果立法机构确定有充分理由行使征收的权力，法院必须顺从它们的

决定，即判定该征收符合"公共使用"。[①]在1990年理查德森诉火奴鲁鲁案中火奴鲁鲁城市议会通过了一个条例，认定并宣布火奴鲁鲁存在直接和连续的社会紧急状况，因此该条例对于火奴鲁鲁人民的总体健康、安全和福利是必要的。联邦法院在没有找到明显不合理的基础的情况下认可了议会对于公共目的的判断。但是由于其实行手段不合理，从而判决违宪。[②]

而在2002年丹尼尔斯诉艾伦县区域计划委员会一案中，联邦法院认为地方立法机关尚未对印第安纳州法规中的"公共使用"构成具体决定，而是将该责任委托给当地的计划委员会。而该计划委员会未依赖立法确定的"公共使用"，因此法院不必尊重计划委员会独立决定的公共目的。如果计划委员会的决定属于印第安纳州公共使用的特定立法决定，则不应受到干扰，除非该决定"显然没有合理的基础"。[③]也就是说，即使是立法机关授权的行政机关也不能单独做出关于构成"公共使用"的调查决定，而必须根据立法确定的公益范围或者交由立法机关进行审查批准进行界定。

2. 立法机关作为界定主体的法理基础

一方面，立法机关代表多数人的利益。

议会作为立法机关是由民主选举出的代表所组成。选民们按照自己的想法和利益选择公民代表，而代表为了自己能够当选，就要广泛地收集民意并且传播民意，要尽自己所能来维护支持自己的选民的利益，才能获得多数选票。议会代表的当选就表示其获得了多数选票，

---

①See Hawaii Hous. Auth. v. Midkiff, 467 U.S. 229, 104 S. Ct. 2321, 81 L. Ed. 2d 186（1984）.

②See Richardson v. City & Cty. of Honolulu, 759 F. Supp. 1477（D. Haw. 1991）

③See Daniels v. Area Plan Comm'n of Allen Cty, 306 F.3d 445（7th Cir. 2002）.

从量的方面来看，一个议会代表体现了当地多数人的利益，也符合公共利益的不确定多数人理论。到了议会代表行使自己权力，也就是参与制定法律时，由于周期性选举压力的存在，议会代表必须在制定法律的过程中充分表达自己所代表的那一部分人的意见。由于每个代表所代表的人民群体的差异性，在制定法律的过程中就会产生不同群体利益的相互碰撞，由此就需要代表们积极配合，相互博弈，充分权衡各方利益以进行最佳的融合，并保证自己所代表的那一部分人的利益在最终的立法决议中能够具有良好的体现。这样，议会在各方代表的聚合讨论之下就能制定出最符合公众利益的法律，充分体现民主立法对于公众利益的价值。相对司法、行政机关而言，立法机关更能够实现民主的思维，也就能够最好地判断是否符合"公共使用"要求。因此，美国有学者指出，法院在征收案件的判断中尊重议会的判断是基于一种司法的推定，那就是立法机关的决定代表着最真实的民意。[①]

另一方面，立法机关制定法律具有权威性。

学者阿道夫·默克（Adolf·Merkl）教授在其发表的《国家目的及公共利益》一文中认为，唯有用"法律形式"表现出来的国家目的才属于公共利益，只有将国家目的予以"法制化"才完成承认其为公益的过程。[②]

立法机关拥有的立法权的权威性不允许其他任何机关僭越，立法机关制定的法律是司法机关和行政机关的指导原则，这一点虽然在大

---

① See Stephen J.Jones，"Trumping Eminent Domain Law：An Argument For Strict Scrutiny Analysis Under The Public Use Requirement Of The Fifth Amendment"，50 Syracuse L. Rev.2000，p285.

② 参见陈新民：《宪法基本权利之基本理论》（上），元照出版社 2002 年版，第 158 页。

陆法系国家表现得最为明显，因其以制定法为主，但是美国作为判例法国家，实际上是由判例与成文立法相互指导。具体到"公共使用"，立法机关在进行判断时促使公益的法制化与具体化，由法律的公益条款可使该法律的适用机关——行政及司法机关能够对公益的内容得到可能的确定性。鉴于无法对公共利益的概念得到一个一贯的见解，因其概念具有可变性，立法者唯有在针对不同事项而立法时，才能以其立法理念、社会价值来决定应该贯彻和维持的公益内容。[①]正如前述典型案例中，地方立法机关根据各地区之危机程度，针对不同的状况来进行相应的立法，如土地所有权高度集中扭曲了土地市场、地区破败造成公共设施不足及自然灾害困扰、经济衰退造成就业低下等情况而确定征收的公共目的。因此，不同的事项可以有不同实质的公益内容，公益的这种可变性就是借立法者使其斟酌的事实，而有不同的立法目的时，予以规定之。[②]立法机关相比其他任何机关都更要具有灵活性和适应性，以适应社会情势的变化，从而可以根据不同需求进行公共目的立法。

（二）立法机关作为界定主体的反思

立法机关的产生模式在理论上体现了其确实代表着多数人的利益，但是在实践中是否真正得以实现呢？特别是在征收案件中，能否充分表达公共利益呢？

1. 议会代表性的强弱问题

克里斯托弗·沃尔夫在评论美国立法机关的代表性时说明了一些

---

① 参见陈新民：《宪法基本权利之基本理论》（上），元照出版社2002年版，第159—160页。

② 参见陈新民：《宪法基本权利之基本理论》（上），元照出版社2002年版，第160页。

实践上的问题，他提出了一些疑问：议会的代表们到底有多大程度的代表性？有多少公民知道谁在代表他们？选区的公民有多大比例进行了实际投票来赞成竞选的胜者？又有多少公民真正关注选举活动？对竞选的话题、所涉及的问题了解几成？他还指出现任议员大约90%的改选率说明，赢得选举的关键在于个人知名度的高低，因此，那些知名度高的人在大多数问题上是否会真正代表其选民的意见没有任何的保障。①他的观点反映了在实践中诸多主客观因素导致理论上立法机关的民主性无法充分实现的问题。另外，卢梭曾经表示："英国人民自以为是自由的，他们是大错特错了。他们只有在选举国会议员的期间，才是自由的；议员一旦选出之后，他们就是奴隶，他们就等于零了。"②这一观点虽说有些夸张，但是无论是在英国还是在这里的美国，这个观点都能折射出一定的实际问题，即代表们在被选出之前的承诺和被选出之后的行为是否会一致，会从选民的角度考虑问题还是会为了自己的利益与选民的利益脱节，这些都是值得深思的问题。如果代表们到最后不能从选民的利益出发去立法，而是从自己的利益出发，那么民主性就无法真正实现。特别是当今社会是存在着众多利益集团的多元社会，若是代表们成了既得利益者，就更加会巩固强化自己的利益，而将选民利益晾在一边或者是简单地附带选民利益。特别是对于征收立法，双方对于利益的表达是不对等的。征收不同于一般的立法过程是由代表不同利益的议会代表进行公平的博弈，在地方立法机关或其授权机构在州法律的范围内制定具体的征收立法决定时，被征收一方

---

① 参见［美］克里斯托弗·沃尔夫：《司法能动主义——自由的保障还是安全的威胁？》，黄金荣译，中国政法大学出版社2004年版，第119页。
② 参见［法］卢梭：《社会契约论》，何兆武译，商务印书馆2003年版，第121页。

处于弱势地位，没有能够充分表达其利益的代表。[①]地方立法机关在州法律的范围内制定具体征收立法的决定是一个短期的活动，被征收人难以在立法程序中与征收方进行有效博弈。

2. 民主公平性的受影响问题

第一，当下的社会存在着许多特殊利益集团。尤其是在政治、经济、社会地位方面有着较高地位的利益体，往往会借助自身的优势在立法中进行频繁的谈判、游说工作为自己的集团争取利益。在立法过程更为强势的利益集团的意志就更能在立法中实现，或者不同的利益集团最终相互妥协所产生的结果上升到立法层面。立法的背后，由多方利益集团经过博弈，这样的立法结果还能多大程度地反映公众的利益呢？

第二，地方性的机构往往更容易被利益集团所控制。[②]在征收中，地方立法机关、地方政府相较于联邦机关，由于当地财政等问题，更加需要在本地有实力的私人利益机构予以支持，也就更容易偏向这些本地利益团体。一切实力雄厚的私人企业为了实现自己的发展计划，必然在征收中向地方机构抛出橄榄枝，而地方为了当地财政经济的发展一般会向这些私人企业提供利益上的帮助。[③]因此，在发展经济时代，就形成了私用征收的明显增长，如1996年Armendariz v.Penman案中建造购物中心、2001年99美分店诉兰卡斯特市重建局与兰卡斯特市

---

①See Laura Mansnerus, "Public Use, Private Use, and Judicial Review In Eminent Domain", 58 N.Y.U. L. Rev. 1983, pp.409—456.

②See James Madison, Benjamin Fletcher Wright ed., The Federalist, 10 The Belknap Press, 1961, p135.

③See Millspaugh, Eminent Domain, "Is It Getting Out of Hand？", Real Est.L.J.99, vol.11（1982）.

案（99 Cents Only Stores）中当地商业大户 Costco 扩展店面、2002 年
Daniels（丹尼尔斯诉艾伦县区域计划委员会）案中重新划分土体建在
商业中心、2005 年 Kelo（凯洛诉新伦敦市）案中为促进经济发展征收
土地进行商业开发。在联邦法院尊重地方立法机关判断的传统下，地
方的征收权力似乎被一些私人企业视为高效快捷地获得财产的方式。[①]

　　民主公平性受到利益集团的影响，就会出现地方立法机关及其授
权机构滥用征收权的可能，若不对此加以防范和审查，到最后私用利
益甚至会完全凌驾于公众利益之上。

（三）强化司法机关的界定作用

　　1. "实质目的"审查加强司法机关的界定作用

　　联邦法院对地方议会做出的"公共使用"决定的尊重和认可，足
以反映美国立法机关在"公共使用"的界定上占据着主导地位，而司
法机关所能发挥的作用极其有限。但是，"实质目的"审查标准的明
确改变了司法机关在判断上的局限性。相对于立法机关来说，司法机
关可以通过终局裁断来界定立法机关的初步决定是否是为了掩盖实际
的私人获益目的。在可能出现利益集团左右立法机关判断，导致滥用
征收权力之时，就需要司法机关对立法机关进行严格审查。

　　例如，在 2001 年 99 美分店诉兰卡斯特市重建局与兰卡斯特市案
（99 Cents Only Stores）中，联邦法院根据"合理性关系检验"标准，
接受兰卡斯特市的征收行为所努力的公共目的。但是该案判决将"实
质目的"审查置于判决该案的关键，认为当地税收大户 Costco 左右了

---

①See Laura Mansnerus, "Public Use, Private Use, and Judicial Review In Eminent Domain", 58 N.Y.U.
L. Rev. 1983, p409—456.

兰卡斯特市的判断，征收行为只不过是实现将财产从一个私人方转移到另一个私人方，实质目的只是为了安抚Costco。[①]最后判决征收违宪。而在2005年凯洛案中，联邦法院在认可了立法机关所决定的公共目的后，通过判断征收是否存在深思熟虑的综合规划、是否具有预先确定的特定可识别的受益人以及财产转让是否超出总体规划的范围来判断立法机关所决定的征收目的的实质是否是为了私人获益。[②]

通过2001年和2005年的两个典型案例，联邦法院强化了自身对"公共使用"的界定作用。即使是由立法机关做出的合理的公共目的决定，也需要通过法院的二次界定确认该目的的实质确实是为了实现公共利益。因此，美国土地征收中"公共使用"的界定主体，由原来的立法机关主导、司法机关配合演变为强化司法机关所能发挥的界定作用，提高司法机关在界定上的地位，由其在尊重立法机关决定的基础上进行二次界定。

2. 强化司法机关二次界定的意义

第一，立法机关在界定什么构成"公共使用"时虽然体现了相当程度的民主性和代表性，但是由于民主可能实现不充分以及民主性立法本身的问题，容易导致多数利益对少数利益的不合理侵犯、漠视。

第二，在多元利益的社会格局下，立法机关总是会遭受各种非正当的利益影响，在发展经济的大背景下，私人方获益的目的总是会掺杂于立法机关对公益的判断中。立法机关在与各种地位显著的利益集团的博弈中穷于应对，以至于无法依靠它们对那些弱势权利体予以足

---

①See 99 Cents Only Stores v. Lancaster Redevelopment Agency，237 F. Supp. 2d 1123 （C.D. Cal. 2001）.

②See Kelo v. City of New London，Conn.，545 U.S. 469，125 S. Ct. 2655 （2005）.

够的关注，这就会产生真空地带，要求司法机关在保护少数人利益上发挥司法的特殊作用。[①]

第三，由于司法尊重立法的美国传统，联邦法院不能过分地质疑立法机关的判断，所以另辟蹊径，在有私人方获益的情形下，联邦法院会严格审查该征收的实质目的，以防止私人获益者的参与导致征收的实质目的超越了公共目的，保障少数被征收人的利益不会被私人获益方所吞并。司法机关对于立法界定有效性的推定，应当是建立在征收方和被征收方都充分地表达了自己的意志之后，再由立法机关做出结论，并且没有任何利益集团的干扰而实现的"公共使用"要求。

因此，若是立法制定的过程中受到了其他的干扰和控制，那立法机关所界定的公共目的就不是民意的真正实现，所以就应当由保持中立的、非经人民选举产生的法官们对整个征收计划是否真正符合"公共使用"进行第二次界定，才能更具有公正性。另外，同2002年Daniels（丹尼尔斯诉艾伦县区域计划委员会）以及2005年Kelo（凯洛诉新伦敦市）案一样，美国有很多情况下都不是由议会直接行使征收权，而是授权给行政机关或者私人团体，所以在这种情况下，联邦法院对于实质目的的审查作用就更加明显和重要了。

五、美国土地征收中"公共使用"的实现程序

在明确了美国关于"公共使用"的界定标准和界定主体之后，在实践中如何通过程序来保障"公共使用"正当、规范地实现是一个必

---

① 参见［美］克里斯托弗·沃尔夫：《司法能动主义：自由的保障还是安全的威胁？》，黄金荣译，中国政法大学出版社2004年版，第48页。

不可少的需要明确的重要内容。没有程序就没有正义，《美国联邦宪法》第五修正案和第十四修正案都规定了"非经法定程序，不得剥夺任何人之生命、自由或财产"。可见，美国将程序公正视为征收的前提条件之一，是实现"公共使用"实体正义不可缺少的条件。并且，在1980年至今的大力发展经济的时期，"公共使用"在非原旨主义解释下成为广泛而包容的公共目的，本身就具有不确定性和模糊性，在个案中就更加需要合理及严格的程序来实现正当的"公共使用"。诚如有学者所言，公共利益的本质其实是一个程序问题，公共利益的界定与保障必须在一个完整的程序中进行，即使是以公共利益之名发起的征收，也需在合法的程序中才能实现。[①]

（一）实现"公共使用"的特色程序

1. 预先调查程序

预先调查程序是开启公益的第一步，是由立法机关对当地的环境以及城市规划等内容进行深入调查，或者是由被授权的行政机关或私人团体进行调查之后交给立法机关审核调查的结果。

例如，在1984年Midkiff案中，由夏威夷立法机关调查发现夏威夷土地所有权集中导致了该州住宅所有权市场的扭曲，土地价格上涨，由此造成公共安宁和福利的受损。立法机关决定这种状况必须进行改善，从而决定了征收的公共目的；在2002年Cottonwood Christian Center案中，赛普拉斯市通过调查发现当地存在许多破败的地区，需要进行改善和重新开发；在2005年凯洛案中，市议会调查后认为新

[①] 参见许中缘：《论公共利益的程序控制：以法国不动产征收作为比较对象》，载《环球法律评论》2008年第3期，第25页。

伦敦市数十年经济衰退，迫切需要实现经济复兴，并且委托授权新伦敦开发公司协助调查规划。① 可见，预先调查的结果显示当地存在需要改善的社会状况，该调查结果是对之后征收的公共目的进行阐释的基础。

2. 颁布征收法案或者批准征收计划

立法机关根据对当地社会状况的调查结果，通过颁布征收法案，提出立法机关所认定的"公共使用"。立法机关通过立法认定公共利益是美国征收的特点，值得注意的是，美国立法机关颁布的征收法案极具灵活性，属于专事专立。例如 1984 年 Midkiff 案中，当地立法机关出台了《土地改革法案》，以解决土地垄断造成的公共安宁和福利受损的问题，将此点决定为征收的公共目的；2002 年 Cottonwood Christian Center 案中，赛普拉斯市议会通过了第 639 号法令，创建了赛普拉斯重建局，以重新开发赛普拉斯市内的各种破败地区；2005 年凯洛案中，市议会于 2000 年 1 月批准新伦敦发展公司协助该市经济发展而制定的规划，并指定新伦敦发展公司作为其负责实施的代表，市议会还授权新伦敦发展公司以该市名义行使土地征收权以获得房产。②

若当地土地存在某种已经危害社会的状况，立法机关为了解决这一危害情况进行立法，决定公共目的，或者批准授权机构所制定的征

---

① See Hawaii Hous. Auth. v. Midkiff，467 U.S. 229，104 S. Ct. 2321，81 L. Ed. 2d 186（1984）and Cottonwood Christian Ctr. v. Cypress Redevelopment Agency，218 F. Supp. 2d 1203（C.D. Cal.2002）and Kelo v. City of New London，Conn.，545 U.S. 469，125 S. Ct. 2655（2005）.

② See Hawaii Hous. Auth. v. Midkiff，467 U.S. 229，104 S. Ct. 2321，81 L. Ed. 2d 186（1984）and Cottonwood Christian Ctr. v. Cypress Redevelopment Agency，218 F. Supp. 2d 1203（C.D. Cal.2002）and Kelo v. City of New London，Conn.，545 U.S. 469，125 S. Ct. 2655（2005）.

收计划以体现公共目的。同时，法案一般会授权行政机关或者私人团体征收权，执行征收的计划。但是，法案的颁布只是宣布立法机关对于改善当地危害状况而满足的"公共使用"情况，并没有产生实际征收的效果。

但是可以发现，"公共使用"的初步认定由立法机关一方主导，任何其他机关或者个人，即使是立法机关决定获取的土地的所有权人都不能参与其中。联邦法院在 2003 年 Rex Realty Co. v. City of Cedar Rapids（雷克斯物业公司诉锡达拉皮兹市）案中的判决也明确说明了这一点。在该案中，被征收人雷克斯物业公司希望在立法机关决定征收目的时能够举行听证会，以决定该案件的公共目的问题。法院在判决中表明，该市议会已经做出了公共目的决定，雷克斯物业公司无法获得在市议会进行立法决定时的参与权。[1]笔者认为，虽然立法机关作为代议机关代表着大多数人的利益，在进行"公共使用"的认定时确实能够很好地实现民主性，但是既然征收立法是专事专立，有时又是由私人团体提出征收计划交由立法机关审核，这时难免会有私人利益掺杂其中。立法机关或其授权机构调查和判断"公共使用"的单方面决定一旦做出，就形成了一个较为成熟的方案。之后的群众参与"公共使用"讨论，其能力较之于立法机关或其授权机构都处于一个弱势地位，他们在面对征收者已经预先确定的"公共使用"时，就无法及时有效地提出自己的异议，无法在短时间内收集证据来证明征收者预先做出的、考虑成熟的"公共使用"调查结果的不合理或不合法之处。受到时间约束、能力局限的被征收人与强势的征收者的对抗，在一开

---

①See Rex Realty Co. v. City of Cedar Rapids，322 F.3d 526，531（8th Cir. 2003）.

始双方就已经处在不平等的位置。因此，应当加入群众监督机制来监督立法机关对于征收的专项立法和对私人团体上交的征收计划的审批过程，才能保证立法民主性更好地实现。

3. 协商购买程序

在颁布了征收法案，明确了解决当地危害问题所需要获得的土地之后，被授权开发商会向土地的所有权人发出购买其财产的要约。这里的协商购买还没有进入实际征收，也没有向土地所有权人宣布要征收他们的财产的决定。无论是在 1984 年的 Midkiff 案、2002 年的 Cottonwood Christian Center 案，还是 2005 年的 Kelo 案等典型案例中，在启动实际征收之前都会先与土地所有者协商，希望他们自愿出售土地，以一般交易的手段使地方获得土地。

第一，协商购买程序的本质是一个私法程序。在向土地所有权人告知征收之前，通过一般的交易程序，进行买卖问题的协商。这是为了保证双方在自由市场上能够作为受到民法保护的平等私法主体，在意思自治下进行土地交易，能通过私法购买的方式获得财产就不需要进入征收程序。

第二，这样的私法前置程序的设置，其实更加凸显了之后启动征收的"公共使用"的必要性和重要性。因为，如果协商购买不成功，就表明土地所有者在很大程度上是不愿意出让自己的土地的，则之后的征收就必须严格注意和控制"公共使用"这一前提，倘若对"公共使用"的认定与审查不严格，就极易造成纠纷。

第三，征收虽然是公权力的行使，但是征收权所作用的对象是私有财产权，因此，美国的这种做法保留了私法的民事属性，在实际征收前创造了一个平等协商的空间。双方如果能够通过私下的协商达成购买协议，则是最有效率的方式，所以协商购买也就成为实际征收前的必备法定程序。①

4."公共使用"的决定与形成通知程序

"公共使用"的决定与形成公告是立法机关以及其授权机构在作出征收计划后，将其是如何形成"公共使用"的决定的相关信息向相关利益人进行通知，以使相关利益人知悉土地征收的决定。

在2005年的Brody v. Vill. of Port Chester（布罗迪诉波特切斯特村）案中，在该村与布罗迪协商通过私下购买的方式获取土地遭到拒绝之后，该村启动征收程序。该村以公告和登报的形式进行了听证会的通知。布罗迪在指控中认为该村提供的通知和"'公共使用'的决定与形成公告"②不足以满足正当程序要求。③他指出虽然他知道该村计划将他的财产用于完成项目，但他并未意识到当地法律准许对"公共使用"决定提出司法审查的异议时效何时起算。④并且，即使他已经看过公布的"'公共使用'的决定与形成公告"，公告中包含的信息也没有告诉他任何法律后果和挑战该决议的程序。⑤联邦法院提出三点判决意见，首先明确指出，对于名称和地址已知或非常容易确定且受法律保护的利益直接受到征收程序影响的人，只有公布形式（如登报）的通知是不够的，还应当通过电邮或者邮寄的方式进行一对一的通知。⑥

其次，通知应当结合情况进行合理的计算，尽可能多地告知受征

---

① 参见王静：《美国土地征收程序研究》，载《公法研究》，2011年第2期，第234页。
② 即在征收决议作出前，关于"公共使用"的是如何形成和决策的公告。
③See Brody v. Vill. of Port Chester，434 F.3d 121，130（2d Cir. 2005）.
④See Brody v. Vill. of Port Chester，434 F.3d 121，131（2d Cir. 2005）.
⑤See Brody v. Vill. of Port Chester，434 F.3d 121，132（2d Cir. 2005）.
⑥See Brody v. Vill. of Port Chester，434 F.3d 121，135（2d Cir. 2005）.

收程序影响的财产所有人所需的信息。①该案中，征收程序将取得所有权的程序与决定补偿的程序分离出来，因此土地所有者不太可能意识到，"'公共使用'的决定与形成公告"就启动了对征收决定提出挑战的有限期限，并且过了30天期限之后，被征收人就失去了提起司法审查的权利。因此，这段期限的起算对被征收人来说是十分重要的，本案中的通知必须提及该期限起算的时间，才能有效保护被征收人的权益。

再次，法院认为通知并不要求告知被征收人已经在法律法规中明确如何挑战征收决议的程序。②因为当已经告知布罗迪将进行的征收并告诉他有30天的时间来质疑这一决定，那么他自己就有责任、有机会搜索现有的州法律关于质疑决定的措施或征求律师的意见。

该案详细地反映了美国对听证的通知以及"'公共使用'的决定与形成公告"。首先，现在的征收都是在立法机关或者授权机构做好了初步调查和规划之后才着手去获取相关土地，如果预先调查做到了详尽细致，那么对于需要的土地的所有权人或者利益受影响人的名字和地址等信息的确定应该是不难的，所以应当认为一对一的电邮或邮寄通知是现今普遍应当运用的方式。既然认定了所需要的土地，那么一对一的通知应当是保证相关利益人参与权、知情权的关键举措。通知的内容则应当根据相关利益人的受影响程度进行综合判断，若有不告知一项信息就会使其权利陷于一种随时可能失去保护的状态，那么在通知中就必须告知其相关信息。比如该案中没有告知30天的异议

---

①See Brody v. Vill. of Port Chester, 434 F.3d 121, 136（2d Cir. 2005）.
②See Brody v. Vill. of Port Chester, 434 F.3d 121, 137（2d Cir. 2005）.

期间的起算时间就会使被征收人的提出异议权利处于不确定何时会失去保护的状态，因此必须在通知中告知此信息。最后，对于通知并不要求告知被征收人已经在法律法规中明确如何挑战征收决议的程序这一点，笔者认为这是联邦法院不保护消极权利人的态度。如果权利人在知道自己的财产将被征收，并且能够提出异议的情况下，凡是有理性的权利人都应当立即为了自己的权益不被过度损害而去做相关的法律搜索或者咨询。并且，如果一个人知道了自己有权利提出异议，但是消极地不去行使，这也会拖慢征收的速度。所以，联邦法院对于不保护消极权利人的考虑十分值得推崇。

5. 听证程序

听证会是当今各国现代程序法制中的核心法律制度，是保障利益关系人参与权的首要路径。美国征收中的听证会所讨论的主要内容就是针对"公共使用"，在协商购买达不成协议决定启动征收时，让被征地者充分参与，听取当事人对于是否满足"公共使用"的意见，并于听证会决定中得到体现。只有通过听证的征收决定才能较容易地被被征收人所接受，被社会公众所认可，从而减少在执行中可能遇到的阻碍。

1984 年 Midkiff 案中，夏威夷房管局举行了一次关于拟议收购一些被上诉人土地的公开听证会，以确定该州对全部或部分土地的收购是否将实现该法案中的公共目的。最后做出了法定要求的调查结果，即收购被上诉人的土地将实现该法案的公共目的。[1] 在 1991 年理查德森诉火奴鲁鲁案中，法院将案件同 1984 年的 Midkiff 案的听证会做

---

[1] See Hawaii Hous. Auth. v. Midkiff, 467 U.S. 229, 104 S. Ct. 2321, 81 L. Ed. 2d 186（1984）.

了比较。在 Midkiff 案中，夏威夷房管局举行公开听证会，以确定是否通过征收所考虑的每条道路以及该道路内的每个地块来实现公共目的。而在本案中，听证对于财产的讨论进行的是普遍性的审查，没有根据不同财产的情况进行个别考虑。[①]该案针对性地明确了听证的内容必须根据个性进行一对一的审议，即个案审议。牵扯许多地块的征收，一定要在听证中对每一地块的获取是否符合公共目的进行针对性的讨论，要对特定土地进行特定讨论，不能一概而论，忽略特性。同时，该案也反映了听证会应当充分保证每一个权利受影响人的参与，才能在讨论时针对每一个地块进行审议，如果有一个权利人没有出席，此人就无法表达自己对于征收是否符合"公共使用"的意见和提出抗辩，无法对此人所有的土地进行全面的论证，听证会的公平性将会打折扣。

在 1993 年 James Daniel Good Real Property（美国诉詹姆斯·丹尼尔不动产）案中，联邦最高法院明确了听证程序的重要性和必要性。肯尼迪大法官认为美国正当程序条款的核心应当就是听证权。[②]听证程序的要求在于保证个人得到公平对待，个人财产只能个人拥有、使用和处分，不受任何的侵犯，最大限度地减少不公正或者错误剥夺的实质风险。[③]

听证会是相关利益人的知情权、参与权和异议权的保障。在实践中存在许多不正当因素干预公共利益判断的问题，并不会因为立法机关确定了公共利益就自然地解决了这些问题。解决这些问题的重要手段就是要保证一个公平、公正、公开的正当程序，保证公众参与，因此，

---

①See Richardson v. City & Cty. of Honolulu，759 F. Supp. 1477，1495（D. Haw. 1991）.

②See United States v. James Daniel Good Real Property et al.，510 U.S. 43，53（1993）.

③See United States v. James Daniel Good Real Property et al.，510 U.S. 43，55（1993）.

实行听证会制度来确定哪些处置确实符合公共利益，哪些违反公共利益，①对立法机关决定的公共利益在听证环节提出自己的意见，是十分必要的。

6. 启动征收，法院的提前介入

在美国，在征收启动前，立法机关或其授权机构必须向法院提出申请，并且把立法机关已通过的征收决议，特别是关于公共目的的调查结果，交由法院审查。法院会决定该强制征收是否有合法的目的，即申请者做出的征收决议符不符合"公共使用"的目的。例如2002年 Cottonwood Christian Center 案中，在协商未果的情况下，市议会和重建局通过了一项必要性决议，确定获得土地的必要性之后，重建局向法院申请强制征收，请求批准征收这些土地。②2003 年雷克斯物业公司诉锡达拉皮兹市案（Rex Realty Co. v.City of Cedar Rapids）中，锡达拉皮兹市通过了必要性决议，并向爱荷华州地方法院提出了征收申请，指出该土地将用于增加街道的通行权。法院批准了征收的合法性。③

另外，法院还将决定拟定的补偿数额是否公平。只有法院认可了目的的合法性、征收的必要性以及补偿的公平性，才会准许进行强制征收。若是被征收人有任何异议，也可以向法院提起诉讼，法院可以将两者合并到一起进行判决。法院的介入是作为征收中一个独立的程

---

① 参见邢益精：《宪法征收条款中公共利益要件之界定》，浙江大学出版社2008年版，第144页。

② See Cottonwood Christian Ctr. v. Cypress Redevelopment Agency，218 F. Supp. 2d 1203（C.D. Cal.2002）

③ See Rex Realty Co. v. City of Cedar Rapids，322 F.3d 526（8th Cir. 2003）.

序而存在的。它不是在被征收人被损害之后的诉权的行使。因为如果仅仅是被征收人受到损害之后的维权行为，其维权过程往往漫长而复杂，也不能有效地维护被征收人的利益，而且也不利于保障征收的顺利进行。① 因此法院提前介入，强制征收必须向法院申请，保证了法院在土地所有权转移之前对征收决定的"公共使用"、补偿金等方面进行审查。如果法院发现立法机关对"公共使用"的判断不合理、不合法，法院就能及时止损，在所有权还未转移之前终止征收，维护土地所有权人的利益。并且，若是在法院审查征收的合理性、合法性的时候，受征收影响的相关利益人提起诉讼，主张征收违宪，法院也可以及时地了解整个征收过程，及时进行审理，提高诉讼效率。因此，法院的提前介入对征收进行了有效与合理的控制，一方面是法院可以确定财产的所有权的转移，直接控制征收程序的进行；另一方面，受征收影响的相关利益人可以对征收决定提出异议，有权向法院提起诉讼，主张征收违宪。

美国的这种程序设置充分地体现了三权分立原则。首先由立法机关以立法或审批的形式确定初步的"公共使用"，在授权行政机关执行具体的征收计划，在无法达成补偿协议的情况下，向法院提出强制征收的申请，法院对征收的内容进行审查，包括是否符合"公共使用"、拟定补偿是否公平等，从而裁定是否准许强制执行。法院对是否准许执行强制征收的审查，是对征收程序的合理介入，是"公共使用"得以实现的一个重要措施。因为即使法律规定了征收的程序，但如果没

---

① 参见许中缘：《论公共利益的程序控制：以法国不动产作为比较对象》，载《环球法律评论》，2008 年第 3 期，第 30 页。

有法院的介入，很可能使程序流于形式，甚至立法机关或其授权机构可能滥用权力，以合法的程序掩盖非法的目的。①

7. 补偿程序

补偿是美国"公共使用"的救济程序，一般分为两个阶段，一个是补偿谈判阶段，另一个是法院审查阶段。很多学者在研究美国的征收程序时，常犯的一个错误就是把补偿谈判和协商购买混为一谈，认为协商购买达不成协议就直接进入强制征收程序。如前面所述，协商购买的本质是一个私法程序，而补偿谈判是立法机关决定使用征收权的阶段，两者具有本质上的不同，不可混淆。在实践中一般是协商购买不成之后政府动用征收权，再与被征收人进行补偿谈判。在补偿谈判没有达成协议之后，立法机关将征收决议交由法院审查，申请强制执行。

在法院审理立法机关的征收决议阶段，在其审理完立法机关决定的公共目的是否符合"公共使用"要求之后，就需要解决决议中的补偿是否构成公平补偿（Just Compensation）的问题。根据学者托马斯·米勒（Thomas·Merrill）在中美土地征收和土地纠纷解决机制研讨会上的发言，美国法院决定公共补偿一般基于三种原则。第一个是"公平市场价值原则"（Fair Market Value），即以被征收财产投放到市场之后，理性的买主在购买时支付的客观价格为准。第二个是"最高与最佳使用原则"（Highest and Best Use），即如果被征收人能够证明被征收土地可以拥有使其价值更高的使用方式时，法院就会按照更高的

---

① 参见许中缘：《论公共利益的程序控制》，载《环球法律评论》，2008 年第 3 期，第 30 页。

价值给予补偿。第三个是对"最高与最佳使用原则"的限制，即被征收人无法获取因征地后所建项目而使该土地增加的任何价值。[①]笔者进一步以公平补偿（Just Compensation）、土地征收（Eminent Domain）以及征收条款（Taking Clause）作为主关键词，"公平市场价值原则"（Fair Market Value）以及"最高与最佳使用原则"（Highest and Best Use）为副关键词，搜索1980年之后的联邦案例，发现在得到的177例相关案例中，仅有34个案例提及"最高与最佳使用原则"，所占比例只有19%，其他的案例法院都是通过"公平市场价值原则"来进行补偿的判定的。

也就是说，美国法院一般是以"公平市场价值原则"为主、"最高与最佳使用原则"为辅进行补偿的认定。还有一些学者在对美国的补偿认定进行研究时，提出了美国法院在认定补偿时还会考虑"额外补偿"，即考虑被征收土地与被征收人的特殊关系，比如住户对住宅的特殊情感关系。在这种情况下，补偿就应该支付额外的费用，来弥补被征收人特殊情感上的伤害，从而体现补偿不但具有公正性，还具有情理性。但是，在1988年的Coniston Corp.v. Village of Hoffman Estates一案中，联邦法院认为："宪法意义上的补偿不是全额补偿，因为市场价值不是每个财产所有者对其财产所赋予价值，而仅仅是边际所有者对其财产的附加价值。许多所有权人都具有'边际性'，意味着由于搬迁成本，情感依附或财产对其特定（可能是特殊的）需求的特殊适应性，他们重视其财产的价值一般都超过其市场价值。当政

---

① 参见托马斯·米勒：《美国土地征收及纠纷解决机制》// 中美土地征收和土地纠纷解决机制研讨会文集．北京：国家行政学院行政法研究中心2008年，第327—328页。

府拿走他们的财产并仅给予它们的市场价值作为补偿时，这些所有者就会受到伤害。征收夺走了他们从财产中获得的额外（称之为"个人"）价值，但是，如果征收将其用于'公共使用'，根据公平市场价格给予的补偿就是公正的。"① 也就是说，如果符合"公共使用"，那么补偿就无须考虑额外补偿的原则，只需要支付公平市场价格就满足公平补偿的要求。

（二）联邦法院对重点程序的态度转变

1. 弱化"公共使用"听证、强化补偿重要性

这段时期美国联邦法院对征收程序判决的变化主要体现在法院对听证程序和补偿程序的讨论上，逐渐形成了弱化听证程序、强化补偿的审理态度。

在 2003 年雷克斯物业公司诉锡达拉皮兹市案（Rex Realty Co. v. City of Cedar Rapids）中，联邦法院除了认为被征收人不能参与立法机关对"公共使用"的决定过程，还提及额外的观点，即法院认为错误征收的风险非常小，他们考虑在绝大多数的征收诉讼程序中，关于政府实体是否有合法的公共目的征收私有财产这一问题若没有争议，唯一的问题是应该支付多少补偿金。因此，地方政府没有义务为每一个案件提供征收前的听证会，因为那些涉及对公共性质的质疑的案件是少数。这样的要求将对地方政府实体造成重大的新的财政和行政负担。

在 2006 年 Presley v. City of Charlottesville（普雷斯利诉夏洛茨维尔市）案中，法院认为《美国联邦宪法》（第五修正案）的征收条款（Taking Clause）中的公平补偿要求系一个"独特保护措施"，为所有权人提

---

① See Coniston Corp. v. Vill. of Hoffman Estates，844 F.2d 461，464（7th Cir. 1988）.

供了充分的保护，因此政府实体在"获取"私人财产供公众使用之前不需要进行预先听证会。

在2009年惠特克诉劳伦斯县案（Whittaker v. Cty. of Lawrence）中，法院承认原告保留其财产所有权的重要性，在没有"公正补偿"的情况下他们不能被剥夺这种所有权。然而，根据征收条款提供的独立保护直接影响了在正当程序条款下需要哪些程序的问题。由于在正当程序条款下受保护的"财产"类别比"征收条款"所保护的"财产"类别更广泛，因此国家可以剥夺个人的某些财产权益而不必支付赔偿金。在这种情况下，根据地方法律提供的征收后补救措施，以及"征收条款"提供的保护的"特殊性质"，法院足以确定原告并没有在缺乏正当法律程序的情况下被剥夺财产。

2003年、2006年和2009年这三则代表案例的演变，体现了联邦法院强化补偿而弱化听证的判决思想。具体而言，则是联邦法院认为征收机关不需要为被征收人提供听证会，因为只要提供公正的补偿就足以满足程序要求。

2. 弱化听证、强化补偿之原因

根据笔者对判例的理解，联邦法院审理态度转变的原因主要基于以下三点。

第一，法院考虑在绝大多数的征收诉讼程序中，是否有合法的公共目的征收私有财产是没有争议的，唯一的问题是应该支付多少补偿金，因为被征收人希望得到更高的补偿金，所以才会产生纠纷。因此，提供征收前的听证会，将对地方造成重大的新的财政和行政负担。

第二，法院通过论证《美国联邦宪法》（第十四修正案）中"无论何州亦不得不经正当法律程序而剥夺任何人之生命、自由或财产"

与"第五修正案"中"非经法定程序，不得被剥夺任何人之生命、自由或财产；非有公正，不得征收私有财产为公共使用"进行说理。联邦法院论证的实际上是对宪法修正案进行体系解释，认为补偿程序是征收条款所规定的特殊程序，因为征收条款的前半段包含了正当程序条款的内容，但是征收条款通过分号隔开了正当程序的内容与征收给予公平补偿的内容。正当程序条款的运用范围更为广泛，只要经过正当程序，剥夺个人的某些财产权益不需要给予补偿，这实际上是笔者之前所提及过的警察权的内容，警察权是为了防止社会受到某些公民不良行为的损害从而限制或者剥夺公民的财产权，只有经过正当程序许可形式，而不需要给予补偿。[①]但是，由于征收条款规定了为了"公共使用"而剥夺财产的特殊补偿要求，就打破了正当程序条款的普遍要求，而以征收条款的特殊要求所替代。联邦法院的这种论证，本质上是属于特殊法优于一般法的考虑。因此，在为了"公共使用"而剥夺财产的程序中，法院认为补偿的特殊性打破了正当程序的一般性，从而只要给予了公平补偿，地方政府就无须组织剥夺财产前的听证会。

第三，法院认为地方法律还会赋予被征收者如申诉、申请禁止令等可以对征收过程产生影响的异议手段，以及地方提供的事后补救措施，以此配合补偿而实现程序的正当性。因此，联邦法院认为在征收条款的视角下，只要给予了公平补偿，地方可以自行决定是否组织听证会，并不强制要求地方在剥夺财产前按照一般正当程序条款组织听证会。

3. 对弱化听证、强化补偿的反思

[①] 参见陈新民：《德国公法学基础理论》，山东人民出版社2001年版，第436页。

根据前文的介绍，听证程序主要是赋予受征地影响的相关利益人参与权以讨论征收是否符合"公共使用"的问题。也就是说，联邦法院在对征收程序进行审查时，在尊重立法机关决定的传统下，联邦法院实际上已经站在淡化"公共使用"的立场上，通过强化补偿的重要性和必要性来实现公共利益，而不是关注公共利益本身。但是，笔者认为联邦法院程序判决的审理态度的改变存在一些问题，值得思考。

第一，联邦法院以绝大多数征收诉讼的争议焦点为补偿金的多少，提供听证会会造成地方财政的负担，认为提供听证会是不必要的。但是，如果一个征收案件的争议焦点确实是对立法机关认定的公共目的的争议，而非补偿，这样的裁判规则就无法合理存在。

第二，根据本章第二节中的分析，联邦法院在界定什么是"公共使用"时，采取的"合理性关系检验"标准的基础就是将警察权和征收权进行连接。也就是说，法院自身对于警察权和征收权实际上是已经做了同质化看待，才能够派生出"合理性关系检验"标准对立法机关决定的"公共使用"进行判断，从而赋予"公共使用"广泛而包容的内涵。因此，既然联邦法院已经将警察权和征收权的连接融合作为当下界定"公共使用"的基础，那么在程序上，是否也应该进行同等对待呢？既然警察权的行使需要经过听证等正当程序，那么征收权在这个语境下，是否依旧应当经过听证这个关键步骤来实现"公共使用"呢？

第三，联邦法院认为，将地方赋予被征收者的一些特殊补救措施与公正补偿这一特殊保护结合起来就足以确定程序的合法性。但是，地方制度各有不同，提供给当事人的当地保护水平也就参差不齐，提供的保护程度、范围等可能大相径庭。有的地方立法程度高，有的地方立法程度低，甚至无法提供地方性保护措施，那么联邦法院又如何适用此裁判规则呢？

在发展经济的大背景下，站在淡化"公共使用"的视角，联邦法院对征收程序判决的审理思路转变为弱化听证、强化补偿，虽然有上述几点瑕疵，但是也有可取之处。笔者认为，联邦法院可以从听证程序的主动性和被动性方面进行规定。现有的裁判结果笼统地表示征收机关无须提供听证会太过绝对，如果征收的纠纷就是"公共使用"产生争议，而又直接取消了实现"公共使用"的听证程序，则对被征收人有所不公。补偿是征收的特殊要求，但是在满足这个要求的同时，在警察权和征收权同化的语境下，即使淡化了对"公共使用"本身的界定，也不能放弃听证这一保障公众参与的基本正当程序要求。因此，应当区分规定主动提供听证和被动提供听证两种情况，可以更好地与实际情况进行互动。具体而言，即不要求征收机关主动提供听证，但是如果被征收人或者相关利益人要求举行"公共使用"的听证会，则征收机关应当提供听证会，从而保障被征收人对"公共使用"的异议权、参与权。

六、美国公共利益规范经验对我国的借鉴意义

美国将"公共使用"作为公共利益的宪法表述，基于1980年以来美国社会一直处在大力发展经济的时代，联邦法院考虑到社会面临的大目标，并且在尊重立法机关对当前社会需求的判断上，采用了"合理性关系检验"标准扩大了"公共使用"的范围，将发展经济列入公益范围，采取了"实质目的"审查标准对征收目的的正当性进行判断，强化了补偿的重要性，总体而言，淡化了公共利益本身的限制。美国

这段时期的社会背景与我国当下大力发展经济的社会目标有着共通之处，对于我国二三线城市来说，提高财产的有效使用率，促进经济发展的任务艰巨，特别是我国正在大力推进乡村振兴战略，要深化农村改革，而改革的资本就是土地。因此，美国在考虑公共利益方面的经验对于我国就有一定的借鉴意义。

（一）"公共使用"应采用限制性的公共利益理论

公共使用的内涵不断扩张是由顺应经济发展的必然要求，但对其内涵的外扩必须是有限制的、合理的，否则极易使得公共使用条款形同虚设。毫无疑问，如果征收条款中的公共使用原则太过宽松，征收的出现将会越来越频繁，而且征收的土地范围也会越来越大。

首先，公共使用理论应当严格排除第五要素。第五要素理论要求征收仅需存在未来利益即可，此做法无疑给了政府及其有关部门极大的自由裁量权。一方面，政府创设一个未来利益即可实行征收，因为反正在这一要素里也并没有给未来利益的实现提出时间要求。正如有的学者提到的，几乎任何征收领域的理由都可以被说是属于广泛的公共使用范围内的，因为仅通过普通的福利就可以轻松地显示出公共利益，而政府有提供普通福利的权力[1]。由此导致的不仅是政府权力的滥用，更会致使公众与政府的关系恶化。另一方面，土地征收的监督机制将失去效力。因为征收为的是一个未来利益，在未来利益未形成前，我们无法判断该利益是否会真的实现，因此公众无法认定该征收是否其实已经违反了公共利益。再则，该要素会加大法院对征收案件的审

---

[1]See Steven Greenhut，Abuse of Power： How the Government Misuses Eminent Domain，Seven Looks Press,P.239—248（2004）.

理的难度。因为法院也很难对未来利益作出认定，不管被征收者如何辩证征收违反了公共利益，征收机关都可以找到可以为未来创设利益的理由来予以反驳。

其次，公共使用理论应当对要素四进行限制。在要素四中，政府不仅可以将土地转让给私人使用，而且不用考虑其用途，这在一定意义上等同于为了某一私人利益进行征收，使得征收失去公共性 [1]。因为受益的对象从不特定的多数成了特定的少数。即使类似于米得基夫案那样，政府的征收行为弱化了土地垄断的局面，但其并没有实现完整意义上的公共利益。只要是符合经济发展，政府的征收就可以转化为私人使用，其已完全脱离了公共的概念。

最后，有的学者认为，既然公共利益理论既不利于对政府征收权的限制，也不方便法院为受害者提供司法救助，就应当将公共使用限制在实际使用理论或者满足要素三即可。笔者对这些观点并不认同。其一，"公共使用"这一概念因涉及多方的利益，且其本身具有很大的时代性和扩展性，要求公共使用仅包括被公众实际上使用的做法已不利于政府发挥其公共职能。其二，从两大理论的表述来看，实际使用理论的"使用"一词已经不能概括公共使用的内涵。有目共睹的是，公共使用经历了长期的发展，其内涵已经不再是其字面的含义了，而更倾向于"公共利益"的表达，因此，采用公共利益理论能更直观、准确地体现公共使用的内涵。其三，较之要素一和二，要素三固然有其合理性和实际可操作性，但笔者认为公共使用的内涵不能排除要素四中包含的政府可以因为土地存在危害而实行征收的情况。不是所有

---

[1] See Kelo v. City of New London，545 U.S. at 506.（2005）

土地征收后都可以用来建设成铁路等公共设施，当一个地区的土地已经存在危害时，及时消除该土地带来的危害本身也是为公众谋取福利的，因为没有谁愿意一直生活在破败地区。

因此，对公共使用的界定首先应当将其放置在公共利益理论的框架之下，再对其作出一定的限制：一方面，承认政府将征收的土地转让给私人使用的做法，但要私人以公共利益为目的使用土地。另一方面，承认政府以土地存在危害为理由对土地进行征收，但应当对危害程度作出限定。

（二）商业开发征收应具有可接纳性

我国公众对于商业开发征收持几乎是零容忍的态度，只要夹杂一点商业利益，就认为是不合法的，由此产生了许多征收行政诉讼。但是，公众之所以能在清洁的城市中感受现代化的气息，这在很大程度上是通过土地进行商业开发换来的。我国处在发展经济的重要时刻，商业开发促进经济的发展，在城市开拓过程中扮演着举足轻重的角色。发展经济需要政府的强制力进行推动，通过征收土地，对土地资源进行合理配置能够解决许多发展问题。在当今社会背景下，公共利益和商业开发给私人实体带去的利益更是相互交织，无法做到泾渭分明。美国作为秉持绝对维护个人财产权理念的国家，在政府不断追求经济增长的时代背景下，联邦最高法院也认可了商业开发征收作为促进经济发展的手段的合宪性。我国政府作为社会治理主体的同时也是一个经济主体，要完成发展经济的任务就必须招商引资，作为市场主体时还要管理本地经济。因此，土地征收、商业开发与政府紧密相关，政府想一分不出地征收发展城市经济是不可能的。政府补偿的钱从何而来？这就需要引进商业开发，给予强大的财政支持，不是政府造学校、博物馆或其他市政建筑就能解决的。我国法律并没有禁止商业开发征收，并且根据我国于 2011 年颁布的《国有土地上房屋征收与补偿条例》第八条第五项"由政府依照城乡规划法有关规定组织实施的对危房集中、基础设施落后等地段进行旧城区改建的需要"的规定，旧城区的改造实际上还为商业开发征收留下了一定的空间。因此，商业开发征收在法定条件下是可接受的。美国的判例发展就说明了联邦法院认识到了商业开发对于促进地区经济发展来说是必要的，没有其他方式能够排除其合宪性。例如商业开发带来的经济发展能够解决就业、增加税收就是公共利益。虽然认可了商业开发征收的可接受性淡化了公共利益本身，但是美国的判例发展已然告诉我们面对时代的发展要求，公共利益的范畴必然会越来越宽泛，对于公共利益本身作出严格的界定已无必要，适当淡化对公共利益本身的界定，从其他方面来严格公共利益的实现，才是符合时代发展的应有之举。因此，对于正处在经济发展时期的我国而言，类似"非公众的直接使用不是公共利益"这种界定难以继续存在，更不可能由地方推行。在我国负有艰巨的经济发展任务的同时，适当淡化对公共利益的界定，接受为了发展经济的商业开发征收的可行性，是顺应时代的正确举措。

（三）界定视角应转化为对征收实质目的的判断

由于公共利益本身的不确定性与抽象性，在淡化对公共利益的界定，接受商业开发征收的趋势下，我国也应当借鉴美国经验，将界定视角转换至对征收的实质目的的判断上。实际上，公众对于商业开发征收的厌恶并不是之于商业开发本身，而是对于商业开发背后的开发商从自己原有土地上获取的私人利益的不满，产生了商业开发征收根本不是为了公共利益，而完全是为了开发商的私人利益的观念。特别是我国在决定是否进行征收时，很多情况下是由开发商提出需要征收土地进行商业开发，就更加需要对开发商提出的征收申请是否是基于公共利益的需要进行判断。因此，在认可商业开发征收能够带来经济的发展，实现土地资源有效利用的同时，应当严格对商业开发征收背后的实质目的进行准确判断，避免实质目的是为了私人利益的征收发生，防止征收权的滥用。为此，我国可以借鉴美国联邦法院确定的标准，在我国对征收行为进行进一步完善。就此而言，法院在界定一项征收的实质目的时，应当关注征收项目是否具有深思熟虑的合理规划、规划过程是否具有广泛的公众参与、事先是否确定了征收受益人、转移财产的范围有没有超出限度以及公共利益的重要性，以证实或否定该项征收的公共利益性。并且，根据我国《国有土地上房屋征收与补偿条例》第九条，"依照本条例第八条规定，确需征收房屋的各项建设活动，应当符合国民经济和社会发展规划、土地利用总体规划、城乡规划和专项规划……制定国民经济和社会发展规划、土地利用总体规划、城乡规划和专项规划，应当广泛征求社会公众意见，经过科学论证"的规定，我国在征收规范上也为法院在适用美国"实质目的"审查标准提供了可能。

但是，借鉴不是全盘复制，由于美国联邦法院并没有在公共利益的界定上采取实质性审查，而是基于司法尊重立法决定的传统，怠于行使司法界定权。而我国并没有这样的传统，则不存在不积极行使界定权的理由，也就是说，在淡化公共利益的视角下，我国法院也有义务发挥司法能动性，积极行使司法权，保护私人财产利益。并且，对于实质目的的审查，借鉴学者对美国联邦法院做法的分析，在存在私人获益的情形下，实行举证责任倒置，即假设公共利益的实质目的就是为了私人获益，让处在强势地位的征收机关承担举证不能的败诉责任，这样才能实现司法的公平公正。

（四）公共利益界定主体应由行政机关转变为立法机关

我国界定公共利益的主体是行政机关，也就是政府。经济发展是政府的核心工作和考核指标，为了发展经济，征地就是政府获得土地和资金的有效途径。利益空间的存在使地方政府明知违法也经常非法征收土地，完全不顾公共利益的存在。另外，我国征收模式表现为政府决定—政府或政府授权执行—被征收人参与—司法机关最终裁判。这样的模式缺少了立法机关和司法机关对行政机关应有的监督制衡。无论是公共利益、征收方案还是补偿方案都是政府单方面拟定，征收缺乏应有的中立性，政府偏向性过大。行政机关又是实施具体征收的行动者，但是根据"任何人都不能担任自己的法官"的基本原则，行政机关应当避免对公共利益进行界定。因此，既然当前界定主体把控不好、实施不力，就应当予以更换。笔者认为，借鉴美国的做法，重新分配土地征收决定权，将公共利益的界定权交给我国民意代表机关——各级人民代表大会。人民代表大会人员的组成方式奠定了它可以综合社会各界的观点的基础，体现了决定的民主性，符合公共利益广泛而包容的本质。虽然笔者在分析美国议会作为界定主体时认为其民主性在实践中也会多少受到利益集团的影响，从而实现不充分，但是就目前与行政机关界定相比，立法机关作为界定主体可谓是最民主、最符合公共利益本质的方式。同时，既然选择立法机关作为我国公共利益的界定主体，相应的决定方式就应当转变为由全国或地方人大对某一具体的征收事项进行具体的公共利益决策，作出直接的可操作的征收决定，最后授权行政机关依法执行。这样的设置模式就表现为立法机关决定、行政机关执行、被征收人参与和司法机关终局裁判。通过借鉴美国模式，保证多方参与，体现监督和制衡的宪政精神，使之更有利于保证被征收人的利益。

（五）公共利益认定应介入司法审查

1. 司法机关作为二次界定主体

美国的司法机关采取"合理性关系检验"标准和"实质目的"审查标准，在被征收人对立法机关所认定的"公共使用"有异议时，对"公共使用"进行第二次的界定。而根据我国《国有土地上房屋征收与补偿条例》第二十五条"房屋征收部门与被征收人依照本条例的规定，就补偿方式、补偿金额和支付期限、用于产权调换房屋的地点和面积、搬迁费、临时安置费或者周转用房、停产停业损失、搬迁期限、过渡方式和过渡期限等事项，订立补偿协议。补偿协议订立后，一方当事人不履行补偿协议约定的义务的，另一方当事人可以依法提起诉讼"与第二十六条"房屋征收部门与被征收人在征收补偿方案确定的签约期限内达不成补偿协议，或者被征收房屋所有权人不明确的……被征收人对补偿决定不服的，可以依法申请行政复议，也可以依法提起行政诉讼"，法院只有在与补偿相关的纠纷发生时才会受理征收诉讼案，也就是说，我国司法机关是否能够对被征收人提出的公共利益异议进行受理并没有被法律所明确，这样就造成了法院作为公平正义的最后一道防线在公共利益界定上的缺位。我国法院对公共利益的界定作用十分有限，因此，应当借鉴美国经验，在立法上明确司法机关对公共利益的受理，明确赋予司法机关对公共利益的界定权，对公共利益做出二次界定，实现权力的制衡。

2. 公共利益判定应确立司法审查机制

在著名的马伯里诉马迪逊案中，最高法院强调"法律部门的重要职责就是阐述法律是什么"，而该案最重要的就是建立了对立法和行政的司法审查权[①]。根据该规定，法院有权审查行政机关的征收行为是否合法，也有权为"公共使用"作出定义。法院不能动摇他们审查政府那些被提议的征收行为的责任，且如果法院未能在征收案件中行使司法审查权，那么征用权和权力分立论的界限都将失效。

美国公共利益的内涵过分扩大很大的原因就在于，法院过多地遵从于立法机关的决议和尊重行政机关的行为，而丧失了独立审判的职能。在征收案件中强调司法审查一方面可以为公众提供救济的途径，另一方面可以限制立法机关和政府行为。如果法院在征收案件中所承担的角色过于狭隘，对于私人财产所有者的权利是非常危险的，因为它甚至会允许强大的公司和企业与政府勾结以一个接近正当的理由来征收私有财产[②]。

一般认为，法院对政府的限制体现在两方面的内容：其一是政府只能在宪法或者相关法律、法规的范围内行使征收权；其二是政府在被征收者提出诉讼时，即法院审查政府行为时附有举证义务，政府有义务对自己的征收行为作出解释。而倘若在征收案件中，法院不能保有自己的立场，严格行使司法审查权，那么宪法中有关公共使用的要求相当于不复存在。因此，有学者提出，即使法院不愿意重新给公共使用作出定义，但其至少引导要求征收者给出合理的征收原因且该征

---

① See 5 U.S.（1 Cranch）137，177（1803）.

② See Joseph J. Lazzarotti，Public Use or Public Abuse，68 UMKC. L. Rev. 1999，p49.

收结果会产生确定的公共利益^①。

（六）对我国公共利益实现程序的启示

在我国现行的征收程序中，被征收人和公众缺乏程序性权利保障，基本上既无充分的参与权、监督权，也没有充分的知情权。由于行政权力缺乏监督和制约，导致征收权力的扩张和滥用，被征收人的合法权益遭受侵犯就在所难免。

1. 规范协商购买程序

美国在实际征收前的协商购买程序作为一项法定必经程序，在行使公权力之前，保留了私法的民事属性，赋予了土地所有人行使其私法权利的空间。而在我国，政府先发征收决定，再同土地所有人谈买卖问题。问题是，政府以手握公权力的角色在先介入决定征收，还怎么公平地谈买卖问题？所以，应当先走私法程序，由开发商以私法主体的角色与被征收人进行协商。征收应是政府获得不动产的最后诉诸的权力，能用私法购买的方式获得土地就不需要进入征收程序。征收在美国法上是强制买卖的意思，前提是土地所有人不同意买卖。所以《国有土地上房屋征收与补偿条例》在程序设计上没有把交易和征收程序理清楚，交易应当发生在征收之前，有了交易就不需要征收程序。另外，在协商购买程序中，公权力机关站在中间立场上，由开发商与土地所有人进行协商，这样公权力机关可以避免滋生腐败，保持良好的公益形象。

2. 规定公共利益的公告

我国《土地管理法》和《国有土地上房屋征收与补偿条例》的规

---

①See Emily L. Madueno，The Fifth Amendment's Takings Clause： Public Use and Private Use；Unfortunately， There is No Difference，40 Loyola of Los Angeles Law Review，2017,p809.

定[1]中，都没有针对公共利益的公告进行规定，仅简单地规定了征收决定和补偿方案应当予以公告。而美国的征收公告为"'公共使用'的决定和形成公告"，是实际征收决定做出之前的公告，主体是把"公共使用"的决定结果、形成过程告知被征收人。并且联邦法院认为公告通知在能够明确被征收人姓名和住址等个人信息的情况下采取电邮或邮寄等一对一通知的形式，通知的内容则应当根据相关利益人的受影响性进行综合判断，如若有一项信息不告知就会使其权利陷于一种随时可能失去保护的状态，那么在公告通知中就必须告知相关信息。因此，我国公告通知的规定中，作为征收前提的公共利益存在主体缺位的现象，这样就无法让被征收人了解征收的目的，容易引起公众的反感，产生纠纷。笔者建议将公共利益的公告通知补充到我国相关法律规定中，将我国现有的实际征收决定作出后的征收公告转变为实际征收决定作出前的公共利益决策公告，保证公众对公共利益决策的形成有一定的了解。另外，对通知的形式和要求进行详细规定，特别是在大数据环境下，利益相关人更好确定，因此，采取一对一电邮、邮寄、短信、微信等进行通知或者通过各种自媒体软件进行广泛的通知，以保证公众的知情权。还需要保证通知内容的合理性，将会影响相关权利人实现权利的信息应当完整地告知当事人，如提出异议的期限时效等，保证其能够及时有效地行使权利。

---

[1] 如《土地管理法》第四十七条，"国家征收土地的，依照法定程序批准后，由县级以上地方人民政府予以公告并组织实施。"《国有土地上房屋征收与补偿条例》第十三条规定："市、县级人民政府作出房屋征收决定后应当及时公告。公告应当载明征收补偿方案和行政复议、行政诉讼权利等事项。"

3. 增加公共利益听证

关于听证程序，我国《国有土地上房屋征收与补偿条例》中第十一条"……因旧城区改建需要征收房屋，多数被征收人认为征收补偿方案不符合本条例规定的，市、县级人民政府应当组织由被征收人和公众代表参加的听证会，并根据听证会情况修改方案"仅规定了针对补偿的听证程序，而没有针对公共利益规定任何听证要求，这显然是不合理的。即便是像美国联邦法院后来出现的"解释"一样认为补偿系征收的特殊程序，无须另行规定作为正当程序要求的听证程序，是因为美国法院的这种理解是基于尊重立法机关对公共利益的决定的传统，认为立法机关决定的公共利益不会有太大的缺陷，因此将焦点放在补偿上，而我国不存在这种司法尊重的传统，并且我国的法律对公共利益的表述属于前提性表述，与美国不同。所以即使是在淡化公共利益的趋势下，也应当保证公共利益认定程序的正当性、完整性。因此，我国应当增设针对公共利益的听证程序，受到征收影响的相关利益人可以就征收是否符合公共利益的要求举行听证。在要求到达征收决定机关之后，应当组织听证会，并且在听证中严格对每一个地块的征收是否符合公共利益进行针对性的讨论，对特定土地特定讨论，不能一概而论，忽略特性。同时，充分保证每一个权利受影响人的参与，才能在讨论时针对每一个地块进行审议，保障每一个权利人的知情权、参与权和异议权。

4. 明确补偿认定标准

美国的补偿原则有公平市场价值原则、最高与最佳使用原则以及额外补偿原则。我国的补偿存在城市和农村两种不同的标准。城市征收主要根据《国有土地上房屋征收与补偿条例》第十九条"对被征收房屋价值的补偿，不得低于房屋征收决定公告之日被征收房屋类似房地产的市场价格"进行补偿，也就是采取类似于美国公平市场价值原则的标准。而农村征收主要根据《土地管理法》第48条进行补偿。比较美国的补偿标准，可见我国城市征收给予的补偿款更多，可能高于市场价值进行给付。而我国农村的征收补偿的规定还没有一个规范的认定标准，土地原用途的价值等如何进行认定都不得而知。因此，笔者认为，针对我国农村征收的补偿可以借鉴美国的三种补偿原则进行认定。首先，在"三权分置"的土地改革背景下，根据已经颁布的《农村土地经营权流转交易市场运行规范（试行）》，我国农村土地无法转让已经成为过去式，现在农村土地经营权可以入市进行交易，这就为适用公平市场价值原则提供了路径，我国未来的农村土地补偿就有了一个基本的认定标准。其次，农村的土地性质相比于城市已经规划好的土地性质更易改变。农村的土地性质可分为耕地、园地、林地、草地、其他农用地、建设用地和未利用地，因此，农村土地可能存在另一种土地价值更高的情况，如果被征收人能够证明被征收土地可以拥有转变为价值更高的使用方式时，法院就可以根据"最高与最佳使用原则"以更高的价值给予补偿。再次，农村土地对于其所有人来说是他们赖以生存的资源，相较于城市的居民，农村居民对其土地有着更深厚的情感联系。因此，我国具有适用额外补偿的空间。虽然美国联邦法院明确说明只要符合公共利益，就无须给予额外补偿，但是对于我国一贯忽视了公共利益的征收来说，应当重视对失地农民的权益保护，给予失地农民额外补偿。

5. 法院提前介入审查公共利益

根据前文分析，美国的司法审查程序具有以下特点：首先，从法院介入时间上看，属于提前介入，即在征收机关提起征收申请时就直接介入征收之中。其次，法院并没有将审查内容集中在补偿的认定上，而是对"公共使用"的认定和正当程序做出全面审查。这种做法不仅通过个案审查界定了公共利益，而且节省了司法成本，可以避免由于介入过晚，损害结果发生之后导致恢复原状的成本过高。而根据我国《国有土地上房屋征收和补偿条例》第二十八条"……在补偿决定规定的期限内又不搬迁的，由作出房屋征收决定的市、县级人民政府依法申请人民法院强制执行"可以看出，当行政机关向人民法院申请强制执行时，征收的强制执行权转移到司法机关，取消了原本赋予行政机关的强拆权。可以看出，我国也将司法机关提前介入征收纳入了规定。但是这一规定的本质还是从补偿的角度出发。也就是说，法院即使提前介入对征收进行最终裁决，但是其审查焦点还是补偿，而非对公共利益的再次判断。这就造成我国法院的提前介入和事后介入似乎没有太大的区别。因法院对该土地征收是否符合公共利益并未进行审查，便有导致不符合公共利益的土地征收继续违法进行的风险，以公共利益之名进行的征收实则损害了社会公共利益，与土地征收宗旨相悖。因此，司法机关提前介入土地征收程序时进行公共利益审查是客观必要的，如此才能避免司法机关提前介入制度流于形式。所以，我国应借鉴美国法院的司法审查范围，对公共利益进行合法与合理的审查，从而决定征收程序是否应该继续进行，进而有效遏制征收权为了私人利益而遭到滥用。

　　小结

　　基于对美国的司法典型判例的分析，美国经验提供给了我国考量公共利益的判断思路：对公共利益的判断是一个紧跟时代背景的问题，这个判断根据社会目标的改变而发生变化，同时应当考虑各个权力主体之间的监督与制衡，并且保证程序的合理、正当。

通过美国对"公共使用"的界定标准、界定主体以及实现程序三个方面的研究，首先确定了"合理性关系检验"标准，即在司法尊重立法原则的基础上，联邦法院只需认定"公共使用"没有明显的不合理之处，法院就会认可征收的合宪性。最终，联邦最高法院通过凯洛诉新伦敦案认定以经济发展为目的的商业开发征收的合宪性，引起了各州的异议，纷纷认为商业开发征收必须禁止。但是，笔者认为各州的异议没有站在时代发展的背景之下，进入 21 世纪之后，经济发展的目标越来越明确，因此，认定商业开发征收是顺应时代背景的必然结果。而且，联邦最高法院还将界定视角从对"公共使用"本身的判断转移到对"实质目的"的界定上，在"公共使用"的内涵随着时代背景的变化越来越广泛的情况下，从征收的实质目的出发来防止征收权的滥用，笔者认为这是一个非常值得借鉴的思路。但是，联邦法院使用的两个标准都属于程序性审查标准，都是由被征收人承担举证不利的败诉责任，这就造成法院在淡化对公共利益本身的界定的情况下，被征收人在诉讼中处于更加弱势的地位，影响了司法的公平性。因此，笔者结合美国学者的观点，认为美国征收诉讼应当逐步采用举证责任倒置，由征收机关来证明征收确实是为了公共利益而不是私人获益，才能保障征收双方处于相对公平的位置。美国"公共使用"的界定主体和实现程序遵循了三权分立的原则，由立法机关决定征收的公共目的，授权行政机关具体执行，最后由司法机关作出二次判断，决定是否实行征收。在程序上还规定了征收前的协商购买的法定必经程序，严格规定了征收"公共使用"的决定和形成公告与通知，保证了被征收人对立法机关决定的"公共使用"的知情权、参与权、异议权，强调了公平补偿的重要性和必要性，征收机关无须主动举行听证会。并且，美国规定了司法机关提前介入征收，对征收的"公共使用"、补偿等作出全面审查后，才能决定征收是否予以执行。

总而言之，在发展经济的大背景下，美国是站在淡化公共利益本身界定的视角下，从其他方面来保障公共利益的制度的设计初衷，从而使得土地征收程序在公共利益的框架内进行。因此，我国可以批判地借鉴美国经验，顺应时代背景，在淡化公共利益的趋势下，逐渐接受以发展经济为目的的商业开发征收，将界定视角转化为对征收的实质目的的判断，并且规定立法机关和司法机关为公共利益的界定主体，保证权力的监督与制衡。在此基础上，规范协商购买程序、规定公共利益的公告与听证程序、明确补偿认定标准以及完善法院的提前介入，从而使得我国土地征收程序能够满足社会经济发展需求。同时，我们也需要认识到，虽然当下的时代背景需要淡化公共利益，但是，未来的时代变化也可能会要求我们的立法机关和司法机关因时制宜地作出调整。

第三节	美国土地征收制度中的 公正补偿

一、美国土地征收公正补偿制度的产生历史及建构目的

（一）美国土地征收公正补偿制度的产生历史

在最早征收土地时，例如建造运河时，当美国政府实际入侵土地所有人的财产时，需要向土地所有人给予补偿。但是，美国政府不需要支付任何具体的金额。"公平的市场价值"这个抽象的概念在当时并不意味着任何东西。对于土地征收权曾有过各种各样的解释，并不是所有人都认为国家的征收权力来源于皇室的特权。格劳秀斯和普芬多夫认为，政府才是财产"原始和绝对"的所有者，因此，个人的占有权利益是通过国家赠款获得的。[①]此外，自然法理论家认为，土地征收是"国家主权的固有属性，对政府的存在来说是十分必要的"[②]。而且，传统的政府权力领域理论也没有解释为什么政府被要求为土地征

[①]See JESSE DUKEMINIER & JAMES E. KRIER，PROPERTY 205—10（4th ed. 1998）.

[②]See JESSE DUKEMINIER & JAMES E. KRIER，PROPERTY 205—10（4th ed. 1998）.

收提供补偿。

在 17、18 世纪，美国人将自己视为土地和自然资源无尽耗竭的继承者，认为土地丰富而廉价。殖民时期的土地出售和转让一般是不受管制的，且美国革命为土地所有者提供了许多自由，并允许土地的转让。当时的经济中，土地法主要致力于保护个人对于房地产的投资权。① 因此，早期美国的财产制度着重于促进个人主义。传统上，土地被欧洲视为"社区价值的实物容器"，而在美国，土地所有权很快就被确定为"公民自由而不是社会资源"②。然而，令人讨厌的皇权特权体现在州和联邦政府的领域权力。③ 联邦政府和州政府没有明确被授予这种权力，但它在美国宪法中被隐含地认为是一种权力。④ 在革命后的财产法改革中，幸存下来的政府征收权已经显示出个人主义和共同主义原则之间的冲突。在这一背景下，土地征收中的补偿问题被人们所考虑，但公正性却迟迟未登场。

在美国内战的几十年里，私人财产权处于优势地位。在内战开始后，共和党越来越维护铁路和其他商业企业的利益，以"挥舞血腥的衬衣"来主导政治话语权。⑤ 共和党人利用他们的权力来改变公共政策，减少铁路和其他开发商为了干涉他人财产而必须补偿的情况，或是大肆行使土地征收带给他们的权力。因此，19 世纪 50 年代民主党人制定的宪法与之前的不同，更加注重保护私人财产的发展，并遏制社会

---

① See JESSE DUKEMINIER & JAMES E. KRIER，PROPERTY 205—10（4th ed. 1998）.

② See Cooley v. United States，46 Fed. Cl. 538，546（2000）.

③ See BLACK' S LAW DICTIONARY 362（7th ed. 1999）.

④ See United States v. Carmack，329 U.S. 230，241—42（1946）.

⑤ See Henry W. Elson，The History of the United States. 35（1905）.

对私人财产用途的限制，公正补偿的苗头开始显现出来。

追寻"公正补偿"（just compensation）的历史痕迹，在美国宪法的发展中可以找到答案。詹姆斯·麦迪逊起草了《美国联邦宪法》（第五修正案），他选择明确使用公正补偿来限制征收行为以保护个人的私有财产安全。同时，他对公正补偿的前提界定是公共使用。《美国联邦宪法》（第五修正案）规定，私人财产在没有公正补偿下，不得被征收为公众使用。（Nor shall private property be taken from public use, without just compensation.）[1] 也就是说，政府不能简单地以某种方式不付钱就获取土地。除了"第五修正案"，"第十四修正案"也限制了政府征收私人财产的权力。"第十四修正案"规定：在没有正当法律程序的情况下，任何州不得剥夺任何人的生命、自由或财产。[2] 宪法明确规定，当私人土地被州政府征收时，该土地所有人有权得到公正的补偿，以及有权使用法律以获得适当的救济。[3] 在"第五修正案"的范围内，"征收"一词包括政府的行动直接导致对私人财产的实际侵入和管制，使得私人财产失去价值或不可再支配使用。不管是通过入侵、管制，抑或是行使警察权力，征收是一种剥夺个人财产权的政府行为。当政府入侵私人土地时，土地所有者有权得到公正补偿，即使入侵只是暂时的。因此，公正补偿在宪法规定中成为美国土地征收制度中的一项重要原则。

到了20世纪90年代，美国有26个州通过了有关财产权保护的法案。在有关土地征收补偿的法案中，一般分为两大类，大部分法案

---

① See U.S. CONST. amend. V.

② 详见 U.S. CONST. amend XIV § 1.

③ 详见 U.S. CONST. amend XIV § 1.

属于"补偿价值评估"，这意味着要求政府人员需要考虑补偿规则是否会被被征收者接受。其他是"补偿救济"，即为被征收者获得补偿创造了一个新的途径。

如今在美国，政府可以通过多种方式从私人地主那里获得土地所有权，其中征收的方式有以下两种：（1）通过行使征收权来快速占有土地；（2）反向征收，即在没有行使征用权的情况下，国家通过物质占有或过度管制取得土地。① 而土地征收制度面临着三项基本权利内在冲突的挑战：土地所有人的财产权、政府的土地征收权（eminent domain）和政府通过规范公共福利来行使财产使用的警察权（police power）。② 警察权③ 是一项隐含的权力，即美国政府管制私人财产的使用，以保障社会安全和社会福利。该权力允许政府在没有进行补偿的前提下，规划私人的土地，因此行使警察权通常是受到广泛限制的。公正补偿原则存在于土地征收权中，在美国，土地征收权是一项被普遍接受的权力，指的是国家通过其正规组织，以公共紧急情况和公共利益为目的，暂时或永久地行使其对任何土地的管辖权。④ 私人的土地财产权受到国家的保护，征收私人土地而不对土地所有人做出公正的补偿，是违反宪法的。

---

① Just Compensation or Just Invalidation: The Availability of a Damages Remedy in Challenging Land Use Regulations, 29 U.C.L.A. L. Rev. 711, 712（1982）. See Pennsylvania Coal Co. v. Mahon, 260 U.S. 393, 413（1922）.

② See Just Compensation or Just Invalidation: The Availability of a Damages Remedy in Challenging Land Use Regulations, 29 U.C.L.A. L. Rev. 711, 712（1982）.

③ See Pennsylvania Coal Co. v. Mahon, 260 U.S. 393, 413（1922）.

④ See O.C.G.A. § 22–1–2（1982）.

（二）土地征收公正补偿制度的建构目的

1. 实现土地价格的补偿，保护私权

关于权利与义务的关系问题，权利本位与社会本位的争论一直高居不下。社会本位论者认为，在公共利益的前提下，尊重权利的同时更应该限制权利。权利本位者认为，权利是首要的因素，义务位居其后。在法治社会中，社会成员都是权利的主体，都有资格平等地享有各项权利。不论何者更为正确，美国社会的基本理念更加重视对公民权利的尊重与保护。出于公共利益目的，政府可以取得特定财产的土地所有权，个人承担容忍义务。但是社会本位的思想并不意味着个人权利对社会的无条件屈服与让步。因此，公正补偿是尊重公民权利的法治要求之一。

著名学者弗兰克·米歇尔曼在多篇文章中，从财产、效用及公正方面对"公正补偿"提出了自己的见解。他认为，征收补偿应当是公正的，因为它反映的是善意公民在无知面纱下的补偿需求。公民都知道政府有土地征收的行政权力，纵然他们不清楚该权力背后是如何运行的，但是他们都有一个共识，即公正的补偿范围。土地征收公正补偿制度是基于公共福利需求的，把补偿公正地落实到每个被征收者身上，防止个人独立且过分承担社会发展的成本，是社会公平的体现。只有这样，个人才能没有后顾之忧地在土地上开展生产、经营及发展获得，增加了个人的社会安全感。

正义是许多国家都遵循的法律原则，尤其在私有化程度较高的美国。正义观念的源头可以追溯到人类产生道德的是非观念开始。罗尔斯提出，权力和财富是不对等的，但只有在直接面对每一个人的利益，

尤其是对处于最不利地位的社会成员作出补偿时才是"正义"的。①根据罗尔斯的正义理论，尽管财富的分配可以不完全平等，但是必须对所有的人都是有利的，尤其是利益受到侵犯的群体。只有这样才能保障社会的良性运转。土地征收使得土地所有人失去了对土地的收益权，甚至还关乎相关利益人的就业权、居住权等，如果得不到公正的补偿，无疑是对人权的不尊重及私权的践踏。

在美国，土地所有人享有对土地的广泛经营权，因此也可视为土地可能会给其带来较高的收益。美国是采取土地私有制的国家，土地征收后要对这些广泛的土地权利进行全面的补偿。在土地征收补偿过程中，美国政府充分保护土地所有人及其他利益主体的权益，确保各方的权益不受侵犯。一旦有任何一方的权益诉求没有得到满足，则补偿程序不得不先暂停。赋予土地所有人及其他利益主体强大的话语权，建立完善、细致的公正补偿机制，是对基本人权的尊重及私有权利的保护。

2. 防止征收权的滥用及腐败的滋生

作为美国公民的民选官员，他们应该时刻以公众的利益为出发点。但是，作为每一个不同的独特个体，他们可能会陷入追逐私利的沼泽地。即使是大公无私的政府官员，在私利诱惑下也可能存在复杂的念头，从而导致制定出的政策不以大众为本。所以，征收权能否有效使用与补偿制度是否可以有效遏制政府官员的私心息息相关。土地征收的公正补偿制度是检验政府官员是否滥用征收权力的标杆。在有序的制度设计下，美国土地征收的公正补偿授权不但可以防止政府对征收

---

① 参见［英］戴维·米勒：《社会正义原则》，江苏人民出版社，第94页。

权的滥用，而且可以确保征收的目的以公共利益为准则。

在过去，土地征收补偿的标准较低且各个州参差不齐，不少地方政府为了增加财政收入而滥用土地征收权。他们低价收购私人的土地后高价转让给开发商。土地征收权的滥用，引发了一系列问题：私人得不到充分的征地补偿，社会矛盾激化；人们对政府的不满情绪激增，不利于政府工作的有序开展。按照公正的方式方法来进行土地征收补偿，遏制了政府从中获利，在一定程度上有效防止了腐败的滋生。

3. 减少公众对公共设施建设的阻力及提高政府行政效率

改革与发展通常会为了公众的利益而牺牲小部分人现有的便利，往往伴随着权利的抗争与矛盾的激化，土地征收也不例外。土地带给所有人的不仅仅是经济上的利益和生活中的便利，更多的是情感上的依附。征收是一种违背被征收人主观意志的强制性交易，在一定程度上是对被征收人自由意志的侵犯。一项作出补偿的土地征收，在一定程度上能弥补土地所有人的利益损失。而一项公正补偿的土地征收，还能使公众在心理上获得认可，给予被征收人些许慰藉。同时，由于市场价值的确定一般低于土地所有人的主观价值，且市场价值的确定有所偏差，因此，公正补偿在一定程度上可以弥补市场价值的缺陷，减少公众对公共设施建设的阻力。

而且，秩序是法的基本理念，秩序的意义是法可以保障社会的有序运转。"所有的秩序，都可以从法律中引申出来，不管是曾经在较为混沌的状态中发现的，还是我们要致力促成的。"补偿的公正性标准可形成征收的可信服性，对行政机关限权避免了决策的反复性与无常性。在补偿过程中，通过给予被征收者参与权与听证权，可以提高被征收者的信服力，节约行政成本，提高行政效率。因此，公正补偿，在法理乃至情理上都是可行的。

4. 维护社会安定、稳定，促进经济发展

美国土地征收补偿中反复出现且永恒不变的主题就是公正。每个征收案件中不同的观点都反映了法官对追求公正的努力，以确保社会福利和负担的公平分配，即使最终分配不一定是平均的。《美国联邦宪法》（第五修正案）的意旨是，私人财产不经公正补偿而不被公开使用，目的是禁止政府强迫某些人承担公共负担，在所有公平和公正的情况下，把所有市民的承担看作一个整体。[1]

土地是一项较为稀缺的不可再生资源，土地之所以宝贵，是因为它可以创造出超越土地本身价值的经济效益。如果土地征收没有任何补偿或是补偿过少，容易引发土地所有人的恐慌。若政府可以不付出任何成本与代价收回任何一块私人土地的话，会严重打击土地所有人及利害关系人的生产积极性，不利于经济的良性发展。而如果土地征收的补偿额异常高或超过一般标准，会导致资本家们对土地的疯狂投资，甚至哄抬价格，引发土地的泡沫经济，届时土地征收的问题就会愈演愈烈。诚然，公正是一个复杂的概念，土地征收补偿的判例已经有力地证明了这一点。在土地征收的补偿中，防止个人被迫承担社会负担是公正的一个关键因素。然而，另一个重要的组成部分是补偿应当明确、透明。因此允许土地所有者知道政府征收补偿的界限值，以便他们更好地发挥土地的利用价值，并适当地限制土地所有人抱有单纯依靠征收补偿暴富的侥幸心理。美国政府对土地征收采取公正补偿的原则，是维护社会安定、稳定，促进经济可持续发展的明智之举。

---

[1] See Armstrong v. United States，364 U.S. 40，49（1960）.

二、美国土地征收补偿中的"公正"理解

（一）美国土地征收公正补偿历史概述

在美国土地征收中，提出了两个限制。首先是"公共使用"（public use）的限制，即规定政府不得为了任何目的而占用土地，但可以为了公共目的。[1]虽然理论上看似合理，但由于最高法院制定了宽松的标准，以至于确定土地用于公共目的过于广泛。[2]此外，审查法院出于对立法决定的尊重，除非使用没有合理的基础，则都归于公共使用的构成部分。第二个限制，即"公正补偿"的支付，这是对国家行为的一个基本限制。政府所承担的征收权力和补偿义务是不可分割的。[3]对于土地被政府使用时所遭受的损失，土地所有人应该得到充分的补偿。

从土地征收的语境中，公正补偿的概念扩大到现在所谓的反向征收（inverse condemnation）。当政府因疏忽行为而造成所有人拥有的不动产受到损害时，土地所有人可能没有能力得到损害补偿，因为政府可能对侵权责任具有主权豁免权。为了避免这种不公正的结果，原告将补偿请求转化为企图征收的索赔。然而，证明侵权行为并不容易，土地所有人需要证明的内容包括损失补偿和因果关系。

在美国土地征收补偿中，公正原则的典型化是最高最优使用规则和"特殊利益"问题的处理，以下将对这两个关注点进行介绍与分析。

1. 最高最优使用规则（highest and best use）

当政府把私人土地征收用于公共用途时，美国宪法不仅要求政府

---

[1]See U.S. Const. amend. V.

[2]See Hawaii Hous. Auth. v. Midkiff，467 U.S. 229，243—45（1984）.

[3]See Drury v. Midland R. Co.，127 Mass. 571，576（1879）.

支付补偿金，而且要求补偿必须公正。[1]征收补偿必须"公正"，不仅是对土地所有人而言，面向广大公众也是一样的。在确定某块特定土地的补偿金额时，法院将评估该财产的公允市值。好似该土地是一个愿意出卖的卖主将其卖给一个心甘情愿的买家一样，以此来衡量该土地的最高和最佳用途。[2]

　　最高法院在第一英国福音派路德教会诉洛杉矶县一案的判决中称，对临时土地征收的补偿应在支付期间支付"使用财产的公允价值"。该判决意见将土地的暂时征收与土地的使用租赁权相比较，证实了衡量土地财产价值的标准，是考量土地所有者的损失，而不是收益人的收益。在确定公正补偿时，把着重点放在关注土地所有者的损失上，从而进一步推进了"征收条款"本身的隐含目标，即政府的公正补偿旨在重新分配"从个人到公众"的所有经济服务成本。

　　一旦选择了最高最优使用规则来确定土地的价值，则不得不考虑用于计算目的的估价。租金的价值可以根据土地的价值来确定，它是在征收的时候加上增长的价值，它会随着时间的推移而增长。另一方面，公正的补偿应该基于土地用途的较高价值，就好像土地的增值在征收之日已完成。假设土地最终被开发，土地所有人在土地的发展过程中实际上会得到应有的回报。从长远的眼光来看，土地所有人失去的是在未来使用期间的更高价值。因此，最好的方法是在确定适当的较高值时权衡考虑。

---

[1]See First English Evangelical Lutheran Church v. County of Los Angeles, 482 U.S. 304, 320（1987）.

[2]See Masheter v. Ohio Holding Co., 313 N.E.2d 413, 416—17（1973）.

2."特殊利益"问题

1999 年，在长达 18 英里的屏障岛上，美国陆军军团与新泽西州环境保护部一同开始了一项全面的风暴伤害减少和海滩补给项目。该海滩位于新泽西州的南大洋县。该项目主要包括三个阶段：第一阶段为通过将大约 1100 万立方码的沙子泵入项目区，以抵御海岸线侵蚀并防止风暴破坏；第二阶段为在未来 50 年内每七年增加 200 万立方米的沙子；第三阶段为建造一处海拔 22 英尺高的沙丘，该沙丘有 30～40英尺宽的护堤，海拔 8 英尺高。该项目的总估计费用为 2.73 亿美元，由联邦、州、县和地方政府按比例分担。在哈维雪松市，该项目最初阶段的估计费用约为 2200 万美元，其中市政府负担 100 万美元以上，包括从私人土地所有人那里获得地役权的费用，换言之，当地市政府必须用自己的经费来支付地役权。

卡兰在该市镇有一栋三层楼的房子，该房子建于 1973 年。在项目开始之前，在卡兰的房子里可以看到海滩和海洋的全景。项目结束后，在房子二楼可看到的景观发生了变化，因为沙丘以东的海滩景色被沙丘挡住了。房子三楼可看到的景观仍然没有受到影响。卡兰认为，房子的地役权受到了影响，特别是避暑别墅所特有的奇妙景观，这将导致房子的价值从 190 万美元贬值到 50 万美元。

在审判时，"特殊利益"是新泽西州法院判定补偿公正性的重要标准之一，[1]对特殊利益的检验需要征收者证明土地所有人从征收的项目中得到了特别的好处，即该征收项目对土地所有人的利益是不同的，

---

[1]See Gannett，Nicole Stelle. 2003. The Public use Question as Taking Problem，George Washington Law Review.2005（6），pp.934—982.

并且该利益有别于一般利益。市政府提出了一份专家报告，报告认定，如果没有该征收项目，卡兰的财产将面临更大的风险，即很有可能被一个大风暴破坏或摧毁。特别是，专家报告表明，根据历史和科学数据，在未来 30 年间，如果没有该项目的建造，卡兰财产受到损害的风险为 56%。而受益于该项目，卡兰财产受到损害的风险将降到 37%以下。因此，市政府认为，卡兰的海滨财产在这个项目之后会比其他非海滨业主更加受益。尽管有这方面的证据，但在听证会结束时，审判法院认为，作为一项法律问题，市政府提出的证据与特殊利益无关，因此不予受理。审判法院基于其推理的事实，即项目的好处是共享的。根据这一决定，陪审团对市政府的证据不予考虑，即证明卡兰从项目中得到了保护。陪审团只考虑了 22 英尺高的沙丘对卡兰的剩余财产所造成的负面影响，即卡兰声称的对其房子景观的极大阻碍和恶性改变。陪审团不考量征收项目对卡兰财产的积极影响，如防止暴风雨的侵害，因此，经过四天的审判，陪审团裁定，卡兰所享有的公正补偿额为 37.5 万美元。该市政府提出了上诉，新泽西州最高法院撤销了下级法院的判决，并将此案退回审判法院进行重新审理。法院认为，不应该忽视因公共项目而产生对房屋的增值效果。相反，在确定公正补偿的适当判决时，必须考虑所有相关的、合理计算的和非推测的因素。法院取消了旧的特殊利益标准，提出陪审团应该考虑任何可信、可靠且对财产价值有影响的证据。区分特殊利益和一般利益，不是一件容易的事。公正补偿的确定应考虑愿意购买者和愿意出卖者在什么情况下会就财产的价值达成协议。具体而言，公正的补偿应以非推测和可计量的利益为基础，在征收时能够合理地计算利益，不应考虑到无限期未来的投机利益。新泽西州最高法院指出，卡兰在项目实施中具有独特的受益。虽然项目的好处不仅惠及卡兰，显然最容易受到剧烈海浪冲击和更大风暴影响的财产是位于海岸线边上的财产，如卡兰的房子。因此，卡兰的受益程度比其他人更大。法院强调，以公平的市场价值作为基准是最好的方法，以确保此类土地所有人得到公正的赔偿。

笔者认为，在部分土地征收案件中，为公平考量特殊利益领域而提出的新的法律条文将如何实施仍有待观察。类似的土地征收案子还需要专家对剩余财产承担的正面和负面影响进行全面的评估。而且，特殊利益证据的充分性，以及对特殊利益的量化，将在未来几年中成为土地征收案件中法律研究的重点。陪审团应该更多地考虑土地征收项目是否会给土地所有人带来积极性、保护性的利益。

（二）美国土地征收公正补偿中"公正"的具体化

1. 美国土地征收补偿中确定及起算时间的"公正"

虽然政府与土地所有人大多数通过合约来确定公正补偿的具体实施，但如果土地所有人不能就土地的补偿条款与政府达成协议，则可提起诉讼。政府一开始会做一个宏观的土地调查，然后选择一个可行的方案，随后通知土地所有人，并与土地所有者展开谈判，大多数土地征收的公正补偿将通过合同解决。如果不能达成协议，政府必须启动一个土地征收程序，在补偿确定、付款日期和所有权转让的情况下综合协商补偿价格。

当土地被政府征收时，它的价格从征收的日期开始确定。当政府的活动已全部侵犯到土地时，政府必须为土地所有人提供公正的补偿。[1] 已采取的土地的价值是由土地所有人的损失来确定的，而非由接

---

[1] See Skoumbas v. City of Orinda，81 Cal. Rptr. 3d 242，248（Cal. Ct. App. 2008）.

受者的利益来衡量。对所征收土地的公正补偿主要是根据土地的公平市场价值（fair market value），考虑到土地的实际用途和潜在用途。公平的市场价值，即在估价日期卖方同意的最高价格，也即卖方在愿意出售但没有特别或紧急必要出售，也没有义务出售的情况下，买方愿意购买的价格。因此，在确定公正补偿之前，要充分了解被征收的土地所有的用途，以及这些土地是不是合理可使用的。

在判断损害补偿时，陪审团应考虑该征收行为对相邻财产的影响。如果土地所有人控制下的财产市值有所下降，土地所有人可以请求补偿。例如，加利福尼亚州规定，土地所有人只要证明土地的市场价值在征用之前和被征用之后有明显下降即可。[1] 土地所有人可以只就因公众使用所造成的伤害获得公正的补偿。[2] 在可给予补偿的情况下，该项损害必须特别针对土地所有人，而不是指附近所有业主所承受的一般负担。

在公正的补偿程序中，先由政府发出通告，征得土地所有人的同意后对土地进行评估；而后召开听证会，听取各方意见及建议后提出一套有效可行的方案；再由第三方展开调查，做出价格评估后交由征地直接实施机构处理；若双方仍对此不满，可要求法院处理，最后是法院对此做出裁定。

在第一个英国福音派路德教会诉洛杉矶县[3]案中，美国最高法院解决了关于土地征收补偿问题的长期辩论，认为根据法院的判决，公正的补偿条款是自行执行的。因此，在政府已经征收土地财产的情况

---

①See Pac. Gas and Electric Co. v. Hufford，319 P.2d 1033，1041（Cal. 1957）.

②See City of Berkeley v. von Adelung，29 Cal. Rptr. 802，803（Cal. Ct. App. 1963）.

③See 482 U.S. 304（1987）.

下，需要立即进行补偿。[1]虽然该案判决产生的影响无法准确预测，但法院通过的政策无疑更合理地适应时代的发展。根据该判例法，在法院判定土地被征收之时，该项判定便会暂时生效，因而有必要缴付临时补偿金。补偿金从对土地所有人的土地财产权受到实质性的干预之日起计算，尽管作为法律事项的征收日期是在政府拒绝支付补偿时发生的。对临时土地征收的补偿指的是临时征收期间使用土地的价值，即土地所有者因接受土地被征收而遭受的损失额。[2]

土地价值的降低一般不由政府的补偿来承担。但是，如果在政府颁布相关条例之前，政府机构的行政行为导致土地价值下降，则依据土地公平市场价值原则，征收日期的计算时间点为该征收行为发生时。笔者认为，这么做的好处在于，在此种情况下，土地所有者可以不用承担政府在征收行动中由于压迫性预先限制的行政行为而引起的土地财产价值的下降。美国宪法规定土地征收领域的基础政策是整个社区分配公共改善的成本，而不是将该成本置于某个所有人之上。如果政府在制定相关规章条例之前采取行政行动降低土地价值，那么计算公平市场价值的补偿日期应该在这些行政活动发生之前起算。

2.美国土地征收补偿中对象及评估人员的"公正"

美国土地征收公正补偿对象的主体为土地所有人、利益相关人及房地产承租人。客体为取得公正补偿的对象，不仅包括地产本身，还包括地产附加物。

如，在加利福尼亚州，其民事诉讼法提供了若干涉及土地征收和

---

[1] See First English Evangelical Lutheran Church v. County of Los Angeles, 482 U.S. 304, 320（1987）.

[2] See United States v. Causby, 328 U.S. 256, 261 （1946）.

公正补偿的法规。当政府从私人土地所有者那里获得公共利益时，必须给予其公正的补偿，该补偿应包括仍在私人控制下剩余财产的损失。公共使用是使土地所有者获得公正的补偿的前提。公共使用强调该使用是一个影响整个社会的使用，而不仅仅是一个人或少数个人受到影响。一般的公共利益或由政府提供的公共用途，亦是公共使用，土地所有人有权因政府对土地的占有而获得公正补偿。在反向征收的诉讼中，如果由于公共使用、公共利益或公共改善而造成损害，公共机构将对其财产的损失负有补偿责任。例如，在加利福尼亚州，为了全境修建高速铁路而征收土地的行为视为以公共用途为目的，因为高速公路作为公共交通的一类，将有益于国家的所有公民，并可供广大公众使用。

　　美国土地征收补偿制度的公正性还体现在土地评估员这一角色的确定上。美国的土地评估员无权决定法律问题，但在判决作出之前，可将法律问题提交给适当的上级法院。以前，征收者和被征收者都可以选择任何人作为土地评估人。新的修正案增加了对评估人员最低资格的要求。该修正案根据房地产估价师的分类法，规定评估员现在必须是国家认证的房地产评估师。该修正案还提出三位土地评估员的总费用合计为每天500美元。[①]这相比于以前法律规定的报酬标准大大提高了。在此之前，对于县人口少于50万的土地征收案件，征收者每天付给评估员的费用是10美元；在县人口在50万或以上的情况下，评估员每天的报酬为25美元。[②]这一变化试图为评估员提供更加合理

---

① See 1955 Ga.Laws 651（formerly found at O.C.G.A. § 22–2–84（1982））.

② See 1955 Ga.Laws 651(formerly found at O.C.G.A. § 22–2–84 (1982)).

的报酬。这一改变是为了避免轻率的上诉，并鼓励双方确定更加公正的补偿价格。如果满足以下两个条件，则允许任何一方对增加的合理费用提出求偿：（1）反对方上诉；（2）根据任何一方的上诉，上级法院的判决没有比评估人员的裁决多出 20% 或者少于 20%。[①] 如果征收者上诉，并且法院的判决不低于评估人员裁决的 20%，征收者应对被征收者所增加的合理费用承担责任。如果被征收者上诉，且法院的判决没有比评估者的裁决高出 20%，则被征收者应对征收者所增加的合理费用承担责任。如果征收者和被征收者都上诉了评估员的裁决，那么无论法院的判决如何，对方对产生的合理费用都不承担责任。

土地征收委员会的条例还增加了评估员在土地征收听证程序中的相关规定。[②] 在土地征收的听证会上，被征收者可以选择一个评估员来听取和决定征收价值。如果被征收者选择了评估员，那么征收者也必须选择一个评估员。两名评估员和法院指定的院长组成特别小组。[③] 立法者通过设立特别小组，给予被征收者一个良好的听证机会。

3. 美国土地征收补偿中标准的"公正"

土地征收公正补偿标准的确定有两种方式，一为以市场评估价值为基础，外加协商谈判或司法程序来确定；二为双方分别聘请独立的资产评估师提出评估报告，如果报告相差较为悬殊，则由法庭陪审团来判定。在实践中，最高法院表现出对市场价值标准的偏爱。如果被征收的土地在既定市场上经常交易，则法院会认为现行的市场价格是唯一的认定标准。但不是任何土地都适用于市场价值标准的。

---

① See Official Code of Georgia Annotated.. § 22-2-84.1（a）（2015）.

② See Official Code of Georgia Annotated.. § 22-2-84.1（a）（2015）.

③ See Official Code of Georgia Annotated.. § 22-2-84.1（a）（2015）.

　　第一，适用于市场价值的一般标准。法院已将"市场价值"定义为：在公平和公开的市场上，一个愿意购买者向愿意出卖人支付其土地财产的价格。因此，市场价值不仅应反映出目前对土地的使用情况，还应体现该土地的其他用途。如果该土地适合使用，则必须考虑对该土地更高价值的使用。但是该土地更高价值的用途必须足以说服一个合理的买主，这样买主才有可能支付更高的价格。虽然最高法院曾多次表示，财产的主观价值在裁定公正补偿的裁决时不予考虑，但在市场价值的标准下，如果会影响到一个合理买方愿意在公开市场上支付的价格，则必须考虑这种主观价值。[1]鉴于对"市场"的理解，法院允许通过使用三种估价方法确定某一财产的市场价值：第一是"可比较销售"（comparable sales approach）或"市场数据"方法，即收集可比较对象（大小、地点和时间）的销售价格，以达到对征收对象的价值估计；第二是"收入资本化"（income capitalization）方法，即土地现有和预计会产生的收入数额，一般基于过去和在合理可预见内未来的价值，然后贴现到现在价值中；第三是复制或替换成本减去折旧成本的方法，即估计目前建造类似或可比较的结构再减去折旧的成本。[2]

　　虽然法院允许任何一方根据这三种方法中的任何一种提出关于市场价值问题的证据，但更倾向于通过可比较的销售方法确定市场价值。法院认为，购买者愿意支付的价格和卖者愿意接受的公开市场上可比较的价格，是所征收土地市值的最佳证据。[3]事实上，如果被征收的土

①See United States v. Miller, 317 U.S. 369, 375（1943）.

②See United States v. Miller, 317 U.S. 369, 375（1943）.

③See United States v. New River Collieries Co., 262 U.S. 341, 344—45（1923）.

地在既定市场上经常交易，则法院认为现时的市场价格是唯一计算的补偿标准。[①]如果这样一个既定市场不存在，或者，如果市场上的销售不相参照，当事人可以根据土地未来净收入的现值减去折旧来确定市场价值。[②]任何一方决定使用的方法，必须提供合理的证据加以论证。

第二，不适用于市场价值的一般标准。虽然法院广泛依赖市场价值标准来确定适当的公正补偿措施，但笔者认为，在有些情况下，市场价值不是最佳的价值衡量值。当市场价值太难被确定时，则不该适用该方法。如以下三种情况：第一种情况是，在没有或者较少有同类土地可比较的情况下，我们无法预测征收土地的市场价值。在这种情况下，就涉及"没有市场"的财产问题。因此，市场价值不能作为确定公正补偿的充分基础，双方需要依赖其他估价技术或其他有力的证据来确定土地的价值。第二种情况是，在特定情况下，市场价值标准可能对土地所有人或者公众不公平。例如，如果土地的市值明显偏离公正补偿所衡量的标准，则使用市值作为公正补偿的措施可能是不公平的。第三种情况是，如果市场价值受到了某个公开项目的紧迫性影响，那么采用市场价值标准是不公平的。例如，政府发布将会征收某一土地的项目公告，导致该土地的市场价值在短时间内突然急剧增加，那么最后确定公正的补偿价格时，不应该把这一不科学的增长列入考虑范围之内。

第三，笔者对市场价值标准的思与评。首先，市场价值标准导致土地所有人失去对企业商誉损失的求偿，是不公正的。在米切尔诉政

[①]See United States v. New River Collieries Co.，262 U.S. 341，344—45（1923）.
[②]See Albert Hanson Lumber Co. v. United States，261 U.S. 581，589—90（1923）.

府^①一案中，政府征收了米切尔所拥有的一块土地，该土地特别适合种植特殊等级的玉米。原告以该土地为生，因为没有找到合适的替代土地，无法继续经营玉米罐头业务，导致其生活、生产都受到很大的影响。政府的征收行为虽然没有改变原告对其业务的合法权益，但是不可否认原告因该征收行为失去了大量的顾客，企业的价值受到跳楼式的影响。问题在于，在法律权利没有改变的情况下，企业价值的缩减是否应该得到征收补偿？法院的判决认为，虽然原告因土地的特殊价值失去了大量的利益，但政府无权对企业本身的破坏给予补偿。

其次，市场价值标准还导致土地所有人失去对合理期望的求偿，也是不公正的。原告富勒在亚利桑那州西部拥有1280英亩的土地，在此土地上原告经营一个大规模的牧场。除了自己的土地，原告还持有联邦政府允许他们在相邻土地上放牧的许可证。而后，联邦政府征收了原告920英亩的土地。在确定所需的补偿时，原告认为，陪审团应考虑原告的期望值，即政府在没有征收土地的情况下，原告还会继续享有放牧的许可。由于他们对持续使用的预期是合理的，而买主也会考虑这种期望，因此，一个心甘情愿的买主会根据这一期望值付给原告较高的土地市场价格。但法院驳回了原告的论点。法院认为，即使购买者在预期继续联合使用的情况下愿意支付更高的价格，法院也不能考虑因许可证带来增加的价值，因为政府不是私人党派。^②

笔者认为，虽然市场价值标准提供了一种相对简单的方法来确定政府在征收私人土地时必须支付的公正补偿额，但在某些情况下，采

---

① See Mitchell v. United States，267 U.S. 341，343（1925）.
②See United States v. Fuller，409 U.S. 488，488-89（1973）.

用市场价值标准会带来实际的困难。以上两个案子采取了相当有限的补偿标准措施，从而拒绝追究政府对个人期望值的补偿责任，这是不公正的。甚至，市场价值标准的局限性还在于，因为某一特定财产利益的市值可能完全取决于未来的不确定事件，如矿产或地价的上涨率，或可从某一矿井中开采的矿物量。因此，笔者认为，完全采用市场价值标准，将会导致土地所有人失去某些方面的公正性补偿。

4. 美国土地征收补偿中计算方法的"公正"

计算土地所有人失去的土地价值并不是一个容易的过程。政府在土地征收方面得到的收益，不可只是简单的费用叠加。对发展土地许可的规定或无效否认的规定可能会限制土地所有人使用该土地的能力，如分割土地、开发土地，抑或是租赁土地。政府对土地的征收不仅限制了土地所有者发展土地的能力，还影响了对该土地销售前景的规划以及土地所有人对土地收入产生的期望。因此，笔者认为，对土地价值的分析有两个步骤是至关重要的：首先要确定政府是否作出了征收行为，其次要在征收后确定公正的补偿。

确定土地征收的公正补偿有一些可行的方法，法院在裁定时混合使用这些方法。目前已经确定计算土地征收公正补偿的方法有公平租赁价值、期权价值、对利润损失的利息、估价前后价值、市场回报率（收益率）、股权权益价值。根据不同案件的事实，采取不同的计算方法。一般情况下，无论采用何种计算方法，补偿值都限于土地所有人的实际损失。[1]大多数法院都接受用可比较的销售方法来确定被征收土地的价值，即确定受征收土地的公允市值。可比较土地征收方法是确定公

---

[1]See Memphis Comm. Sch. Dist. v. Stachura，477 U.S. 299，315（1986）.

允市场价值的首选方法，因为比较类似土地的转售价格涉及最小的投机量。① 以下将对最常用的几种方法做简要分析。

第一，公平的租金价值方法。公平的租金价值方法，要求业主与租客之间就该补偿作出协议。当政府的条例暂时剥夺土地所有者继续使用土地的权利时，往往采取公正的租金价值来确定公正补偿。一般而言，这些案件的补偿是使用财产的租金价值来衡量的。但是当征收不涉及土地的有形财产，模拟租赁交易则会产生直接的困难。受影响的土地所有人通常在一定程度上还保留着使用土地的权利，但该权利十分有限。布伦南法官表示，这些决定可以为衡量临时土地征收造成的损害提供依据，并可能对法院特别有用，但可能需要制定附加规则。②

使用公平租值法的法院假定政府与土地所有人之间有一种假想的租约安排。在临时的土地征收案件中，这种假想的租约很容易被证明和估价。法院可以依据类似的土地在市场上的财产或用途，来衡量所征收土地的价值。笔者认为，就现在土地征收的情况来看，通常都是征收大面积已利用的土地，例如住宅分区或购物中心等。由于这些大片的土地通常是为了特定用途而设计的，因此在许多土地征收案件中，常用简单的租用方式来计算补偿价值是不适当的，还应考虑该土地未来的用途或未来可能产生的价值。

然而，基于将来可能使用的补偿额，与许多法院的现行要求相抵触，即土地所有人应只获得实际损失的补偿额。由于潜在利润本身就在损害补偿该考虑的范围之内，所以笔者认为在确定公平租金时，仍

---

① See United States v. 100 Acres of Land，468 F.2d 1261，1265（9th Cir.1972）.

② See San Diego Gas & Electric Co. v. San Diego，450 U.S. 621，659（1981）.

应该考虑到该财产的发展计划和预期回报率值。

由于租金价值方法是对临时土地征收采取的公正的损害补偿措施，故法院必须审查确定租金价值的标准。土地的租金价值可能基于以下几个因素：（1）在条例颁布前，土地的价值在实际使用水平之上；（2）最低使用水平的财产价值；（3）所有可用用途的财产价值，包括其"最高和最佳用途"。①美国土地征收原则采用的是最高和最佳使用标准，因为征收经常影响到的是未开发的土地，那么这些标准中的选择就显得尤为重要。因此，实际或现有的使用标准很少是可行的选择。

第二，期权价值方法。期权的价值是根据土地的市值计算的，而没有任何分区规例。②法院可使用先前划为该等式较高值的土地价值，法院还可以确定宪法允许的界定级别，并将该级别的上限值作为确定土地补偿的标准。这种方法可以防止法院依赖投机，还可以更密切地反映土地所有人实际蒙受的损失。

但是，笔者认为，使用该计算方法的缺陷在于，它并没有反映出土地所有人对发展土地的实际意图。如果土地所有人持有的土地是为了供将来出售，那么这一计算方法是适当的。但是，如果地主是为未来效益如发展轻工业而持有土地，那么土地所有人在计算补偿时就不可得到土地的无限制价值或产业区划带来的好处。为了有效和准确地计算土地价值，接受期权价值补偿方法的土地所有人必须在政府提出征收之前，能够显示出存在的销售前景，即土地所有人必须有足够证

①See Levmore, Saul. Just Compensation and Just Politics. Connecticut Law Review 1990（22）, p285.

②See Sheerr v. Township of Evesham, 445 A.2d 46, 74（N.J.Super.Ct. Law Div.1982）.

据体现政府的征收行为所造成的实际伤害或损失。

第三，市场回报率（收益率）方法。市场回报率（收益率）法，是指对土地所有人的损失进行计量，对产生的收入和利润的损失进行补偿。[①]土地所有人对于使用此计算方法可以得到利息的补偿，已界定为因土地征收限制而损失公允市值部分的回报率。补偿金额是在土地受到公平市场价值限制的情况下，在征收期内计算出的市场收益率。[②]根据定义，价值的差异应该反映未来利润和发展市场的估计值。利用市场收益率法，法院除了确定绝对意义上所征收土地的价值，还必须确定适当的市场回报率或利率。在此种方法下，土地估价领域的专家证词对于涉及征收土地的补偿计算就显得至关重要了。

1978 年，悬崖开发公司以 16 万美元签约购买了亚拉巴马州的一块土地。[③]之后，开发公司向格罗夫规划委员会申请了建筑许可证。在得到许可证后，开发公司开始了筹建工作。但该行为引发了大量公众的反对，市议会随后通过了一项法令，禁止在宜人的树丛中建造公寓建筑群。

开发公司对该法令提出了异议，其提出，该市政府在没有执行公正补偿的情况下，侵犯了他们有效地使用土地。而且没有经过正当的程序，该条例的颁布是一个任意和无常的行为。区法院认为，该条例背后的具体目的是禁止原告行使其建筑许可证的权利，因此，这是一个无效的警察权力行使。[④]《美国联邦宪法》（第五修正案）中公正补

---

①See Wheeler v. City of Pleasant Grove，833 F.2d 267，271（11th Cir.1987）.

②See Nemmers v. City of Dubuque，764 F.2d 502，505（8th Cir.1985）.

③See Wheeler v. City of Pleasant Grove，833 F.2d 267，268（11th Cir. 1987）.

④See Wheeler v. City of Pleasant Grove，664 F.2d 99，100（5th Cir. Unit B 1981）.

偿条款的主要目的是政府在挪用私人土地供公众使用时，分配损失的承担。当一个州颁布了限制性很强的条例，却只是名义上补偿他们的财产利益而故意忽视土地所有者或开发商的损失时，是违背公正原则的。

5. 美国土地征收补偿中方式上的"公正"

补偿方式指的是政府采取何种方法来弥补被征收者的实际损失和潜在损失。在美国，征收补偿采取单一的货币补偿方式。此种直接、单一的补偿方式离不开土地征收的补偿标准，即以公平市场价值为原则。笔者认为，货币是用来衡量市场价值的最佳方式。首先，货币是一般等价物，与债券、实物或其他补偿方式相比，具有成本低、可操作性、兑现时间快等优点。其次，被征收者对货币补偿也更为青睐。在公正补偿下，被征收人得到货币就是拥有更多的自主再选择权，不论改善生活，或是选择投资，都是被当事人普遍认可的补偿方式。因此，在美国的州宪法中，不乏直接规定以被征收财产市场价值相当的货币来完成公正补偿。[1]

6. 美国土地征收补偿中利息和法律费用问题上的"公正"

土地征收补偿的诉讼或其他任何解决过程可能是冗长而烦琐的。在这种情况下，是否应允许利息和法律费用的问题经常出现。

一般规则是当一个州或联邦政府行使其土地征收权时，允许将征收裁决的利息作为公正补偿的一部分。利息一般在判决之日起开始起算，但在诉讼程序未决期间，如果有征收措施，则从征收土地之日起

---

[1] See Leslie Pickering Francis. Eminent Domain Compensation in Western States: A Critique of the Fair Market Model. Utah Law Review. 1984,26（3）：429—484.

开始起算。[1]因此，以后支付的土地价格只有在包含利息的情况下才构成公正的补偿。而且，对利息的补偿是刑罚的性质，是对于非法扣留合法债务的额外损害赔偿。[2]

确定适当的利息是立法机关不可篡夺的司法职能。公正补偿的宪法要求通常不包括律师费的支付。但是，在格鲁吉亚，律师费和所有合理且必要的诉讼费用也是公正补偿的一部分。[3]另外，在加利福尼亚州，如果政府的最后报价被认定为不合理，并且根据相关证据以及诉讼中判给的补偿来看，土地所有人的要求是合理的，则土地所有人有权获得诉讼费用，包括律师费和评估费用。

7. 美国土地征收补偿程序中的"公正"

在美国，与土地征收有关的法律，除了联邦宪法和联邦征收法之外，各个州也有自己不同的宪法和征收法。尽管各个州的法律不尽相同，但在征收程序上不外乎行政程序和司法程序两种。而公正补偿原则在两种程序上也得到了淋漓尽致的体现。

行政程序中的公正补偿指的是征收者即政府部门，在向有管辖权的法院支付了事先获得该法院判定的预估补偿金额，并等到法院发布的占有令后，视为该征收者先行取得对征收土地的占有权。如果被征收者不同意该补偿金额或是认为补偿不公正等，他有权起诉，起诉后由法庭重新裁定一个补偿金额。而司法程序中的公正补偿指的是征收者即政府部门向法院提起诉讼，请求法院授予征收权并确定补偿金额。在补偿金额未支付之前，征收者可以选择随时放弃或者终止诉讼并不

---

[1]See City of Lansing v. Wery，68 Mich. App. 158，242 N.W.2d 51（1976）.

[2]See Orono-Veazie Water Dist. v. Penobscot County Water Co.，348 A.2d 249（Me. 1975）.

[3]See City of Atlanta v. Atlanta Gas Light Co.，144 Ga. App. 157，240 S.E.2d 730（1977）.

进行补偿。当补偿金额支付完毕后，政府取得土地所有权。因此，司法程序因适用于一般情况下的土地征收，又被称为普通征收程序；行政程序因只能适用于紧急征收情况，故被称为快速征收程序。司法程序的进程与行政程序相比较为缓慢，因为其不仅要保障实体的公正，而且要确保程序的公正，但在补偿金额的确定方面，两者是大致相同的。即在不同州由法庭、陪审团或是委员会来决定。在裁决征收补偿额时，征收者必须给被征收者合适的通知，但不同州的法律对送达通知的时间规定是不同的。

在美国，司法程序运用较广，原因有四：第一是不带有行政专制色彩，充分保护私权。第二是人们通过司法机构来保护自己免于承担征收权力滥用的不良后果。第三是在公正补偿原则下，多数州规定政府在征收之前预付一定的补偿金额。在支付土地补偿金之前，必须由公正的法庭来裁决，且必须在土地被征收之前把补偿全部支付给土地所有人。第四是司法程序能够确保所有土地征收的利益相关人都进入法院。提升各方的参与度也就提升了各方的知情度，不仅可以有效避免任何一方对补偿额的疑问，而且可以帮助应获得补偿的主体都获得相应的补偿。除此之外，行政程序适用较少还在于其不可逆的因素使其不能最大限度地保障公正补偿。如征收者一旦开始诉讼就没有放弃诉讼的机会。因为一旦土地所有权快速转移给征收者后，征收者就失去了终止诉讼的权利。若之后裁决补偿额高于征收者的预期抑或公共建设项目难以继续施行，征收者也不可反悔。因此，行政程序的补偿成本及风险会远远大于司法程序，在公正补偿方面有一定的缺陷。

三、对土地征收其他利益主体补偿的"公正"

（一）地役权受到土地征收干扰者

在美国印第安纳州曾发生过这么一个案例，铁路的修建妨碍了对原告大楼的准入，降低了出租价值。[1] 法院认为，可赔财产不仅仅是有形财产，而且包括现有的有利可图的期望财产。[2] 该土地的任何部分均未被征收或扣押，但由于无形权利，其公司地役权在街道，受到了实质上的干扰。这种干预造成了相应的损害，即使政府并不愿意，法院仍然下令从补偿的公正角度出发，应当给予客观数量的补偿金。理由是纵使没有任何征收，但背后隐含着地役权受到侵犯，虽然只是"干扰"。法院的裁决显然意味着，除了物质实体的征收或扣押，还应当考虑对无形权利的干涉，因此法院下令政府进行补偿。在俄勒冈州宪法公约开始前的两年里，印第安纳州最高法院提出不需要实质征收、不需要扣押、即使没有占有性改变但应该得到征收补偿的观点。1857年，同一个法院将印第安纳州宪法描述为对私人财产的直接或间接损害予以公正补偿。[3]

（二）特别地役权者

原告拥有一个毗邻县高速公路的农场，通往他的农场有一条废弃的路，也是唯一一条可以通往农场的道路。县政府征收了这条废弃的道路。原告声称，他因道路被征收而失去了"特别地役权"，而且他

---

[1]See Farber，Daniel A. Economic Analysis and Just Compensation. International Review of Law & Economics 1992（12），p125.

[2]See Farber，Daniel A. Economic Analysis and Just Compensation. International Review of Law & Economics 1992（12），p125.

[3]See Farber，Daniel A. . Economic Analysis and Just Compensation. International Review of Law & Economics 1992（12），p125.

的土地遭受了贬值，因此控告该县政府未经适当补偿而擅自侵犯他的私人财产。法院认为，考虑到补偿的公正性，原告有权获得损害补偿金。[1] 毗邻者的利益包括他的"特别地役权"，哪怕废弃的道路不属于原告，但是征收带来的不良后果也是对其附属土地财产的侵犯。土地征收的公正补偿是为了公共用途，即使公众没有获得可视性的任何利益，但也涵盖了对个人特权或其他私人利益的破坏。尽管这样的征收并未占有有形的财产，但进行公正补偿是必要的，因为唯一的道路意味着该道路的征收切断了通向农场的道路。根据法院的判决，哪怕土地征收在十分有限的范围内，但是给原告所造成的个人损失却不只是一点点，应当在最低限度上对其给予补偿。

（三）土地受到临时征用者

增加土地征收公正补偿问题的复杂性因素之一是，土地是被永久征收还是临时征用。当发生永久性征收的情况时，征收土地的政府必须向地主支付补偿金是毋庸置疑的。而临时性的土地征用指的是，政府行使其权力，在有限但未指明的时间内，为公共用途或公共目的对私人财产进行实际控制。在政府暂时行使其使用私人土地的权力时，政府对私人土地的暂时性侵犯也可构成根据《美国联邦宪法》（第五修正案）的土地征收问题。[2] 但是，土地所有人不得迫使政府征收其土地，并要求其支付永久性损害补偿金。在第二次世界大战中，联邦政府为战争使用，挪用私人土地，并向土地所有人支付了补偿金。[3] 虽然

---

[1] See Farber, Daniel A. Economic Analysis and Just Compensation. International Review of Law & Economics 1992（12），p125.

[2] See Kimball Laundry Co. v. United States，338 U.S. 1，6（1949）.

[3] See Kimball Laundry Co. v. United States，338 U.S. 1，6-7（1949）.

征用是暂时的，但毫无疑问，政府对土地的干预是需要进行公正补偿的。事实上，剥夺土地所有人土地的暂时性物质征用与永久征用并无显著性不同。一般而言，对临时土地征用的补偿是通过估计在征收期间的公允租金价值来确定的。

与永久性土地征收不同的是，临时性征用补偿受到了正当程序的挑战。一些学者反对对临时征收进行全额的补偿，他们认为法院应关注侵犯私人财产的宪法权利，而不是对政府规划的潜在抑制。[1]笔者认为，在临时土地征用案件中，私人土地所有者应得到公正补偿，以防止政府滥用行政权力。这并不意味着损害补偿应该具有惩罚性的效果，对被政府临时征用的土地，应根据个案确定适当的补偿措施。法院应该根据公正补偿条款的公平原则，灵活地考量损害补偿金。

（四）承租人

与征收财产有利益关系的任何主体，不同州的法律规定不尽相同。加利福尼亚州的法律明确规定，公正补偿不仅适用于明示登记的土地所有人，而且适用于与土地征收有利益关系的任何主体。[2]承租人有权获得因土地征收而造成的商业损失，如地上物、可见性未来收益、租金、设备价值等。在许多土地租赁合同中，土地所有人和承租人会拟定征收条款。一般情况下，租赁条款会规定，如果土地受到政府征收，承租人是否可以获得租金补偿的权利。法院在判定时，往往会承认征收条款的有效性，按合同的约束力来给予承租人公正的补偿。若是土地所有人和承租人没有事先签订有关征收补偿的条款，法院会先把土

---

① See San Diego Gas & Elec. Co. v. City of San Diego，450 U.S. 621，661（1981）.

② See Daniel A.Farber.Public Choice and Just Compensation. 9 const.Comment .279（1992）.

地财产看作一个整体来计算补偿额，再分别公正地分配土地所有人和承租人各自的利益。如果土地的租金远远低于土地的公平市场价值，而土地所有人和承租人之间的合同也没有写明征收条款，那么承租人在此情况下，可能会得到较为可观的土地征收利益补偿。在极少数情况下，政府也会把土地所有人和承租人的利益补偿额分开计算，但这么做不利于提高补偿程序的效率。

（五）毗邻者

1.公路问题：土地紧靠公路但未被征收的财产所有人

虽然法院都认可应对被征收土地的所有人进行公正补偿，但许多法院拒绝向财产位于新建造或拓宽公路周边，但未被征收的土地所有人提供任何补偿。此类土地所有者有可能会提起反向征收的诉讼。反向征收指的是政府作为被告，以被征收地的毗邻者为原告，原告寻求政府事实上已征收土地的补偿，即使政府并没有正式行使土地征收权。虽然这些土地拥有人可能会因交通而受到同样的有害影响，但他们的土地因未被征收而被拒绝补偿。该征收诉讼多发生在公路问题上。

公路作为美国运输系统的重要组成部分，对美国的社会经济产生了巨大的影响。高速公路在很大程度上促进了旅行和移民，而且高速公路吸引了广大的投资和工业的发展。虽然广大人民从公路建设中受益，但个别土地所有者却受到因土地征收建造公路带来的有害影响，如高分贝的噪声、汽车废气、公路灰尘和耀眼车辆灯光的污染。笔者认为，应当在土地征收补偿中考虑到对公路毗邻者的补偿。

在修建公路之前，政府必须首先获得修建公路的道路使用权。这一财产通常是从私人地主那里获得的。政府运用权力来完成这项征收。用最简单的话来说，土地征收权指政府强迫私人放弃土地或财产利益的权力。在公路建设的背景下，政府公路机构经常运用土地征收权来获取土地，建设公路。公路管理局一般有权征收建设项目所需的任何土地，不论是私人的整块土地还是部分土地。在一项关于购置土地的征收程序中规定，政府必须为被征收的土地支付公平市场价值。

有些法院只允许在最低限度下补偿建造公路带来的间接损害。因为在发生直接侵入的情况下，国家宪法只规定对土地所有人带来的实际伤害进行补偿，而不包括影响土地所有人感官上的东西。如果政府征收一块 100 平方英尺的个人土地用作修建公路，个人的征收费将仅限于在 100 平方英尺土地上铺设的公路路段造成的损害，而不是整个公路造成的损害。因此，土地所有人对部分占用的补偿应限于被征收的土地价值加上那些因征收带来的损失。笔者认为，在计算准确的征收补偿时，这些法院应该考虑整个公路带来的损害，因为被征收财产所造成的部分损害与整个公路造成的损害是不可分割的。例如，100 平方英尺土地上噪声和灰尘造成的损害与整条公路上灰尘和噪声造成的损害是无法区分的。因此在计算补偿费时，应考虑整体带来的损失。

法院只有在对其余财产的损害是"特别或特殊"的情况下才认定作出公正的补偿。[1]因为个人不应因公众遭受的影响而受到补偿。在这些司法管辖区内，一般市民所共有的公路交通损害，例如噪声或灰尘，是不可补偿的。例如，一个公路的建设项目可能会部分地征收一些私人土地，但土地所有人将无法获得一般噪声和污染对其造成土地性能的损害赔偿。然而，一个特定的土地所有人，其财产坐落于此公路边缘，其遭受的损害与一般人所承受的损失是不同的，因此该土地所有人可

---

[1]See City of Lakewood v. DeRoos，631 P.2d 1140，1142-43（Colo. Ct. App. 1981）.

能能够获得这些特殊后果的损害补偿。

在普遍适用土地征收的理论下，未被征收的土地所有人通常可以通过在私人滋扰的普通法中找到追索权。不过，即使土地所有人有足够的证据显示，因征收土地而对其私人财产的使用造成重大不合理的干预，但该项滋扰追索的后果仍然是有限的。因为在土地征收的实践活动中，所有地方、州和联邦政府都声称，只要政府的项目得到法律授权，就必须从宪法上或法定上承认对滋扰索赔的豁免权。

少数法院采用了反向征收理论，在原告受到的损害是剧烈和极端的情况下，允许对私人财产因接近新公路而受到不利影响的业主进行补偿。例如，在汤姆森诉明尼苏达州政府①一案中，在原告的卧室的10英尺以内新建了一条四车道的公路，而且只有一道铁丝网将巷道与原告的土地隔开。因为该案独特和不寻常的情况，即汽车的车头灯可以直接照进原告的窗子里，在原告的房子里可以日夜持续听到车子的噪声，因此法院判定原告胜诉，可以获得公正补偿。又如，在邻近公路的修建造成对毗邻土地所有者使用其财产不便的情况下，政府应该提供补偿。在骑士诉市政府一案中，该市在扩增一条主干道的道路上，征收了街道东侧的建筑项目，但没有征收街道西侧的居住者任何财产。原告上诉说，街道的加宽导致他们房子前面的事故多发；增加了孩子在草坪上玩耍的不安全因素；常常有石头和垃圾被扔到他们的草坪上和房子前；噪声太大以至于大门必须时刻保持关闭状态，晚上休息也受到了噪声的干扰；灰尘和烟雾使得他们不能打开家门通风；路面上

---

①See Thomas W. Merrill .Incomplete Compensation for Takings. N. Y. U. Environmental Law Journal 2002（11）, pp.110—119.

大型车子驶过引发了房子的震动；高强度车光和路灯带来了光污染。法院认为，该土地征收行为对原告享有先前住宅财产权利的影响是直接的和足够大的，从而构成反向征收的判决。

由于司法部门不愿意将宪法征收概念扩大到包括非受到征收的公路毗邻者。因此，在绝大多数的司法管辖权中，两个相邻财产所承受的损失可能在经济上和物理上相似，但如果其中一项财产被部分征收，另一项没有，前者将得到全额赔偿，而后者将一无所获。一些创新的司法管辖区已经开始应用反向征收理论，允许新建公路的毗邻者获得损害补偿。这种反向征收理论，就是所谓的"受滋扰征收"[①]，该理论受到在机场附近土地拥有者的广泛接受。

2. 机场问题：机场附近土地拥有者

机场反向征收案件最有名的是发生在俄勒冈州的索恩伯格诉波特兰港一案。原告住在机场附近，但原告的土地并不直接处在飞机起飞和着陆的飞行路径下。原告认为，飞机发出的噪声是一种使人感到厌烦的滋扰，在法律上已经涉及地役权。地役权构成违宪的征收，根据反向征收理论他应当得到公正补偿。俄勒冈州最高法院支持了原告的诉求。法院承认飞机的噪声是一种法律上的滋扰，如果声音足够大或持续时间足够长，就侵犯了原告的地役权。法院提出滋扰是对土地所有人权利的侵犯。[②]俄勒冈州最高法院对这一法律理论进行进一步的解释时，指出司法调查的重点从干扰源的位置转移到干扰造成的实际损害，即"受到滋扰的征收"。该判决作出后，其他一些州法院也面临

---

①See William B. Stoebuck, .. Condemnation by Nuisance： The Airport Cases in Retrospect and Prospect. 71DICK. L. REV. 1967，pp. 207—209 .

②See Thornburg v. Port of Portland，376 P.2d 100，106（Or. 1962）.

类似的反向征收问题，涉及居住在机场附近的业主。这些法院几乎都遵循俄勒冈州法院的判决分析。

3. 公路问题与机场问题的比较与评析

尽管受到征收滋扰的公路问题和机场问题较为相似，但许多法院拒绝将对机场的征收补偿理论适用于公路上的土地所有者。具有讽刺意味的是，一些司法管辖区对住在机场附近的物业业主实行了"以滋扰为本"的理论，但对住在公路附近的物业业主却不予补偿。法院在拒绝对公路毗邻者进行征收补偿方面提出了以下理由。[①]

第一，噪声方面。法院认为，由于汽车发出的噪声与飞机所产生的噪声相差甚远，机场案件与公路案件是可以区分的。[②]然而，笔者认为，这一断言并不能否定在适当情况下反向征收理论的有效性。反向征收理论侧重的是实质性干涉，如果公路交通的噪声干扰了业主对其财产的使用和享受，则与飞机发出噪声所引发的后果是一样的。而且，公路交通的噪声水平也不需要达到空中交通的噪声水平，才能构成对财产的影响。连续车辆通行造成的噪声水平，会严重干扰业主使用和享受其财产，尽管其不会达到飞机的声波产生的水平。除此之外，公路交通会产生特殊因素的滋扰，而飞机不会。汽车会产生有害气体和烟雾，并留下污垢和碎屑，这会极大地干扰个人财产的使用和享受。仅高速公路而言，其还附有交通安全事故隐患，如鲁莽的司机横冲直撞的开车行为。车辆车灯的眩光也会给公路毗邻者带来不利的影响。

第二，分担负担方面。法院认为，公路的噪声和污染是现代城市

---

①See Dennison v. State，1990，239 N.E.2d 708，710（N.Y. 1968）.

②See Northcutt v. State Rd. Dep't，209 So. 2d 710，713（Fl. Dist. Ct. App. 1968）.

发展所带来的必然后果。①因为交通噪声是每个人都听得到的，这样的噪声是大家共同的负担。然而，笔者认为，这一观点忽略了一个事实，即并非所有人都同样地分担公路噪声和污染带来的负担。毋庸置疑，公路毗邻者受到高速公路的滋扰比非毗邻者遭受的影响更大。公路噪声强度根据各种因素的不同而各不相同，具体有不同的原因，包括建筑物的性能、建筑物与公路的距离、周边地区的地形以及相邻建筑的间隔效果。而且，交通的速度、流量和密度也会影响噪声水平。此外，汽车的类型也会影响到公路上的噪声水平，大型卡车会制造比其他普通车辆更多的噪声。

第三，成本方面。经常提出反对补偿公路毗邻者的论据表明，补偿非被征收相邻土地所有者将导致公路建设成本飙升，有效地阻碍国家的基建发展。②然而，笔者认为，国家将这些巨大的、隐藏的成本转嫁给非被征收、毗邻的地主是不公平的。此外，比起机场，更多的人住在高速公路附近，但并非所有住在高速公路附近的人都能得到他们的征收补偿金。只有那些能够证明对其财产的使用和享受有实质性干扰的业主才能在反向征收的要求下获得补偿。

笔者认为，该补偿争议归结为公平问题。两个家庭，同样位于高速公路附近，却按照不同的赔偿标准，只是因为一个有部分或者全部土地被征收，而另一个没有，这是不公平的。鉴于对毗邻土地所有人造成损害的事实，这种彻底的区别是武断和站不住脚的。现在越来越多的法院抛弃陈旧的对实际侵入的要求，采取一种以惩罚为由的方法，

①See Northcutt v. State Rd. Dep' t，209 So. 2d 710，713（Fl. Dist. Ct. App. 1968）.
②See Northcutt v. State Rd. Dep' t，209 So. 2d 710，713（Fl. Dist. Ct. App. 1968）.

反向对公路毗邻者进行征收补偿。但是在公路毗邻者可以得到这种所谓的征收损害补偿之前，法律原则上要求该土地征收对其私人财产进行了实质性干预。这是对财产的重大干扰问题，因而是由陪审团决定的事实问题。而对于法院来说，必须首先解决的是法律的根本问题，即承认这样做是应该得到公正补偿的。

如果私人财产没有任何部分被征收用于公路工程建造，现行的法律解释剥夺了土地所有者的公正补偿权，则该私人财产遭受损害。笔者认为，法院应对机场问题进行深入研究，并应用于公路问题上。因为反向征收的理论是以证明公共用途对个人使用和享受财产造成实际干扰为前提的，从而允许土地所有者因受到不利影响而获得损害补偿，如飞机噪声。在公路问题上，若是法院在高速公路问题上应用这一土地征收滋扰理论，将为公路毗邻者提供尽管逾期但彰显公正的补偿救济措施。

四、美国土地征收公正补偿制度存在的问题及评析

（一）美国土地征收公正补偿制度存在的问题

第一，公正补偿制度受到征收者自由裁量权的限制。《格鲁吉亚宪法》与美国宪法相呼应，指出在没有公正和充分的补偿下，私人财产不得为了公共目的被损害或征收。[1]在威廉斯诉拉格兰奇市[2]一案中，格鲁吉亚最高法院认为，由于征收私人土地可能会给土地所有人带来极大的困难，因此只有在公共需要的情况下才可以公正地征收私人土

---

①See U.S. CONST. amend. V.

②See Brazos River Authority v. City of Graham，354 S.W.2d 99，105（Tex. 1961）.

地。而为了确保补偿时的公正性，征收者自由裁量权的适当行使就显得格外重要。征收者不仅可以决定应征收什么类型的土地，而且还有权确定需要征收多少面积的土地。立法赋予了征收者在决定公共必要性方面的广泛酌处权。经过近百年来学界及政界的批评，"公正补偿"的法律规定在很大程度上仍然是一个沼泽之地。[1]也许，在许多土地征收补偿制度未完善的州，政府已经习惯了人们对于补偿不够公正的不满意度。但是，随着物价的提高及人们生活水平的改善，一个公正的补偿要求，仍然受到了政府自由裁量权以及增加财政预算权力的限制。由于将私有土地用于公共需要影响到土地所有人的权利，因此如果没有对征收法规进行严格解释，则不利于公正补偿制度的良性发展。

第二，公正补偿制度在不同州之间的法律规定相差较大，缺乏一个较为统一的法律规范。例如，在 1994 年和 1995 年间，德克萨斯州、佛罗里达州和路易斯安那州等通过了法律，规定私人土地因政府征收而贬值，土地所有者应得到公正的补偿。然而不同法律间的价值缩减问题、附带程序问题等都相差很大。佛罗里达州和德克萨斯州的法律适用于所有类型的土地，而路易斯安那州的法律只适用于农业和林地。因此，着眼于公正补偿背后的目的，结合不同州之间各自的土地征收特点，在宏观上确定较为一致的土地征收补偿制度是十分重要的。

第三，到目前为止，法院承担了在公正补偿条款范围内界定可予补偿的政府征收行为的唯一责任，立法活动的激增迫使其考虑适当选择机构决策者。国家立法机关已经表明他们愿意解决这个问题，但根本性的问题在于如何做才会促进补偿的公正性，以产生更好的结果。

---

[1]See Brazos River Authority v. City of Graham，354 S.W.2d 99，105（Tex. 1961）.

在选择恰当的安排时，最终的目标是重要的，即更清楚地界定在分配公共负担方面公正的核心概念，具体包括政府的土地征收行为给土地所有人及利益相关人带来的一切影响及向各方支付补偿的情况。政府向土地所有者及利益相关人支付补偿的问题并不是宪法严格规定的，尽管它有宪法作为参数。政府可以选择比宪法所要求的更显公正的补偿支付给土地所有人及利益相关人，《美国联邦宪法》（第五修正案）只是设置了一个基本要求。各州政府寻求解决公正补偿的问题首先是财政上的，其次才是宪法上的。

约翰·哈特是一名法律评论家，他主张司法机构是独立的，是政治上无能为力的少数群体的保护者。[①]他认为，司法的主要职能之一是审查法案的内容和立法程序，以确定各方是否参与或某些团体被拒之门外。他将公正补偿条款解释为对少数人的另一项保护。然而，司法机构的缺陷削弱了它所假定的优越性。在日益增长的土地征收补偿案例中，对权利危害和补偿理由的识别、理解和平衡也显得日益复杂，法官是否可做到更好地处置就显得尤为重要。不是任何征收补偿的错误都会得到纠正，因为对于案件的审理，法院的权力是相对被动的，不是每个受到补偿不公的被征收者都会选择起诉。如果让法院去审查每一个征收补偿行为是否遵循公正补偿条款，那么法官们可能就没有精力去处理大量的案件了。

法庭不适合处理需要大规模支出或详细管理的问题。法院对公共资金没有直接的权力，也不能轻而易举地建立起一个庞大的监督官僚

---

① See Fischel，William A. Introduction： Utilitarian Balancing and Formalism in Takings. Columbia Law Review，1988（88）：p. 1581.

机构。司法机构比行政或立法部门小，创建和填补法官的过程使其难以迅速扩大。相对较小的规模，加上程序上的要求，使得当应对社会问题时，司法机构比立法机关反应慢。对法院的管辖权限制也妨碍了它们实施社会决策的能力。法院不能找出问题，它们只能决定其他人给它们带来的情况，其次是满足可审理性的要求。[①] 因此，如何将司法机构和立法机构发挥的作用相辅相成，在公正补偿问题上起到互补作用，是目前美国面临的较大困境之一。

（二）美国土地征收公正补偿制度的评析

1.在考量补偿的公正性时应狭义界定征收标准

自政府征收私人土地的历史解释在 20 世纪末存留下来后，就很少进行修改。[②] 最高法院确定了一种衡量标准，以判断是否发生了有偿征收。法院确定的第一个问题是，补偿是否完成以供审查。[③] 一旦法院确定征收问题的审查时机已经成熟，可以进行审查，那么它将决定政府的管制行为是否被确认为最高法院的征收。在卢卡斯诉南卡罗来纳州海岸委员会[④] 一案中，1986 年开发商戴维·卢卡斯在位于南卡罗来纳州查尔斯顿附近的棕榈岛上购买了两块土地，希望建造一些独栋住宅。两年后，南卡罗来纳州立法机构颁布了《海滨管理法》。《海滨管理法》禁止卢卡斯在他的两块土地上建造任何永久性住宅，导致其土地失去价值。该法案对卢卡斯土地的经济价值产生了毁灭性的影

---

①See William N. Eskridge，Jr.，.Politics Without Romance： Implications of Public Choice Theory for Statutory Interpretation，Va. L.Rev. 1988（74），pp. 307—308.

②See Kaiser Aetna v. United States，444 U.S. 164，179—180 （1979）.

③See MacDonald，Sommer & Frates v. County of Yolo，477 U.S. 340，351—352 （1986）.

④See Lucas v. S.C. Coastal Council，505 U.S. 1003 （1992）.

响，其是否可以根据《美国联邦宪法》第五和第十四修正案，要求政府支付公正补偿？虽然宪法对"土地征收"的措辞较为完整，但案件的发展却陷入了典型的官僚管理不善和僵化的情况。根据南卡罗来纳州法规，卢卡斯的土地被规定为"临界沿海地区"①，他需要从南卡罗来纳州沿海委员会（"Council"）获得许可证才能开发他的土地。在他1986年购买土地时，该土地并未被界定为一个特殊领域。此后，他的许可证申请也遭到拒绝。卢卡斯认为政府的行为构成可以补偿的诉讼，并以此为理由提起诉讼。一审法院认定卢卡斯胜诉，他获得了超过120万美元的补偿金。然而南卡罗来纳州的最高法院推翻了一审法院的判决，并提出，当政府规定土地的使用是为了防止严重损害时，根据征收条款不要求补偿，不论该条例对财产价值的影响如何。美国最高法院认定南卡罗来纳州最高法院在分析卢卡斯的索赔要求时误用了缪格勒诉堪萨斯州②的判决。在缪格勒一案中，允许政府征收"有害使用"的土地而不补偿其土地所有人。在"卢卡斯"案中，最高法院赞同南卡罗莱纳州法院两名异议法官的观点，他们认为，土地的有害使用被理解为与"公共滋扰"相似。最高法院指出，卢卡斯的邻居在制定法规之前已经开发了自己的土地，并没有受到类似的发展限制，并且卢卡斯对自己的土地仍然拥有。然而，布莱克大法官对此判决表示异议，他担心基于狭义和特定情况使得该判决创造了一种新的土地征收原则。尽管如此，"卢卡斯"案已经开始作为衡量标准来确定是否发生了土地征收事件。

---

① See Lucas v. S.C. Coastal Council，505 U.S. 1003（1992）.

② See 123 U.S. 623（1887）.

土地征收的衡量标准有两个，一是考虑政府是否完成了征收土地所有者财产的行为；二是一项法规是否否认私人所有人有益地使用土地。如果发现政府法规或行动属于这两类行为之一，那么审理案件的法院就必须进行一项特别的事实调查，其中包括法院必须询问该征收行为对土地所有人带来的经济影响，最终还必须确定该行为在多大程度上干扰了土地所有人明确的投资预期。[1] 由于土地征收何时发生以及可能导致何种类型的经济损害在本质上是抽象的，所以法院在评估公正性补偿标准的时候往往受到困扰。首先，法院必须考虑该行为如何影响该土地许可发展的性质和程度。许多土地征收补偿都是以奢侈的发展计划为依据的，这些方案往往会被当地规划委员会拒绝。然而，并非所有的土地征收补偿纠纷都会被处理，因为征收补偿中含有太多不确定的因素。因此，美国目前关于土地征收的判例法有些脱节，反映了个人维持生产性使用土地权利冲突的优先次序，尽管国家或地方政府可能有重要的社群意识目标。虽然这一方法在考虑到公正补偿条款的理论方法时是可取的，但个人不应被迫承担公共负担。

明确个人有权自由发展和处置土地的重要性，有利于平衡公共和个人在土地使用争端中的权益。诚然，美国百姓对司法干预的依赖性越来越大，这是一个普遍现象，而不是专门针对征收诉讼。[2] 可是，随着越来越多的土地所有人使用诉讼来打击地方、州和联邦的土地征收使用条例，导致的后果是所创建的判例法将变得越来越模糊不清。因此，在预期更多的土地征收诉讼中，法官在概念上以平衡个人主义和

---

[1]See Palazzolo v. Rhode Island，746 A.2d 707，713（2000）.

[2]See Joseph William Singer. . Property Law：Rules，Policies，and Practices，3rd Edition，Aspen Law & Business，2003，p.1182.

社群主义标准的方式处理土地征收案件是至关重要的。

笔者认为，考虑到补偿的公正性，对于应予补偿的土地征收应进行狭义的界定，因为越来越多的判例法指向相反的方向。不仅布莱克法官在他的历史分析中赞成有限的征收原则，而且极端的案件也明显地违背了宪法起草者的原始意图。

2. 在制定公正补偿标准时应追寻补偿要求背后的目的

一旦法院裁定政府在侵犯或限制私人的土地财产权时，则征收已经发生，因此《美国联邦宪法》（第五修正案）要求政府向其所拥有土地财产的个人提供公正的补偿。然而，这些看似清晰的法律标准背后潜藏着一个分歧，即哪些需要政府提供更慷慨的补偿措施而哪些不需要？如果需要进行征收补偿的话，又应该作出多少补偿，该问题可以追溯到两个相互对立的宪法补偿要求的观点中去。第一种观点认为，公正的补偿是对立法机关可能滥用财产权做必要性监督和检查。[1]这一观点的拥护者一般主张更广泛地解释是否发生了征收情况，以及是否采取更慷慨的补偿措施，以确保个人财产享有公平的待遇。第二种观点认为，公正的补偿要求的是一种不必要的障碍，如果执行得太频繁，将会阻止或推翻可取的政府行动。[2]这一观点一般主张对是否发生了征收情况进行狭义的解释，以及一种不那么慷慨的补偿措施，以平衡个人获得补偿的权利，使社会支付尽可能少的补偿来减轻政府负担。对补偿要求的不同意见对在什么情况下需要补偿的问题提出了不同的答案。如果需要提供补偿的话，又应该提供多少补偿？法院在这两个问

---

①See San Diego Gas & Elec. Co. v. City of San Diego，450 U.S. 621，pp.655—658（1981）.

②See Penn Cent. Transp. Co. v. New York City，438 U.S. 104，124（1978）.

题上一直提供不了一致的答案。笔者想侧重探讨的问题是：如果需要补偿，多少才算是公正的？

在确定公正的补偿金额时，法院已经确定了被征收土地的市值作为重要指南。事实上，除非不能合理地确定或应用市场价值标准，否则所征收土地的市值必须作为公正补偿的量度。被征收财产的价值以被确定征收的日期为准。虽然最高法院已确定适当补偿额的基本原则，且基本规则看起来也相对直截了当，但事实证明法院仍然难以始终如一地解决这个问题。补偿计算方面有两个较为麻烦的因素：（1）政府权力、个人财产权和价值的相互作用如何影响公正补偿的确定；（2）在计量补偿时，是否应考虑业主的合理期望，即使该期望不被确认为正式财产权。在每个问题上，不同的法院都得出了一些不一致的结论。这些不一致之处并不仅仅是由不谨慎的推理造成的，还反映了对宪法补偿要求适当应用和真正目的的背后的争议。因此，笔者认为，在每个案件中确定公正的补偿，都需要对补偿要求所提供的目的进行更透彻的了解。只有追寻补偿要求背后的目的，确定公正的补偿标准，才能消除补偿问题中的灰色区域。

3. 财政错觉在一定程度上关注了公正补偿的主观价值

许多学者通过对政府制度的理解，提出了对公正补偿的理解和附加理论。公共选择是政治研究问题，特别是国家决策的经济分析。因此，它代表了一片肥沃的土壤，可以理解为什么法律规定国家应为其征用的行动支付补偿。到目前为止，公共选择理论家对公正的补偿要求提出了两个主要的观点：（1）一些学者辩称，政府决策容易受到财政错觉的影响，即政府决策者的倾向忽视了政府预算中没有表现出来的所有成本；（2）补偿有助于改善某些利益集团的压力，财政错觉也许是最常见的经济解释。①那些相信财政错觉的人认为，政府行为者通常是善意的，做出好的决定，但他们都会面临一个盲点。盲点（或财政错觉）涉及不直接影响政府收入和支出的成本。在财政错觉下运作的政府行为者着重于政府决策的成本和收益，但仅限于政府预算中出现的成本和福利。这些政府行为者忽视了他们对私人财产所有者的行为所造成的任何损失（如较低的税收收益或行政成本）。相信财政错觉的学者认为公正的补偿要求是在纠正政府行为者的财政错觉问题。宪法要求公正补偿迫使政府在其预算中列入私人业主所承担的费用。将这些费用纳入政府行为者的远见领域，以免遭受财政错觉，从而进一步防止过度征收。

财政错觉的合理性充其量只提供了对当前薪酬理论和实践的部分解释。具体地说，它具有以下缺点，即它与法律规定的赔偿标准不符：市场价值的补偿。考虑到其合乎逻辑的结论，财政错觉要求比目前更多的补偿措施，即主观价值的补偿。这些数字一般不相同，许多土地所有者从他们的土地中获得比市场价格更大的价值。通常，正是这个更大的价值，导致所有人选择购买土地并拥有它。由于种种额外的因素，人们往往期望一个超越市场价值的主观价值。由于财政错觉理论涉及对成本和收益的全面核算，唯一反映政府项目全部成本的不是向受害所有人支付市场价值，而是向土地所有人支付额外的补偿金。土地的主观价值，反映了土地所有人因所有权的强制转移而产生的真实损失。换言之，市场价值的补偿，将主观损失从政府预算中排除出来，因此是不公正的补偿方式。

---

①See Michael A. Heller and James E. Krier. Deterence and Distribution in the Law of Takings. Harvard Law Review. 1999（3），pp.963—998.

第四节　美国土地征收制度中的
　　　　程序控制

一、美国土地征收制度中程序控制的必要性

公共利益是土地征收的唯一正当理由，就某种程度而言，土地征收的程序控制实质上是对公共利益进行界定和完善的过程。从依据享有征收决定权主体的角度划分，征收程序存在行政主导和立法主导两种模式。美国的征收程序是典型的立法主导型，即由立法机关享有征收决定权。美国征收历史的发展，非常巧妙地将"公共利益是什么"转化为"谁来界定公共利益"，从而避开了对公共利益进行概念性界定的难题，这同时也与英美国家尊重议会的源远传统相契合。征收是不是出于公共利益，几乎变成了由议会独断的政治问题，只要是议会作出的决定，几乎必然符合公共利益。① 从伯尔曼诉派克案（Berman v. Parker）到夏威夷房屋管理局诉米德基夫案（Haw. Hous. Auth. v. Midkiff），再到凯乐诉伦敦市案（Kelo v. City of New London），美

----

① 参见张千帆：《"公共利益"的困境与出路——美国公用征收条款的宪法解释及其对中国的启示》，载《中国法学》2005年第5期。

国法院也一再强调对公共利益征收的界定权应交由立法机关掌握，而不应由司法机关来替代决定。

从征收权的性质和来源出发，更容易理解美国土地征收的立法主导型程序。征收权（eminent domain）是国家对国家内所有财产的主权要求，是一种"无须经所有者同意而将其私人财产用于公共利益的主权"。根据一般原则，有关领土主权权利的行使归属于立法权范畴。因此在美国，议会是拥有该权力并能进行委托或授权的唯一机构，决定权力的行使主体、程序和方式等。美国是联邦制的国家，联邦政府的征收受到宪法的限制；各州政府的征收受州宪法及征收法律的限制。实际上，联邦宪法第五修正案规定的"非有公正补偿，不得征收私有财产为公共使用"是所有州宪法及法律规定的底线，各州政府相比联邦政府受到的限制会更多[1]，但总体来说，联邦政府和州政府所遵循的征收程序是相类似的。一般而言，议会可以授予两种类型的征收权力：（1）普通征收权（the normal condemnation power）；（2）快速征收权（the quick-take power）。美国联邦巡回法院曾解释道："在这两种最为常见的征收程序中，快速征收程序的效率更高。根据《美国法典》第40卷第3114节的规定，政府向法院提交一份征收声明，并存入其预估的公正补偿金额后，即可立即占有土地取得所有权。如果司法裁决的补偿金额高于预存金额，则政府应当补足差额及相应的利息。但更为普遍使用的是普通征收程序，根据《美国法典》第40卷第3113节的规定，政府直接提交征收诉状，此时的土地所有权不变，政府也无须预存补偿金。诉状提交后，征收事宜即进入审判阶段，以确定土

---

[1] 参见王静:《美国土地征收程序研究》,载《公法研究》2011年第2期,第227—246页。

地所有者应得的补偿金额。政府可以选择支付裁判的补偿金额进行征收或放弃诉讼。"

美国宪法的征收条款对征收权设置了两个明显的限制：一是征收的财产只能用于"公共使用"；二是征收者必须对财产所有者进行公正补偿。实际上，无论是对公共利益的界定，还是对公正补偿的确定，都离不开正当程序的保驾护航，正当程序是征收条款中的隐性限制。土地征收中的程序控制有着如下重要意义：

第一，土地征收的程序控制是对公共利益进行界定和完善的必然要求。公共利益的界定是土地征收中最为关键的部分，但由于公共利益自身的不确定性，难以对其进行准确定义，只能通过提供各种维度进行衡量。在现代国家，土地征收中存在多元化的利益，对这些复杂利益的协调需要一个公正合理的程序。公共利益本身就是一种利益衡量的规则，也可以说是一种通过利益的衡量来确定对某种利益予以优先保护的方法。[1]早在美国建国初期，联邦党人即主张公共利益是程序性概念的观点，这种程序性公共利益理论为后世的利益集团多元主义和公共选择理论所继承。但这两种理论都未能给出一种建构性的、可操作的程序机制。随着现代商谈行政的发展，逐步为程序机制的构建提供了一些基本的理论和框架。[2]商谈行政旨在提供平等协商的程序平台，所有参与者根据获取的信息和合理有效的理由就商讨事项达成共识，对公共利益的界定可依赖于这种民主的程序机制。

---

[1] 参见许中缘：《论公共利益的程序控制：以法国不动产征收作为比较对象》，载《环球法律评论》2008年第3期，第23—31页。

[2] 参见房绍坤：《论征收中"公共利益"界定的程序机制》，载《法学家》2010年第6期，第46—52，175页。

第二，土地征收的程序控制是实现对征收的公正补偿的必要保障。美国土地征收制度主张以最高最优使用原则衡量被征收土地，补偿金的"公正"被形象地表达为"愿意出卖的卖主将物卖给一个心甘情愿的买家"。在确定公正补偿的过程中，涉及补偿金的确定日期及利息的计算期、评估价值对象的范围、评估人员的选择和评估方法的运用等，这些过程的公开透明、公正合理都需要有效的程序控制进行保障。这种保障在快速征收程序中显得尤为重要。在快速征收程序中，政府向法院预存的补偿金额是其单方面预估的被征收财产的价值，难免有失公允，这将通过之后对补偿金额事项的审判进行修正。

第三，土地征收的程序控制是防止征收权滥用、有效保护私人财产和权利的必然选择。一方面，土地征收因出于公共利益而被赋予强制性；另一方面，这种强制性权力的授予又因公共利益本身的模糊性而并不必然准确，这使得其极易成为侵害私人合法财产权利的工具。除"公共利益"和"公正补偿"此类实体上的约束外，正当程序控制亦是有效防止权力滥用的手段。正当程序具有公开性、参与性和中立性。公开性能有效增强土地征收的透明度，权利主体能知悉土地征收的进展过程，遏制权力滥用、权力腐败的现象；参与性有效地保障了权力主体能获取对称、充分和实时的征收信息，同时创建了陈述、申辩、参与决策、监督等民意的表达路径；程序中立的原则要求应在对该程序是否会使特定主体因此而获益或受损无知的前提下预先设置程序，以保障程序执行中裁判者的不偏不倚以及程序活动的独立与公正。在公开性和参与性的基础上，基于正当程序的中立性，中立者介入征收程序中，对征收双方各种不同甚至对立的意见、观点和利益进行协调衡量，促进土地征收的公共利益性和财产补偿价值的公允性。①

二、美国土地征收中的普通征收程序

（一）预备阶段：进入土地开展适宜性研究（Suitability Study）

征收行为开始前，通常应当对土地开展适宜性研究并给出相关评估报告；部分州法律也允许在征收后再进行适宜性研究。这种适宜性研究的好处显而易见，它有助于确定征收项目的范围及征收的合理必要性，防止不必要的征收活动，最大限度地满足公共利益和实现公共使用。本质上而言，这种进入财产的行为是对所有人或占有者权利的侵害，因此法律上设置严格的限制条件，以保证在对私人权益侵害的最低程度下进入土地开展适宜性研究。适宜性研究的开展并不意味着被调查的土地必然会被征收，而是需要根据调查研究的结果来确定征收与否、征收范围大小、征收成本与效益的衡量等。

如果征收者在满足法律规定条件下，进入土地时受到阻挠、拒绝等，可依法向土地所在地法院申请准入令（Court Order Permitting Entry）。准入令的申请条件被严格控制，通常只有在所有者或占有者极力抗拒、阻挠时才得以适用。从另一角度而言，潜在规则是：所有者或占有者没有合理正当事由，通常不能拒绝满足法定条件的征收者的合法进入。合理正当的拒绝事由由法院在个案中酌情认定，通常有征收者无征收授权、征收者的烦琐研究会妨碍占有者对财产的使用等。

---

① 参见李集合、彭立峰：《土地征收：正当程序的缺失与构建》，载《理论导刊》2008 年第 8 期，第 16—19 页。

准入令是法院颁发的一种命令，实际上代表了一种司法权威和公信力。为避免征收者对土地造成损害，在发出准入令前，通常要求征收者在法院预存一定数额的保证金；同时准入令的内容也应尽可能详细，一般包含规定进入的时间、地点和方式，以及研究活动的项目和范围等，也可附加其他的限制条件，旨在最大限度地减少损失和对占有者的烦扰。

随着对土地调查和研究的需要，征收者可能需要开展更为深入的考察性研究，此时对土地造成损害在所难免。在此情形下，法院可修改准入令以要求征收者增加保证金额，同时应指定存入的时间。在足额存入保证金之前，法院可根据具体情形作出暂停土地调查研究的命令，以避免难以实现对土地损害的赔偿。保证金实质上是对征收者进入及调查研究活动的担保，如若因此造成了实质性损害，则应予赔偿。当事人可对保证金数额提出建议，最终由法院根据案件具体情形对可能造成的损害及对权利妨碍的损失进行预判，以确定保证金数额。由于调查研究活动可能会对土地造成潜在性的损害，或存在后续补充调查研究的可能性，为避免反复存取保证金的烦琐，一般而言，保证金的预留期限将延长至进入行为终止日后 6 个月。

征收者因进入和调查研究活动造成物理损害或对土地的权利行使造成妨碍，应承担赔偿责任。索赔的诉讼通常仅在保证金不足以赔付的情形下进行，诉讼费用原则上由原告承担，但如若征收者存在明显不当行为时则由其承担，如非法进入土地；合法进入但肆意开展活动，欠缺对所有者和占有者权益的保护；未严格遵守准入令的规定等。法院判决赔付的赔偿金优先从预存的保证金中扣除，不足额部分另行做出判决。另外需要明确的是对土地的损害赔偿范围限于实质性损害和实质性权利妨碍，排除微不足道的、推定性的损害和未严重影响土地占有和使用的权利妨碍。

（二）协商购买谈判

征收者在进行土地征收前，应尽合理勤勉义务通过谈判收购土地。在谈判前，应对土地进行合理评估，对评估合理性的判断取决于收购财产的性质、规模、功能等因素。协商购买谈判实际上是除征收诉讼外的另一种获取土地的途径，征收者向财产所有者发出善意的收购要约，若得到所有者接受，不经诉讼程序即可收购土地。协商谈判的优势是显而易见的，它以和平的方式将补偿金额的争端转化为购买价款的协商谈判，有助于将行使国家征收权对土地造成的损害降至最低，同时避免了诉讼程序以降低收购成本；另外，该和平手段极大地促进了后续征收项目的顺利开展，加深了公众对项目的了解以支持项目的建设开展。对法院而言，它能有效节省司法资源，提高诉讼效率。

可见谈判工作是征收中关键的步骤，适时合理的收购谈判能带来诸多好处，而僵硬的谈判可能会引起不必要的诉讼，对谈判规则进行法律规定是一项技术活。一般而言，协商购买谈判必须遵循"善意努力"（a good faith effort）的基本原则，具体的谈判细则十分灵活。对于谈判的事项范围大都采取概括列举式规定，一方面有助于征收者就普遍事项与所有者达成协议；另一方面极大地增加了谈判的灵活性，促进在差异个案中达成一致。当然，最为重要的谈判事项当属收购价格，一般而言，征收者向土地所有者发出的收购要约价格不得低于对土地核准的补偿金额。考虑到土地因征收项目而短期增值的可能性，在确定公正补偿金时，应排除此类因素的干扰，但在所有者合理控制下财产物理恶化所致的减值除外。

征收者在征收诉讼前未尝试进行收购谈判，需要承担相应的法律责任。此规定存在两个突破：一是有足够的事实证据表明不可能达成收购协议；二是征收者已遵循"善意努力"原则，则可免除其法律责任。过分严苛地适用"善意"原则会导致天平过分倾向于土地所有者，免责事由是对"善意"原则的缓冲，以改善征收者动辄得咎的处境。

（三）征收授权决议

如若协商购买谈判失败，获得征收授权决议是征收者进行征收诉讼行为的前提条件。授权决议通常包含如下内容：声明土地征收用于公共使用及授权所依据的法律规定，对土地位置和征收范围的描述，土地征收有助于实现公共便利和需要以及用于公共使用的合理必要性。此外授权决议可能还要求提供关于财政拨款、环境影响报告、规划安置工程以及获得指定公共机构的批准等内容。征收授权能确保征收者审慎行使国家征收权，同时，清楚地记录征收者进行征收诉讼的决定，为相关法律事实的认定提供证据基础等。做出征收决议时，应当考虑所有与公共利益相关的事项，如环境、美学、经济和社会因素等，还应力图证明该征收对公共使用具有必要性，且适合预期的特定用途。

征收授权一般由公共实体做出。欺诈、贿赂、恶意、严重滥用自由裁量权等因素将导致征收授权的部分无效，限于上述因素影响的范围。征收授权在征收诉讼开始前后均可修改或撤销，但授权决议的内容必须充分，涵盖所有法律规定的内容。

（四）征收诉讼

1. 征收诉讼的启动

征收诉讼原则上被视为民事诉讼的一种，除征收诉讼的特殊规定外，其程序可直接适用民事诉讼法。一般而言，在征收授权做出日后或收购谈判终止后一段期限内，征收者通过向土地所在地法院提交诉状，以启动诉讼程序。在规定期间内未提交诉讼并不意味着禁止诉讼，征收者原则上可随时启动征收诉讼，但证据的效力会受到影响。诉状的内容有着明确的法律规定，通常须列明原、被告；征收土地和权益的法定描述；行使征收权和启动诉讼的依据，即征收者应表明其拥有征收的权力。征收诉讼中的被告，一般包含对土地享有所有权、优先权或担保物权的主体，通常不包含承租人；对土地享有权益但未在诉状中列明的主体，通常不受判决的约束。此外，还应附加能显示土地位置的地图或图表信息，以用于信息公告。

法院在收到诉状后，应依一般民事诉讼程序的规定，直接送达给所有被告。如果不能直接送达，可采用其他合理的送达方式，诸如邮件送达、公告送达等。送达并不要求证明被告实际收到通知，只需说明所采用的送达方式通常能接收到通知。[①]

征收诉讼启动后，征收者应至诉讼土地所在县的登记处进行登记公告。公告应包含原被告名单、对土地的法定描述、提交诉状的日期、受理法院等内容。如若诉状有所修改，如扩大征收范围、增加或变更当事人等，则应当进行补充公告。对诉讼进行登记公告属于强制性规定，有利于保护当事方及潜在的当事人的权利，以及为当事方采取合理措施提供机会。该公告同样构成对土地购买者和抵押权人的公告。

2. 被告的答辩

被告的答辩将直接影响征收诉讼的进行，通常存在三种程序模式：

（1）被告及时答辩应诉，并可就其主张的权益和补偿金额提出

---

①See Schroeder v. City of New York，371 U.S. 208，211，83 S.Ct. 279，9 L.Ed.2d 255.

相关的法律和事实问题。被告应在答辩中说明其主张的权利性质和范围，还可就原告无征收权、受诉法院无管辖权、诉讼存在程序瑕疵等内容提出初步异议及依据。被告欲主张的所有初步异议应在答辩状中提出，异议之间无须一致，未提异议也并非意味着放弃诉讼。对于原告诉状的指控内容，如被告未进行反驳，而仅描述其主张的权益，则可依一般民事诉讼的规则，视为对指控的承认。

法院可基于当事人的申请或主动对初步异议进行审理，并应先于补偿金事项做出裁决。初步异议的审理通常是相对简易的，是否要求陪审团审理也因州而异。但仍可进行证据开示程序，法院有权规范异议的表达和证据的要求。除被告主张征收决议存在欺诈、贪污恶意和严重滥用自由裁量权外，一般由原告对初步异议所主张的事实负举证责任，采取的是举证责任倒置。理由在于原告更容易获取相关案件事实的证据，其未经被告同意而拟征收土地，作为起诉方应承担说服陪审团的责任。如果法院认定初步异议成立，可直接驳回诉讼或限期让原告采取纠正或补救措施，并承担相关的诉讼费用。

（2）被告放弃权利。被告可选择放弃所享有的土地权益或补偿金，弃权声明可随时做出，一经提出则取代之前的答辩状。弃权声明无法定形式，但应由被告或其代理人签字，并声明被告放弃对土地或裁决的权益。已提交弃权声明的被告无权参与诉讼程序，直接导致诉讼的终止。

（3）被告未及时答辩，缺席诉讼。被告未及时提交答辩状且缺席审理，依民事诉讼的相关规定处理。与民事诉讼不同的是，缺席被告仍享有某些权利，如：有权收到原告诉状修改和补充的通知，并可就此再提出答辩。这有利于被告依据所诉土地权益的范围来衡量参诉的必要。对于小部分土地，被告可能会选择缺席诉讼；但如果诉状扩大土地的征收范围，被告可能会积极应诉。为确保公平，缺席被告有机会对修改后的诉状进行答辩是非常重要的。此外，缺席被告仍为征收诉讼的当事方，有权获得裁决的补偿金额，这区别于被告放弃权利的情形。

3. 审前程序

（1）披露（discovery）。披露是民事诉讼中的一种审前程序，一方当事人可以通过该程序从对方当事人处获得与案件有关的事实和信息。征收诉讼作为特殊的诉讼形式，主要涉及公正补偿金的裁决，最大限度地公开评估数据和审定的证据，可以推进诉讼进程、提高审判效率和减少成本费用，因此披露的范围会超过民事诉讼的一般规定。在征收诉讼中，披露属于当事人的一项诉讼权利，当事方无须向法院申请许可即可要求相对方提供与评估事项相关的数据资料，以及证人的身份及证词，证人拟证的事实、主张和依据，当事人所雇的评估专家的身份，代理人的身份及住址等信息，但不包括律师的观点及相关看法。一般而言，专家和评估顾问无须事先获得法院的许可即可出庭作证，但当事人可以以合理理由向法院提出申请，不准许其作为证人出庭，具体情形由法院自由裁量。

可披露的证据并不当然具备可采性，因此当事方可就相对方提出的证据进行异议，异议成功的证据在庭审中一般不得采信，除非法院认定存在可宽恕的正当理由。

（2）审前决议（pretrial order）。法院可主持审前会议，当事方可就土地上建筑的搬迁、征收的进行、在庭审中出示的证据范围和顺序等事项达成合意，该合意对双方均有拘束力。法院在此阶段拥有灵活的权力，在必要情形下可以重新确定证据提交的范围和顺序。

（3）和解提议（offer of settlement）。征收诉讼的当事方可就补偿金事项达成和解，由一方向另一方提出并送达和解提议。相对方收到提议后，应在对补偿金事项审判前做出书面承诺，提交并送达提议方，否则视为拒绝和解。

4. 证据

在征收诉讼中，审理的主要争议点是公正补偿金的确定。以市场价值确定公正补偿金的方法包含较多争议性的审理因素，因此侧重对评估证人证词的证据规则适用。在对意见证据进行裁量前，法院可基于当事方申请或主动指示陪审团查看被征收的房地，若没有陪审团，则主审法官应亲自查看。拟征收的房地特征及周边环境，用以辅助对庭审证据的分析判断，但查看不能作为证明补偿金事项的独立证据。征收诉讼中的证据以意见证据为主，可由有评估资格的专家提供，也可由土地所有者或享有补偿利益的主体提供。提供意见证据前，应当证明自身具备相关资格。

公正补偿金的确定一般采用市场价值标准，法院对于市场价值通常采用"可比较销售"（comparable sales）方法、"收入资本化"（capitalization of income）方法或"再造成本"（reproduction or replacement cost）方法进行确定。针对案件的具体情形，选取合适的判断方法。但选取不同的方法，当事方所能提供的关于评估财产价值的意见证据的依据是存在差异的。

5. 审理与裁判

在美国，征收诉讼一般优先于其他民事诉讼的审判，旨在实现以下目的：（1）减少土地所有者的经济损失和财产损耗，因土地被征收且补偿金有待裁决，所有者经济管理的能力受到不利影响；（2）缩减补偿金额不确定性的时间，以加快诉讼和征收进程，提高征收财产供公共使用的社会价值；（3）减少因不必要的延期所致的公共利益损失，尤其在土地价值和项目成本普遍上涨的时期。

征收诉讼所审理的争议内容分为补偿金事项和其他事项。其他事项通常无须陪审团参加，由法官进行初步审理，如是否存在部分征收、进入是否造成损害等。而补偿金事项是征收诉讼中最为重要的审判事项，也是平衡征收者与土地所有者利益的难点，因此大部分州规定除非当事方合意明示放弃，否则应由陪审团进行审理。对补偿金事项的审判通常分为两个阶段进行：首先确定补偿金总额，然后对利益冲突的被告做出适当的分配裁决。补偿金额确定后，原告可退出后续的审理活动，但并不妨碍其在第二阶段提供有关土地权益性质、价值和损害赔偿的可采性证据的权利。

征收诉讼的特殊之处还在于当事方的位置是颠倒的。通常而言，主张肯定性赔付判决的当事方应为诉讼原告，但在征收诉讼中，主张肯定性赔付判决的当事方为财产所有者，作为被告方。因此庭审中，由被告先做开场陈述，先就补偿金事项出示相关证据，然后做出结辩陈词。如果存在多方当事人，因其相互间可能存在利益冲突，法院可指定开场陈述、证据出示和结辩陈词的顺序。

举证责任依据审理事项的划分而做出不同的规定："任何一方在补偿金事项上均不负举证责任。"在征收语境下，很难准确定义"举证责任"这一概念，因为在诉状中无须主张或否认补偿金额，最终认定标准是基于宪法规定的"公正补偿金"。补偿金额的"公正"实质上属于客观的市场事实，很难提供有说服力的事实证据。从司法实践来看，通常会有各种不同的观点及各自的支撑数据依据提供给陪审团，陪审团最终的裁决应反映出对这些评估数据的采信度，即假定任何一方均不承担比对方更重的举证说服责任。除补偿金事项外的其他事项，举证责任仍适用"谁主张，谁举证"的一般规定，由特定事项的主张者承担。

征收裁判通常应包含如下内容：（1）描述被征收土地，并宣告原告是依据国家征收权进行的征收；（2）裁决原告支付判决的补偿金额后，土地所有权转移给原告，补偿金可直接支付给被告或交由法院判付；（3）在被告之间进行分配裁决，并说明每名被告有权获得的判决金额；（4）征收诉讼中的税务、留置权、租赁、保险等其他问题可一并裁判。如前文所述，审理实际上是两段式的，对补偿金的分配裁决置于第二阶段处理，这样能加速征收的进程。通常而言，仅第一阶段的审理关乎原告的利益，原告在积极履行对补偿金的支付判决后，即可尽快通过"转让令"转移土地所有权，彰显了两段式诉讼的优点。

（五）补偿金的支付与土地所有权的转移

征收裁判作出后，原告应在法定期间向被告支付判决的全部补偿金额。原告若直接向被告支付，则应取得收据并将复印件交至法院；亦可向法院存入补偿金，由法院判付。在原告完全履行判决后，可向法院申请做出所有权转让令（order transferring title），将被征收土地的所有权转移给原告。转让令中应对被征收土地进行描述，阐明所引用的条款及法院认定判决已得到履行，同时应明确转让的期限。

若原告未在规定的时间内全额支付判决金额，土地所有者可选择如下两种路径进行救济：一是可将未及时支付的行为视为对未付款土地部分的放弃，向法院申请撤销裁判或驳回诉讼；二是可通过法律规定的相关执行程序向法院申请强制执行判决。选择权归于被告，但法院有较大的自由裁量权对当事方的权利进行调整，如可限制征收者对财产的占有。

在裁判作出后，有权征收且已全额支付判决的补偿金额的原告，可随时向法院申请占有令，而无论判决是否已上诉或重新审理。如若已认定原告有权征收土地或原告已全额支付判决金额，则应当做出占有令。原告占有土地并不意味着其放弃上诉或申请推翻原判决的权利；被告对原告所付补偿金的接收，也并不意味着被告放弃推翻判决或主张更高的补偿金的权利。

三、美国土地征收中的快速征收程序

在快速征收权下，未经审判，征收者即能占有土地；一旦提交征地申请，无论财产价值认定如何，都必然会征收。[1] 这种极具侵略性的权力极易对个人权利造成严重侵害，因此快速征收权的授予被严格限制，快速征收程序也只能在特殊的紧急情况下才能适用。快速征收程序的优势在于其高效率，相较于普通征收程序而言，征收者在提起征收程序前即可占有财产，在预存补偿金后即可取得土地所有权，而无须等到判决生效并全额支付补偿金额之时。快速征收程序下的征收预备阶段、协商购买谈判、征收决议和补偿金额的确定等程序，同普通征收程序大体相同。

---

①See Gideon Kanner，"〔Un〕Equal Justice Under Law"： The Invidiously Disparate Treatment of American Property Owners in Taking Cases，Vol.40，Loyola of Los Angeles Low Review，（2007）.

（一）提出征收申请

征收者应向法院提交一份名为"declaration of taking"的征收申请，申请中一般包含征收者具有征收的权力、对拟征收土地的描述和向法院预存补偿金的说明等内容。在普通征收程序中，在征收者提起诉讼时，司法强制规定征收者应向被征收者发出适当的通知；而在快速征收程序中，则无须发出上述通知。

（二）预存补偿金与所有权转移

征收者通过对拟征收土地的调查评估，向法院预存一般不少于财产公正补偿的市场价值的补偿金。征收者通常需要尽快占有财产，以最大限度地节省成本，促进征收规划的有序开展和保证财政资金的充足。过度拖延对财产的占有会使得情况渐趋复杂化，并可能迫使征收者为尽快占有财产而支付远高于公平市场价值的补偿金，不利于实现公共利益的最大化。征收者向法院预存评估的补偿金是提前占有的强制性先决条件；另外，预存补偿金对保护财产所有者的权利也至关重要。在快速征收程序下，土地所有者因土地被突如其来地占有，而极易陷入财务困境。被占有的土地无法正常出售或融资，且依赖于土地的生产经营活动基本停滞，收益受损。与此同时，土地所有者受迫寻找新的安置地以搬迁家产及重新置业，还承担着相关的辩护费。因此预存补偿金在评估日的确定、判决补偿金利息的确定、土地所有者生产生活的保障等方面均能有效地保护征收者的权益。

各州法院对征收者向法院预存的补偿金额都有严格规定。一般来说，预存的补偿金不少于财产公正补偿的市场价值，也有部分州规定要预存两倍的补偿金。预存补偿金额通常由征收者单方面确定，但如若存在充分证据表明预存补偿金额低于公平市场价值，法院可要求征收者增加预存金额。一旦征收者提交申请并已足额预存补偿金，即取得土地的所有权。在该程序下，无论最后裁判的补偿金额是否高于预存金额，征收者均不得终止征收。如前文所述，快速征收程序下的土地所有者极易陷入财务困境，因此在裁判作出前，所有者可向法院申请提取补偿金，提取范围限于其所有的土地所对应的补偿金额。一般而言，若所有者未提出更高的补偿金额要求，其提取预存金视为放弃对征收行为进行异议和辩护的权利，将不能对征收目的的合法性提起诉讼，而只能就补偿金数额争议进行诉讼。

（三）补偿金额的确定

快速征收程序下公正补偿金的确定同普通征收程序大体相同，但两者在利息计算上存在差异。在快速征收程序下，征收者须支付土地已被征收至实际支付补偿金这一间隙的迟延利息；在普通征收程序下，一般征收者须支付从裁判作出日至实际支付日的利息。目前美国各州对于利息的计算时间点和利率的规定不尽相同。

四、《美国统一征收示范法》的负面清单制度

（一）《美国统一征收示范法》制定的背景及目的

在传统的美国土地征收中，征收主要由征收人以被征收人为被告，向法院提起征收诉讼，其中，被告就是拟征收不动产的财产权人。事实上，以私人以及公共团体为代表的财产征收极为普遍。但是，征收诉讼程序的各个方面与其他类型的民事诉讼却不尽相同。可以说，传统的征收诉讼程序强化了诉讼中陈旧的部分，阻碍了土地征收制度的施行，无法有效地保护个人财产权，并不契合现代程序性概念。为此，1974年，美国统一法委会制定了土地征收的程序性法典，即《统一征

收示范法》。该法典旨在用一种传统的方式看待征收标的，为征收诉讼行为提供综合性规则，主要包括初步协商、征收授权以及补偿，同时更好地融入了现代程序性概念，从而贯彻了宪法对私法财产保护的正当程序，进而有效地均衡了个人利益与公共使用之间的冲突。

具而言之，《美国统一征收示范法》旨在实现以下目标：1.法典在符合实用性的情况下，平等地适用于公共和私人征收者。2.法典不应试图构建实质性法律，涉及财产征收主体确定或财产征收目的要求等。3.法典的调整对象限制在财产征收程序和财产补偿的方式和标准。4.法典应当构建与联邦标准一致的程序，使得符合法典的州或地方机构在执行需要征收权力的征收时，能够得到联邦政府的协助。5.法典应当明确当征收者放弃征收，或在事实审判中被判决不享有征收权力时，所有者诉讼费用支付的标准。6.法典应该明确在所有土地征收中安置协助的标准。[1]通过以上六大方面，《美国统一征收示范法》架构了一个能有效保护被征收人利益的土地征收制度，契合了宪法正当程序的需要。尽管目前只有阿拉巴马州和新墨西哥州在州法中实质性地采纳了该法典的主要条款，但其他的许多州也吸纳了该法典的部分条款。

（二）美国土地征收的负面清单制度

在土地征收诉讼中，通常会对土地征收施加一系列程序性控制，即土地征收的负面清单制度。概言之，土地征收负面清单制度是一种为了限制恣意通过角色分派与交涉而进行的，具有高度职业自治的理

---

[1]See Uniform Law Commissioners' Model Eminent Domain Code.

性机制。①土地征收负面清单制度也构成了《美国统一征收示范法》最为核心的内容。

1. 土地征收负面清单制度的启动程序

（1）合适性调查准入（Entry for Suitability Studies）

在征收诉讼中，起诉之前还必须考虑地域是否适合特定项目。《美国统一征收示范法》允许征收人合理地进入土地进行合适性调查，对于不合理的诉讼则不予接收，还必须充分且适当地通知土地的所有人。其第301条就明确规定征收人和他的代理人以及雇员可以进入不动产并开展调查、测试、拍照、实验、试探、钻孔和采样或为了评估财产或决定其是否合适并且在征收人的权利范围内进行征收而从事的其他活动，如果进入是：①就时间、目的以及计划进入和活动的范围，尽到提前合理地通知所有人或任何其他物理上占有财产应当知晓者之义务；②在适当的白天时间进行；③平和地完成并且未附加实质性损害；④未违反其他法律规定。

可见，进入必须是在合理的时间范围内（白天），以和平的方式进行。如果所有人反对征收人进入进行合适性调查，法院则应当发布允许进入的指令。然而，尽管进入以及相关活动是合法的，不构成非法入侵，征收人还是负有一定程度上的损害赔偿义务。征收人申请指令时，必须预存足够恢复可预见性损害的押金。显然，土地所有人有权获得征收人进入中造成的任何损害赔偿。

征收权行使中，征收应当呈现综合性、可靠性以及最近的资料，合适性调查准入仅仅展现财产的累积信息，就可能构成拒绝进入充分

---

① 参见孙笑侠：《程序的法理》，商务印书馆2005年版，第29页。

的、公正的根据。如果表明被提议的活动的某些方面对于支持某一关于价值或合适的公正裁决并不具有合理的必要，或征收人将计划实施不必要地、麻烦地干涉占有人使用和享有财产的调查程序，法院可能会发布一项限制时间、地点或被提议活动的行为方式的指令。

（2）购买要约（Offer to Purchase）

《美国统一征收示范法》第 203 条（a）款规定，在开始协商购买财产前，征收人应当确立其认为公正补偿的数额并应当及时地向所有人发出全额补偿征收财产的要约。要约金额不应当少于征收人财产评估确定的公正补偿。并且（c）款明确如果有，征收人应该提供给财产所有人一份书面的评估报告；如果没有，征收人则应当提供一份其赖以确定财产公正补偿金的书面声明或概要。如果合适，征收财产的补偿以及剩余财产的损害应当分别陈述。因此，征收人征收财产过程中必须向权益受到影响的所有人发出购买要约。（c）款规定的评估书或概要说明为公共实体或私人征收者确定公正补偿数额的根据或理论基础。没有支持性资料，仅是在结论中陈述，并不足以达到该目的。进而，（a）款中财产购买要约不能少于评估书或陈述书中公正补偿额，但可以多于该数额。并且第 207 条规定，为了迫使征收人履行给付征收财产价格的协议，征收人不能提前征收，延迟协议或征收以及法庭中留存的所有人使用的押金，也不能实施任何具有强制性质的行为。通过禁止强制性行为，从而确保购买要约实施。

另外，第 208 条还有关于征收不经济剩余物的要约（Offer to Acquire Uneconomic Remnant）即如果征收部分财产致使所有人拥有"不经济剩余物"，征收人应当发出同时征收剩余物的要约，并且如果所有人同意的话，可能通过购买或征收程序征收剩余财产。其中"不经济剩余物"指部分征收后的剩余财产，其大小、形状或条件不具有价值，或者造成实质性损害，即征收人应当对被征收部分赔偿实质上相当于剩余物整体被征收应支付的金额。例如，剩余物完全"被包围"致使财产不具有物理使用的可行性；产生最小地域分区条件以下使得分区变更不具有合理可能性的剩余物；处于任何合理使用都妨碍经济性运用的物理条件下的剩余物；以及剩余物的重大价值仅能为一个或几个人使用。当征收不会明显增加总成本时，对于征收后致使所有人使用剩余物具有实质性经济性困难的情况下，征收人负有发出征收剩余物的要约的义务。

（3）初步购买义务（Preliminary Efforts to Purchase）

《美国统一征收示范法》第306条要求征收人，无论是公共实体或私人，应当在提起诉讼前尝试协议购买征收财产，除非：①符合被征收人和所有人书面协议免除；②一个或多个财产的所有人未知，不能尽到签订合同勤勉的义务，缺乏订立合同能力并且没有法定代理人或享有不能通过合同获得的权益；③由于不可归因于征收人或脱离征收人控制的情况，存在某种避免符合所要求于起诉中的延迟强制性需求；④征收人已知的事实使得其有理由相信购买的要约以及协商无效或无用；⑤被法庭指令免除。否则在提起诉讼前征收人应当尽到诚实信用购买征收财产的义务，不然征收诉讼中的财产所有人可以及时地提出异议。其中，做出的购买要约实质上尽到了完成或履行的合理的协商义务，即为"诚实信用"的初步证据。

初步购买尝试可以保护财产所有人免受专制的侵害以及行使未预期的征收权，通过争议的友善和解而确定公正补偿额的简化，以减少诉讼并促进公民与政府机构涉及土地征收的合作而使征收成本最小化。

（4）提交书面决议（Written Resolution）

《美国统一征收法典》第309条规定，征收人必须提交书面授权征收决议，方可提起征收诉讼。第310条明确规定授权书必须明确以下内容：一份特定公共使用的常规声明、涉及授权征收的特定法规，还需要描述大概位置以及征收财产的范围。其中声明必须揭示是为了公共便利和必需而征收，并且征收对被提议的公共使用而言，是必要的、合适的。授权书的法律效力就在于推定授权书决议创设征收事实是有效的，同时能够让被征收人明确征收人是否具有法定的征收权。授权书还具有通知被征收人的效力。

该要求有如下几个目的：第一，确保由征收机构的负责人员实施征收权而决定征收；第二，明确登记确保征收诉讼以及运用必需的资源（包括预期裁决的公正补偿额）以征收目的财产的征收人的决定；第三，确立对实施征收权重要的法律或事实的某些裁决的证据性根据。

2. 土地征收负面清单制度的实施程序

（1）预存押金（Deposit of Funds）

原则上，允许原告无须法院授权自愿留置押金，即为将被征收财产全部或部分的公正补偿额，自愿性基于批准的评估之上留存押金。

法典还规定征收人提前占有财产必须预存审押金。征收人在程序的早期阶段时常有占有标的物财产的实质性需求。如果能够建立确定计划而实际占有需要征收的财产，为了最大限度地节约资金，通常可以简化有序设计以及修缮物的融资。不正当推延使得融资以及合同协议复杂化，并且为了加快占有迫使财产征收支付高于公正市场价值；结果，征收人对修缮物的支付超出必要，并且受影响的财产所有人可能受到不平等的待遇。如果占有日期具有相对的确定性，大部分的此类问题都能最小化；然而如果在判决后才必须推迟实际占有，这样的确定性几乎是不可能实现的。因为诉讼程序的动态性，几乎不可能预测某一征收行为将导致对某一特别计划所要求的所有部分的最终判决。相应地，该条款规定适用于所有征收诉讼的一般程序，即征收人在全面保护财产所有人之上，在审判前通过有序行为方式占有征收财产。

但是，征收人留存估计补偿金的押金应为占有前的一个强制性条件。《美国统一征收法典》第204条明确规定：所有人不应当移交财产占有，除非征收人：①支付约定购买价款；②根据法典规定，支付或抵押所有人享有利益的价款，且不少于征收人财产评估中确定的公正补偿的数额，或③根据法典法规，支付或抵押征收诉讼中法院裁决确定的数额。除非紧急情况下，征收人也必须在拆迁日期确定前90日，向财产合法占有人发出书面通知。此押金是重要的（并且通常是直接强制要求），以保护财产所有人的权利。但在某些情形中，某一征收人可能发现即使预期不须立即占有，留存补偿金的可能数额也是明智以及便利的。例如，在要求占有前，通过留存押金以及充分公证和解，征收人可能为后期实际占有提供便利。在某些情形下，对征收人以及财产所有人而言可能延迟占有越久越有利，当有需要时，规定占有能够迅速获得担保。

也就是说，只有在预存法院判决足以恢复最后损害补偿金的基础上，征收人才能够进行提前征收。如果征收人选择提前征收财产，则必须留存足够的押金。押金的数额取决于留存时提交给法院的评估报告。同时还必须通过所有受提前征收影响的被征收人，被征收人有权反对征收或预存押金数额，并提出增加数额的动议。一旦法院认为征收人预存的押金数额足够担保诉讼，其后会发布一项允许征收人占有的命令。因此，提前征收得以顺利进行，并且被征收人的利益也得到保护。即使法院不允许征收人提前征收，征收人也必须预存押金。涉及提前征收，不管征收人的意图如何，法院都能命令其预存押金。可见，有关押金的指令旨在为征收诉讼中的被征收人提供充分的保护。

另外，准许进入的指令中应当包括法庭确定的一项可能的数额，即公正补偿所有人或任何法定或物理性占有财产并因为对财产的物理性损害以及对占有或使用造成实质性干涉的而遭受财产损失的其他人，由于很可能被指令授权的进入或活动造成损害，他们应当要求征收人在进入之前于法庭留置的数额。

（2）提取押金（Withdrawal of Deposited Funds）

《美国统一征收法典》第 604 条明确，财产所有人提取押金应当通过判决之前的动议，可以向法院申请许可全部或部分提取留存的押金。动议应当明确申请人为留存押金的财产以及从押金中提取所述数额的许可请求。

因此，所有人可以提取全部或部分留存押金，无须等待对双方当事人就诉讼征收应判决的实际额确定审定，其能用于财政要求。提取此类押金将终结财产所有人对最终判决部分利益的权利。另外，除更大额补偿金主张之外，实际提取构成诉讼中所有被告的除权。同时，为保护可能其他当事人于押金之上的权利，提取可能仅通过向法院提供担保而实现，并且受到公正的控制。因而，如果法院允许某一人提取，可能施加合理的条款及条件，例如，提取数额证明关于判决是过量的情形中，要求申请人提供确保支付的担保。

（3）被征收财产评估程序（Evaluation of the Property to Be Condemned）

其实，征收程序的关键乃在于被征收财产的评估。在商谈开始之前，征收人应该对征收财产价值进行评估，并将评估结果告知财产所有人，作为双方进行磋商的前提基础。未达成协商的，才进入征收诉讼。原告起诉后，被告即有获得补偿的权利。而补偿金确定基本方式，乃在于评估日征收财产的公平市场价值。对于绝大部分征收财产，市场价值乃是一个愿意购买但并不强制其购买的经济人所同意给付的价格。如果并不存在相关的市场，则任何公平、公正的评估都能被接受。如果征收财产属于公共实体或非营利机构，市场价值则不少于功能性替代物的合理成本，即假定财产被用作公共功能或非营利性、教育性、宗教性、慈善性质服务，并且设施和服务都向普通公众开放。

当然，征收人并不是通过估值实现最低价值收购征收财产，最终目的是实现以公正价格征收财产。因而，征收人必须保持评估信息的可获得性，并且还必须在评估中秉承"善意"协商而发出要约。

（4）公正补偿金（Just Compensation）

《美国统一征收法典》第十章规定补偿金的标准、征收中补偿金、市场公正价值定义以及评估日期等一系列确定补偿金方式。第一，尽管补偿金超过根据可适用的"公正补偿"法定解释应当支付的金额，财产所有人仍有权根据该条款获得补偿金。然而征收财产的判决不得少于宪法保障的"公正补偿"，立法可以超过合宪性最低标准而扩大可补偿性标准。第二，财产所有人在征收人确定提交起诉状时，即有权获得补偿金。第三，确定公正补偿金方式的基本规则，即确定征收财产的市场价值。其中市场价值确定，即存在相关的市场中某一愿意但并不必须出卖的知情的卖家以及某一愿意但并不必须购买的知情的卖家同意支付的价格，或在不存在相关的市场中由任何公平和公正的价值评估方式确定，或满足以下条件：①所有人为了善意地持续其实际使用以履行公共功能或提供非营利教育、宗教、公益或慈善的服务而占有或使用财产；②设施或服务向普通公众开放，某一公共实体或其他组织或经营非营利营业的个人拥有的财产的公正的市场价值，即视为不得少于功能性替代物的合理成本。第四，征收人完善工程设计，从而减轻损害或尽可能地增加剩余物的利益，并且通过协商解决或在预审会议中对工程损害问题提出双方满意的"物理性解决方案"。此类协议可能是诉讼和解的一个关键性步骤，也能减少判决给付的补偿金额。因此，明确表示包含此类工作从而允许最大限度地进行协商。例如，原告可能同意平整土地或填坑开采，屏蔽高速公路的景观设计，机场跑道的隔音建筑，修建护岸和车道，重新安置地下排水道以及使用设备。因为这些工作可能通常逐步转入并且与工程修建同步开展，并且有同样的修建人员和装备，如果这些工作完全不开展的话，征收人开展的工作可能比判决中可能涵盖的剩余物的额外损害花费更少。

另外，第203条（b）款规定所有人适当控制范围内物理性损害而致贬值之外，征收人应当忽略由于财产征收计划或财产征收计划合理的可能性而致使财产的公平市场价值增值或贬值，从而确定其认为的公正补偿的数额。还必须有征收诉讼的效力规定以及根据市场价值而变化的计划。显而易见，由于计划工程的本质，被征收人并不能享受任何市场价值的增加所带来的财产收益。此规则反映了财产价值经常在特定类型的工程附近增加的事实。然而，如果仅征收部分财产，财产价值的增值或贬值都将归于被征收人的剩余财产。另外，法典还涉及谷物和修缮物、分割收益、土地利息而非简单费用等其他特别规定。在一项商业交易中，还有关于商誉损失情形下补偿金的特殊规定。但是此种损失仅在重新安置或所有人其他措施不合理和经济减轻的程度上可恢复。

还有一些特殊情况下的特别规定，例如，部分财产征收的案件中，财产价值可能是该部分的公平的市场价值，也可能是在征收后，整个财产的公平市场价值超过剩余物的公平市场价值的那部分价值。两种计算方式下，无论如何，能够产生更大价值的方式优先适用。简明而言，法典确定，在部分征收案件中的补偿金通常包括征收财产价值额和抵销收益后剩余物的净损害赔偿额。然而，有学者实质上认同"之前与之后"规则优于"价值加损害赔偿"方式。因为其避免了融合人工物入后者方式之中的情况，更符合现实市场价值和评估技术，并且降低了财产所有人获得不公正的意外救济从而可能会增加不必要的公共福利的成本风险。其实，部分征收诉讼案件中两大基本规则实质上通常导致同样的结果，即导致损害超过征收造成剩余物的任何特殊利益或所提议的公共使用。案件中获得不同结果主要是由于剩余物实现了特别的净收益。根据"之前和之后"规则，事实上，此种收益与要支付的被征收财产的补偿金相抵销，然而根据"价值加损害"方式，收益仅与剩余物的损害相抵销。该条款采取两种观点之中折中的方式，即除判决不能少于"征收"的价值外，要求通过"之前和之后"规则确定补偿金。

（5）财产评估证据（Evidence of Property Valuation）

《美国统一征收法典》第103条第（2）款明确：评估，是指具备专业知识、技能、训练，或受鉴定财产价值教育的个人或在其直接领导下个人，对被征收财产价值应以支付补偿金而出具的意见书。用以证明财产价值的证据问题与估值本身同等重要。一般而言，统一法典契合惯例标准规定，价值的证据可能是评估鉴定财产价值专家的证言（opinion evidence competent to prove value）和可类比买卖物的证据（evidence of comparable sales）。其中可以考虑任何善意地出卖和购买可类比财产的买卖或合同的价格和其他条款和条件。即某一买卖和合同在该条款含义内是可类比的，如果其在评估日之前或之后作出并且财产有关位置、使用、改进和其他特征在相关市场中具备充分的相似性从而确保存在某一合理的信念，即评估财产存在可类比性。

第 702 条规定证据揭示的范围（scope of discovery），提供了关于评估问题证据揭示的开放性规则，超越其他民事诉讼中传统证据揭示的范围。进而，明确征收诉讼所呈现出的一种独特的诉讼形式，主要是确定关于公正补偿金支付数额的单个问题。因为它们例外的特征，在庭审前充分揭示鉴定资料和证词，因此能够以更高效的以及花费更少的方式进入审判。

3. 土地征收负面清单制度的救济程序

（1）听证（hearing）

法典第 506 条明确的初步异议听证（hearing on preliminary objections），指初步异议应当举行听证并且基于法院本身动议或一方当事人已通知动议而在公正补偿额最后确定之前由法院决定。除必须在公正补偿问题的最终确定前之外，并未限制听证程序的时间。尽管初步异议并无特别要求，但其仍假定做出所有诉求异议通常需要附带单一的听证。如果一方当事人仅通知部分问题的听证，法院基于本身动议或相对方的动议，可以要求对剩余部分在同样的时间和地点，标的物举行听证，如果需要，为初期设置期间的诉讼延期。当然，证据揭示可能是在答辩状中一个或更多异议的诉求提出的事实问题的解决方案的重大妨碍。该条款假定法院拥有广泛的自由裁量权，或作为其内部权力的部分调控其自身程序或通过程序性规则或法律积极委托，从而调节异议程序开示的指令以及开示事实问题，可能被引入听证程序中的证据性质。例如，口头证词或宣誓书。

第803条则明确规定非正式程序的听证程序，如果法院确定准许非正式程序的申请，应当在合理通知双方当事人基础上举行听证以确定补偿金。

（2）非正式程序（Informal Procedures）

《美国统一征收法典》的一大创新点，就是处理涉及限定数额的非正式程序的规定。限定数额的概念包括两个方面。其一，如果补偿金额少于20000美元，则开启非正式程序。其二，如果征收人和被征收人之间最新的补偿金额的差异少于5000美元，也能开启非正式程序。当然，法律规定的数额仅仅只是建议性的，具体的数额有待法院审判裁决确定。同时，当事人需要提交书面申请以开启非正式程序。程序本身涉及非陪审团的听证程序。双方当事人非正式出席且证据规则不适用于此程序。如果一方当事人对非正式程序的结果存在异议，还可以在裁决后30天内，寻求征收程序再审的救济。

限定数额的补偿金或以一种不昂贵且便捷的方式，可能确定的涉及于征收人最高要约与财产所有人最低要求之间的某一相对限定"幅度"的主张，从而提供一种非正式程序。因为法定和评估费用通常等同于最终判决的实际花费，此类型的主张通常不能根据常规审判程序经济地进行诉讼。所以，财产所有人被迫按照征收人的条件和解或者征收人被迫根据诉讼的"阻碍价值"和解。因而，通过任何一方当事人可以获得的公正听证以及在实际的财政限度内通过独立的裁决确定该类主张，从而可以提供一种简化的程序。

（3）和解程序（Settlement of Condemnation Actions）

法典第 104 条规定诉讼开始前或后的任何时间内，双方当事人可能根据和解条款，就全部或部分补偿金或其他救济事项达成一致协议并执行。双方当事人未经审判而和解，通常认为是最有效地处理征收诉讼的方式。征收人应该履行两项基本责任义务，从而得以避免不必要的诉讼。此条款下，基于越权无效原则，对协议提出的异议属于无效行为。在某些情况下，由于被征收人可能是权力有限的政府实体，故该条款适用于诉讼的双方当事人。全部和部分和解协议都具有法律效力。后者可能排除了协议部分事项裁判的必要，但其他事项仍有待法院裁决。同时，征收人有合理的、勤勉的义务与被征收人协商征收其财产。

第 708 条则规定征收诉讼中的任何一方当事人可以提交正式要约从而和解的程序。原告接受或拒绝被告提出的要约将会影响预期审判，即如果事实审判确定的金额超过被拒绝的和解要约提出的金额，拒绝方会承担判决的诉讼费用。相反地，如果判决金额少于和解提出的金额，被告接受或拒绝原告提出的要约将受到影响，要约提供后，法院将拒绝被告恢复损失的请求。

（4）安置协议程序（Relocation Assistance）

新的统一法典的最具有创新和独特之处，乃在于处理安置协助的规定。不动产征收中的安置协助早已在 1970 年《联邦统一安置协助和不动产征收法》中有所规定。但是该法的安置协助适用主体仅仅为符合法律规定的州和地方机构。在《美国统一征收法典》中则以一州的法律规定涉及安置协助，符合联邦法律的所有机构均自动适用。然而，安置协助不仅仅在符合联邦法律情况下适用。因为所有的征收活动中需要拆迁不动产，被拆迁者必须得到充分的安置协助救济。所以，不管联邦安置协助是否为征收计划的捆绑部分，统一征收法规定安置协助适用范围为一切进行征收的计划。

　　如果征收人征收财产并遣散被征收人，不论是因为直接征收或因为计划本身的性质，必须提供安置协助。征收人有义务赔偿被拆迁人合理的遣散费用和个人有形财产的直接损失，如果有必要，还包括寻求安置商业或农业合理的费用。被拆迁人可以选择接受上述的直接费用，或接受固定安置协助费用。就居所而言，固定费用的最大值为50000美元。如果涉及商业和农业，则为250000 ～ 1000000美元。另外，在为财产征收而开始协商之前，法律有关被拆迁个人的协助不得少于180天的特殊规定，还有协助承租人寻找替代居所的规定。每个征收人都有义务制定安置协助顾问计划，以帮助被拆迁人。这份计划的核心在于向被拆迁人提供现实安居的信息，以便他们能够找到适当的、相似的住所或必要的设备，从而实现安置协助。因此，征收人必须明确一个容易辨认的代理人或机构，当被拆迁人需要安置协助时，即可前往咨询，寻求帮助。

<table>
<tr><td>第五节</td><td>美国土地征收制度中的
救济机制</td></tr>
</table>

一、美国土地征收的救济模式

无权利则无救济，权利与救济相伴相生是法律意义上权利的最基本构成要件。[①] 在土地征收过程中，征收主体具有能强制被征收者服从的权力，这必然引发财产权与征收权的紧张关系。因此，各国在对土地征收权的规制过程中，一方面完善立法规制，对土地征收权的行使规定严格的限制条件，诸如公共利益、公正补偿、正当程序等条款内容。另一方面，积极建立完备有效的土地征收救济机制，在选择适宜的救济模式的基础上，形成与之相配套的具体的征收救济方式。

一般而言，土地征收救济机制大体可分为两种模式：法院主导型和议会主导型。法院主导型救济模式是指法院不仅直接介入土地征收，而且在被征收人利益的保护上发挥着不可替代的决定性作用的模式，以法国、德国为典型代表。议会主导型救济模式是指议会不仅进行征

---

① 参见潘剑锋：《论建构民事程序权利救济机制的基本原则》，载《中国法学》2015年第2期，第29—42页。

收立法，而且有权对征收的法定要件进行认定，通过避免违法征收的出现以实现对被征收者利益的保护。[1]这两种救济模式并非截然对立，反而根据各地具体的历史传统、政治体制、法律体系的差异，而呈现出交叉融合的趋势。笔者认为，美国在"土地征收是否符合公共利益要件"的问题上是典型的议会主导型救济模式。从征收权的本质属性出发，议会作为立法机关，当然地享有征收权这种与领土主权相关的权力；且征收权的委托、授权、行使等均由议会规制。再者，法院在面对"征收是否符合公共利益要件"的问题时，多次强调"法院对立法机关所做的决定应予充分尊重，不能取代其判断地位"[2]，"一旦立法机关宣布征收供公共使用，则法院对该项决定的任何审查都是狭隘的"[3]。但不可否认的是，公共利益的界定实质上是属于宪法分权问题，立法机关对其内涵作出概括性规定，具体案件中的适用判断标准由行政机关确定，而在其中出现的纠纷问题则由法院介入处理。[4]美国法院实际上拥有对公共利益的审查权，从公共使用到公共利益的转变也体现出司法变动的结果，如若征收明显违背公共利益，法院可以撤销地方法规或迫使征收者放弃征收行为。

在美国，对于"土地征收是否符合公正补偿、遵循正当程序要件"的纠纷，法院以公正裁判者的身份出现，对纠纷的处理起着决定性作

① 参见丁文：《论中国土地征收救济机制之构建——以比较法为视角》，《中国农村观察》2007 年第 4 期。

②See Haw. Hous. Auth. v. Midkiff, 467 U.S. 229（1984）.

③See John E. Nowak, Ronald D. Rotunda, Constitutional Law （Seven Edition）, West, A Thomson Business, 2004, p.543.

④ 参见郑贤君：《"公共利益"的界定是一个宪法分权问题——从 Eminent Domain 的主权属性谈起》，载《法学论坛》2005 年第 1 期，第 20—23 页。

用。无论是征收补偿，还是征收程序的纠纷，最终都能通过民事诉讼这一司法途径予以解决，且裁决结果具有权威性和终局性。可见，美国在议会主导型模式下，法院依旧扮演着公民财产权守护者的角色，在被征收者权益的保护上仍发挥着不可替代的决定性作用。

二、美国土地征收的救济方式

（一）美国土地征收中公共利益的救济

1.司法救济

《美国联邦宪法》（第十四修正案）除了肯定财产对个人的重要性及土地征收程序的正当性，同时也对司法救济提出了严格要求。法院长期以来一直认为自己有宪法性权利能力来调整征收条款中公共利益的问题，并指出："公共使用问题是司法问题，这是公认的[①]"。

根据财产规则和责任规则[②]可以将法院对公共利益的救济划分为两个层次：第一，应当保护私人土地所有者财产不被剥夺的权利，除非其财产被用于公共事业。第二，一旦私人土地所有者的财产被确认应被用于公共事业，则必须获得公正的补偿。由此，我们可以看出美国法院对公共利益的救济是从几方面着手的。从程序性救济来看，如果法院发现在征收前，征收机构未举行听证，或者听证未就公共利益做出解释的，可以认定征收违反了程序正当原则，而判决征收无效。从实体救济来看，首先，在预先听证程序中，如果被征收者提出征收将违背公共利益原则，且法院认定该主张成立，则法院将裁定征收决

---

① See Cincinati v. Vester, 281 U.S. 439, 447, 50 S, Ct.360, 362, 74 L. ED. 950.（1930）.
② 详见 Guido Calabresi & A. Douglas Melamed, Property Rules, Liability Rules, and Inalienability: One View of the Cathedral, 85 Harv. L. Rev. 1972, pp.1089—1092.

议无效，征收机关不得继续实施征收。其次，若在征收实行后，法院审理认为征收不符合征收目的的，可以要求征收机构将征收的财产退还给被征收人，若无法退还的则必须根据市场价值对被征收者进行赔偿。最后，法院可以就公共利益进行界定，对公共利益做出解释说明，以规范公共利益的使用范围。

法院的职能不仅仅是公正审判，更要保护好公民的财产权利。美国法院从对公共利益的审查到判定征收程序是否正当再到补偿是否公平，全程介入其中，政府的行为时刻处于法院的监督之下，有效地防止了政府权力的滥用。

2.监察专员制度的救济

同瑞士与英国相同，美国也于 20 世纪 60 年代产生了监察专员制度。其产生是为了解决行政机关内部监察不到位和司法诉讼程序过于烦琐等问题，以期更好地对行政行为进行监督并为公众提供帮助。美国的监察专员制度主要有两类，一类是以俄勒冈州为代表的行政监察专员，其设立于行政机构内部，属于行政机关的一部分，由州长任命，对州长负责；另一类是以夏威夷州为代表的类似于英国议会行政监察专员的地方议会行政监察专员，其由两院选举产生，独立于行政机关之外行使监察权。[1]监察专员主要通过行使调查权、建议权、报告权、调解权等实现对行政行为的监督，以及对公众法律的帮助与救济。[2]

以犹他州为例，犹他州的立法机构在州政府商业部下设立了独立的产权监察专员，以帮助土地所有者更好地理解自己的权利，保护自

---

① See H.R.S § 96-3.
② 详见岳彩申：《美国地方行政监察专员制度》，载《政治与法律》1991 年第 5 期，第 63 页。

己的财产，并减少土地征收带来的纠纷。其在公共利益方面的救济主要体现在为公众提供咨询建议，帮助谈判和进行调解等方面。根据犹他州法典，犹他州的产权监察专员制度为被征收者提供了非常全面的帮助和救济。首先，其部门设有专门的产权监察专员网站，在网站上公布了财政征收的公共目的，以及土地所有者获得公平补偿的权利。其次，其规定在政府实行征收前必须与被征收者就征收目的和公平补偿进行沟通，且被征收者有权就不懂之处要求征收人员进行解释，若在沟通过程中发生争议的，被征收者可以向产权监察专员办公室寻求帮助，也可以与监察专员办公室的律师们讨论自己的征收的案件。再次，该法典规定，产权监察专员办公室有权就征收中征收者与被征收者发生的争议进行仲裁或调解，其中包括对公共利益的争议。最后，其设有专门一章为"争议解决"，规定产权专员办公室对土地所有者就公共利益和公平赔偿问题与征收者发生争议的，必须按照该法相关规定予以仲裁或调解，并对调解方式做出了详细规定。

尽管监察专员的行为并不能对解决公共利益问题有强制性的效力，但其作为中立方，能够很好地为被征收者提供法律上的援助，并减少司法负担。

（二）美国土地征收中公正补偿的救济

1. 公正补偿救济的发起

（1）救济的发起者

在美国历史上，主权豁免适用于州政府和地方政府，作为对政府侵权指控的全面防御。从1957年到1979年，至少有28个州的司法机构废除了主权豁免，至少有6个州立法机构废除或严重限制了主权豁免。①因此，在一些州，诉讼人现在可以提出对政府侵权的反抗，如责任承担、普通法的疏忽、干预经济和商业关系以及法定过失。

最高法院设法在个人财产权与公众合法需求之间找到适当的平衡。史蒂文斯法官认为，在土地征收案件中适当的救济工具是第十四修正案的正当程序条款，而不是公正的补偿条款。正当的程序条款保护财产所有者的权利免受土地征收者的侵犯，如不正当的征收动机、不公平的征收程序，抑或不必要的征收决策。在土地征收补偿中，政府和土地所有人都可提起救济。

政府提起的救济。土地征收的发起者通常是政府，政府可以通过发起征收行动来取得私人土地。在这一行动过程中，只有在确定了补偿金并支付给财产所有人之后，才会发生政府需要提出救济的情况。该财产在接受时被估价，而且由于在征收过程中发生了诉讼，财产价值是相对最新的。例如关于高速铁路，如果土地所有人拒绝铁路管理局的征收，则由铁路管理局向该财产所在地的法院提交一项征收诉讼。

土地所有人提起的救济。一旦政府采取强制征收的手段，土地所有人即可提起反向征收诉讼的救济。②在下列三种情况下，认定私人土地被征用或遭到侵犯：①土地以有形方式受到实际侵犯；②虽然没有发生实际侵犯，但对土地产生实际损害；③没有实际侵犯，但对土地本身独特性价值产生了实质性的影响。③土地受到损害、暂时侵占或没

---

①See Talley，Bret. 2006. Restraining Eminent domain through Just compensation：Kelo v. City of New London，29 Harvard Journal of Law and Public Policy 2006，pp，759—768..

②See City of Los Angeles v. Superior Court，124 Cal. Rptr. 3d 499，506（Cal. Ct. App. 2011）.

③See Dina v. People ex. rel Dept. of Transp.，60 Cal. Rptr. 3d 559，574—575（Cal. Ct. App. 2007）.

有发生实质侵用的情况下，土地所有人有权提起反向征收诉讼。在此情况下，土地所有人可以因土地征收而发生财产的损害或征用获得补偿。[①]为了在反向征收诉讼中获得支持，土地所有人必须表明，其拥有的土地因政府的入侵或侵占（即征收或损害）行为直接或间接地受到不利影响。土地所有人必须在反向征收程序中确立的第一个问题是，政府机构或公共实体实际上已征收或损害其私人土地。

（2）发起救济的先决条件

在威廉姆森县区域规划委员会诉汉密尔顿银行一案中，最高法院的判决中陈述了发起救济的两个先决条件，这两个条件必须在征用索赔成熟后到联邦审查之前满足。首先是"最终决定要求"，即负责执行条例的政府必须就有关适用于土地征收的条例已经做出了最后决定。[②]此外，还必须满足"国家行动要求"，即土地所有人必须通过正当的国家程序来寻求对被征收土地公正补偿的救济。[③]在实践活动中，常常放宽对"最终决定"的要求。即使有了宽松的"最终决定"要求，如果土地所有人不及时寻求现有的国家救济措施，遭受征收的土地所有人也不能提出联邦征收索赔。国家补偿要求的及时性取决于实际发生的时间。对于土地征收救济的调查程序是，在何时政府的实质征收导致土地的性质发生了实质上的变化？政府是否已经完成了从暂时的征用到永久的征收？这项救济调查的中心是确定征收从对土地所有者权利的暂时限制已经转移到对权利的永久熄灭。

---

①See Skoumbas v. City of Orinda，81 Cal. Rptr. 3d 242，248（Cal. Ct. App. 2008）.

②See 473 U.S. 172（1985）.

③See 473 U.S. 172（1985）.

（3）救济的时效

一般而言，对联邦政府征收补偿提出救济的时效规定为六年。鉴于对州政府征收补偿的救济没有时效的限制，因此，对于州政府的征收索赔时效适用对联邦政府的时效规定。从政府首次实际占领该土地时起，开始计算救济的时间。法院认为，行政诉讼程序的正常延误不足以导致土地征收救济的产生。[1]因此，没有特别的拖延，在政府决策过程中仅仅是价格上的波动，不能被认为是宪法意义上的征收行为。如果土地所有者出售其财产的能力在法院诉讼程序的未决期间受到限制，那么他们可以在诉讼结束时自由出售或开发其土地。

2.公正补偿的救济程序

公正补偿的救济程序分为土地征收在行政程序中，以及土地征收在司法程序中。

当土地征收在行政程序中时，在法庭、陪审团或者征收委员会对征收补偿做出裁决后，被征收者若不满补偿额，可以就补偿问题向上级法院提起诉讼。这时候的上诉并不会导致征收行为停止执行。当土地征收在司法程序中时，征收者和被征收者若对补偿额不满，都可以在法定时间内向联邦地区法院或者州上诉法院提起上诉。上诉必须以个人通知的方式送达对方当事人。在上诉期间，征收者必须中止征收行为。

上诉法院在接到上诉后，一般不审查征收委员会或陪审团的决定，只对涉及征收的法律问题进行重新审理。上诉法院重新审理的问题有下级法院的判决是否有明确错误、下级法院是否适用公正补偿、下级

---

①See First English Evangelical Lutheran Church v. County of Los Angeles, 482 U.S. 304, 320（1987）.

法院的补偿额标准是否符合法律规定等。上诉法院若认为补偿不公正时，可以直接改变补偿的裁决，也可以把案件发回下级法院重新审理，不管补偿问题是由陪审团决定还是法院决定。若上诉法院发现确定补偿额的方法有腐败嫌疑或明显不当之处，则可以直接裁定补偿裁决是无效的。

有少部分州法律还为土地被征收者提供补偿救济程序，从自愿调解到行政审查，再到上诉救济。此类法律较少，且与补偿价值评估法规不同，它们彼此之间的差别很大。如亚利桑那州在地方政府指定的听证官员面前设立行政上诉程序，如果听证官员没有否决补偿的决定，土地所有人可以向法院提起上诉。缅因州为已用尽行政救济措施的土地所有人设立了自愿调解的办法，不满的土地所有人在调解后仍可提起上诉。佛罗里达州制定了最复杂的程序，建立强制性行政申诉程序，以此作为法院诉讼的先决条件，如果土地所有人认为州政府征收补偿使其承受过重的负担，则可提起征收索赔。如果当事人无法达成行政解决办法，则可获得司法审查。在得克萨斯州，还制定了一个更详细的制度，首先是扩大州和联邦宪法征收补偿标准的定义，包括将土地价值降低 25% 等。土地所有人可以在地方法院向地方政府提出讼诉，但必须首先对国家机关提起行政讼诉。

（三）美国土地征收中正当程序的救济

1. 违反正当程序的行为类别

（1）必要程序的缺失行为

征收权表现为一种超越性权力，具体而言，在有着清晰的产权界定和完整的土地流转市场的前提下，征收者依然有权超越市场原则进行征收。① 因此，无论是在普通征收还是快速征收中，都对土地征收的程序进行了清晰明确的规定，违反必要的正当程序将会导致征收行为的不合法。

程序的缺失的主要表现有：在提起征收诉讼前，征收者未尝试与土地所有者进行协商购买谈判，或协商谈判行为未符合"善意努力"（a good faith effort）的基本原则；在普通征收程序下，征收者提起征收诉讼时，未向被征收者发出适当通知；在快速征收程序下，征收者未向法院预存足额保证金而占有土地；对征收者所提的初步异议，未举行听证程序；在必要情形下，未开展审前程序，如没有关于征收事实和信息获取的披露程序；等等。

（2）颠倒征收程序顺序的行为

一般而言，土地征收的流程被严格限制，颠倒程序的原本顺序，极易使得征收目的出现偏差和征收补偿失去公正性。如在征收开始前，要求征收者进入土地开展适宜性研究，并提出相关的评估报告。这种征收"前置程序"的设置，能有效地保障征收的公共效益和征收的合理必要性。如若颠倒该次序，将使得征收项目的范围、征收成本和征收所能产生的公共效益都处于不确定的处境，难以开展后续的协商谈判和征收诉讼。

此外，类似的程序顺序规定还有：在提起征收诉讼前，征收者应获得有效的征收授权决议，以明晰征收项目的内容和征收符合公共目的的要求；征收者获取准入令，开展深入性的土地研究前应预存保证金；收购协商谈判在提起征收诉讼前进行，在征收诉讼的审前程序（或

---

① 参见程洁：《土地征收征用中的程序失范与重构》，载《法学研究》2006 年第 1 期。

对补偿金额事项做出裁决之前），可进行和解商议等。

（3）违反程序中的时间、空间限定的行为

对程序规定而言，时间、空间等事项内容的确定能将实体目标和实体权利内容进行准确化和客观化。在土地征收中，时间和空间内容的限定将直接作用于征收程序的正当性，更关乎征收目的的公共性和征收补偿的公正性。

例如，征收者进入土地进行适宜性研究的时间一般限定在白天的合理时间内；征收者对土地占有时间的确定将会影响征收补偿中补偿金利息起算点的确定，占有的范围大小将直接影响补偿金额的确定；征收授权决议做出后，在一定期限内才具有效力，直接决定了主体是否具备行使征收权的资格；征收诉讼开始后，应在不动产所在县的登记处进行登记公告等。此外，在征收诉讼中还有类似于答辩时间、送达时间、证据提交时间、上诉时间等诸多程序限定。

（4）违反程序中立的行为

土地征收中的程序中立，一方面要求征收者和土地所有者在征收过程中的权利义务设定趋向平衡，均有权为自己的主张辩护；另一方面要求保障程序的独立和公正，以及裁判的不偏不倚。具体而言，在征收过程中，受到欺诈、贿赂、恶意、滥用权力等负面因素影响的行为通常无效。如因欺诈、贿赂、恶意、滥用权力等做出的授权决议无效，但仅限受影响的部分。此外，还包含协商购买谈判、土地价值评估、补偿金等事项的审理裁判、判决的执行等阶段中参与人员和参与者所依据客观事实理由而行为的中立性。

2. 正当程序的救济

在美国，司法救济同样是解决程序纠纷最为主要的途径。

无论是征收程序的缺失，还是程序上存在瑕疵，土地所有者均可以征收者未遵循正当法律程序为由，向征收者的征收权发起挑战。此时，必须举行听证会，由征收者说明其行使征收权的正当理由；如果无法说明，或土地所有者证明征收未遵循正当程序，那么通常法院会以征收不合法为由驳回征收者的征收申请。这种听证实质上是对异议的初步审理，遵循司法审理的普通规定。一般而言，土地所有者所主张的异议内容，所有者负有举证说明的义务和责任；但有关存在欺诈、贪污、恶意和滥用权力的主张，举证责任转移至主张者（即土地所有者）。此外，土地所有者亦可提起侵权行为赔偿之诉讼或通过申请制止状以制止征收活动。[1]如果法院认同征收行为，但土地所有者对征收程序仍存异议，可以向地方高等法院或联邦地方法院起诉；如果不服，还可以上诉至州最高法院甚至联邦最高法院，最后由联邦最高法院做出终审裁定。[2]

有关正当程序的异议同样适用于美国的监察专员制度。土地所有者可以通过联系监察专员，咨询了解征收的相关信息和征收程序的基本内容；对于所有者的异议，可由监察专员同征收者进行沟通，再独立公正答复。但就程序纠纷问题而言，监察专员制度的作用更多地体现在解疑答惑，消除土地所有者对程序规定理解的偏差和误解。

---

[1] 参见左婕：《土地征收侵权救济方式比较研究》，载《华中师范大学研究生学报》2007年第2期。

[2] 参见许迎春：《中美土地征收制度比较研究》，浙江大学出版社2015年版，第120—121页。

第二章

英国土地征收
制度研究

　　英国的土地征收制度与其长期历史形成的政治、经济和社会环境相融洽，尤其是其确认性权利配置和财政结构，奠定了社会环境与法律良好互动的基础。英国的征地权力至少要经中央政府部长的确认，为征地公共利益的审查设定了更高的保障基础；最为特别之处在于，英国地方政府的发展资金主要源于中央拨款，避免各级政府走入以地谋财的发展路径。英国的土地征收制度发展至今已然呈现精细化、严谨化的特征，可为我国征收制度的完善提供诸多可供借鉴参考的"先进经验"；同时，制度间的繁复精细也对其法律内部的逻辑统一性提出了挑战，如何在大量判例法丰富成文法原则的同时，实现成文法与判例法的良性互动，是研究英国土地征收制度的关键内容，其解决以上问题的思路，似乎较之其原本的征收制度更能为我国提供借鉴参考的价值。

<table>
<tr><td>第一节</td><td>英国征地法律
制度演进</td></tr>
</table>

一、起源于 18 世纪的"圈地运动"

（一）征地权力溯源："公共利益"与补偿

一般而言，征地权可定义为公共权威在土地原有权力者非自愿情况下永久性获得土地权利的权力。[①]撇开皇家特权以及紧急状态下国家基于防御的事实责任而取得土地不谈，土地的强制征收起源于"圈地运动"。圈地的本质是对土地上特定权利的强制性灭失，通过土地归属的再分配实现更高效的农业耕种的活动。被剥夺的权利包括个人所有权、共有权（如在公地上放牧、采草、伐木、养殖的权利）或者其他土地所有权（如各种土地利用权），圈地运动中被剥夺的土地权利

[①] 在英国，也有暂时性取得土地权利的征用权（requisition）。参见彭錞：《英国征地法律制度考察报告：历史、现实与启示》，载《行政法论丛》2011 年第 14 卷，第 94—133 页。

可以统称为"土地收益权"（profits à prendre）。①

所有权利被剥夺的公民有权获得新的土地或者金钱补偿，被剥夺的土地权益重新分配给新的土地所有权人或者耕种者，而因征收涉及公权力，极少有人试图反对这种剥夺。"充分的补偿和替换"等同于现有法律中的"完全市场价格"，是以被剥夺财产与其获得的等价物之间达到"适当且充分"（just and adequate）为标准，但是并不将所有权人是否自愿出卖作为考虑因素。强制购买具有强制性，即征收过程中自动默认其同意进行交换取得"等价物"（quid pro quo）。同时在补偿方面，要求强制购买的结果刚好能够达到与自由交易同等的效果。能够证明"强制性"的合理性的因素即"社会普遍利益"（the general good of the whole community）和"公共利益"（the public good），保护公共利益的本质即为私人利益提供保障。在给予充分的补偿以平衡"失去利益"的同时，唯有"公共利益"可以平衡征收中的强制性。

由此可见，征地权力在英国由来已久，其公共性和补偿性来源于历史悠久、来源已不可考的习惯法，而并非基于任何现代的成文立法或判例。②换言之，征地权并非基于立法创设，公共性与补偿性也并非基于现代化财产观念而产生，而是与征地权相伴而生，仿佛"与生俱来"。但必须说明，公共利益随着时代的变迁一直在发生变化，如十六七世纪的"圈地运动"因为推动先进农业技术的运用、提高生产

---

① 参见彭錞：《英国征地法律制度考察报告——历史、现实与启示》，载《行政法论丛》2011年第14卷，第94—133页。
② 参见张千帆主编：《土地管理制度比较研究》，中国民主法制出版社2013年版，第5页。

力而被允许是基于公共利益；[1]18 世纪，基于对小农经济的伤害，产生对圈地运动的控制；再到 19 世纪，认为保持公地能够为公众提供环境幽雅的休闲、娱乐场所被界定为符合公共利益。[2]任何条件下，公共利益总是与社会民情、社会情况和政治情况紧密相关，允许任何个人甚至公共机构评判何为公共利益都是危险的。[3]公共利益较私人财产权益而言似乎更能体现利益的本质性，因此，立法中总会有为实现公共利益而干涉或者强迫私人意志的情形，而这种干涉或强迫并非以专制的方式改变财产所有，而是给予其充分的补偿或者与损失等量的替代物，此种情形下，公众被视为个体，征收被视为与不同个体间的利益交换，法律只是利用公权力强制所有权人以合理的价格转让其财产。[4]

对于征收的合理性，极少从事实和法律角度进行证明，而是从公共政策出发。与强制购买相关的法律只能负责界定何种"公共政策"或者"自由裁量权"允许被实施，而这种边界的确定具有强烈的政治色彩。

（二）圈地运动

谈起英国的圈地运动，首先让人想到的恐怕是托马斯·莫尔在

---

①See Keith Davis, Law of Compulsory Purchase and Compensation, Tolley Publishing Company 1994, p. 10.

②See Keith Davis, Law of Compulsory Purchase and Compensation, Tolley Publishing Company 1994, p. 10.

③See Keith Davis, Law of Compulsory Purchase and Compensation, Tolley Publishing Company 1994, p. 10.

④See Keith Davis, Law of Compulsory Purchase and Compensation, Tolley Publishing Company 1994, p. 10.

400 年前的控诉：

"你们的绵羊本来是多么驯服，吃一点点就满足，现在据说变得很贪婪很凶蛮，甚至要把人吃掉……那儿的贵族豪绅，乃至主教圣人之流……不让任何人在庄园上耕种，把整片地化作牧场，房屋城镇都被毁了，只留下教堂当作羊圈……佃农从土地上被逐出，他们的财产被诡计或压制的方式剥夺掉。有时他们受尽折磨，不得不出卖自己的家业。那些不幸的人们想尽办法，只有背井离乡了……等到他们在流浪生活中把买来的钱花得一干二净，他们就只有盗窃、受绞刑的处分，否则就是挨家沿户讨饭了。"[①]

从英国征地权力的溯源出发得到的认知征地权与"公共利益"与"补偿性"相伴而生的论断，似乎与历史上对于"圈地运动"的控诉相互矛盾。那么，圈地运动是否如控诉中所言，纯粹属于一场"狼吃人"的控诉？在征地制度演进中又发挥了何种作用？

圈地运动不是一场完全脱离法律规制的掠夺或抢夺，不论整个圈地过程是否具备法律的连续性，整个过程都具有成文法基础，而其中法律的落实总是试图在合目的性和合理性之间取得平衡。从法律层面上，圈地运动是一种公平（justice）与收益（profit）之间的平衡，不合时宜的财产权利被剥夺，而在事实上土地又以一种更有效率的方式被重新配置。虽然在圈地运动中小农经济受到了损害，却在相当程度上促进了英国土地的利用效率与农业技术的提高。

英国的圈地运动是在法律规制前提下推行的。最初，在 13 世纪，

---

① 参见托马斯·莫尔：《乌托邦》，戴镏龄译，生活·读书·新知三联书店 1956 年版，第 36 页。

《默顿法令》"授权庄园领主圈占自由佃户不需要的荒地",规定了最早的协议圈地（enclosure by agreement）。以未开垦土地（公地）为对象的圈地运动被一般法承认是在 13 世纪，在 6 个世纪之后这些法律依旧得以适用。[①]17、18 世纪逐渐开展了现代意义上的圈地运动，已开垦的土地（公有地）逐渐成为圈地对象，"公共领域"（open field）被统一分配到私人手中，以适应"农业改革"中引进的新型耕作方式。起初，这种土地权利的分配通过在"大法庭法院"登记以及权利人之间签订圈地协议（inclosure agreements）的方式完成。因此，圈地实质上是一种土地权利在群体内部的合意再分配，并非单方面的暴力侵夺。[②]而且，此阶段的协议圈地是在现存法律框架下展开的，庄园内部的土地交换以及圈围土地均应在庄园法庭登记，庄园法庭的记载事项也需要公开发布。[③]圈地的批准，有时根据领地法庭的特别委员会或根据佃户的请愿作出，部分由财政法庭或王室大法官法庭进行批准。相较而言，王室大法官法庭的批准程序比议会的批准程序要简易，得到王室大法官法庭的批准也比得到议会的批准要简单得多。[④]但是，其间总会出现冒充权利人的情形，以及共有权与完全占有的权利内容的冲突，进而影响整个分配过程。为保证权利分配效力的明确性，需要在私人所有权和公共利益之间进行调和，国会确权（Parliamentary

---

① Roberston v. Hartopp （1889），43 Ch.d.484（encroachments by lord of the manor resisted），cited in Pollock and Maitland，History of English Law，Vol.I，p.623.

② 参见彭錞：《英国征地法律制度考察报告——历史、现实与启示》，载《行政法论丛》2011 年第 14 卷，第 94—133 页。

③ 参见彭錞：《英国征地法律制度考察报告——历史、现实与启示》，载《行政法论丛》2011 年第 14 卷，第 94—133 页。

④ 参见沈汉：《英国土地制度史》，学林出版社 2005 年版，第 134 页。

confirmation）成为必然的选择。

十六七世纪的圈地运动遭到国家反对，而 18、19 世纪的圈地运动主要以地方私人法（Private Acts）为基础。所谓私人法，是指英国议会通过的仅涉及私人、团体或公司利益的法律。[①] 在 18、19 世纪，英国议会通过了 4763 件与圈地有关的法案，其中以 1766 年通过的私法圈地程序最有代表性。它规定：首先，圈地由所在地大片地产所有者、保有公簿持有权宅地、农舍、地产和其他财产的签名人，拥有圈占土地面积 4/5 以上的人士同意，联合向下议院递交请愿书，并在那里宣读；其次，下议院按照请愿书起草和提出议案，在征求全体土地所有者和拥有公权利的业主的意见后，在没有委员会明确反对的情况下通过此议案；然后，在下议院三读通过后，议案在上议院通过并由国王同意，即可生效。[②] 相较于早期以议会公共法为主的圈地法，其规定更为深入细致。这源于私人法与议会公共法不同的立法目的：圈地的本质即实现私人土地的转让，同时需要强制力保障交易的进行，因而私人法制定了较多的关于交易细节的特别规定（purticular provision）；而早期的议会公共法则仅仅集中于对领主权利与佃户权利界限的一般条款（general terms）规定，而无法对具体圈地的实施作出规定。

由议会批准进行的私人圈地法案，过程极为烦琐。因而在 19 世纪初，圈地运动转由一般圈地法案来调整。第一个《统一圈地法》于 1801 年通过，旨在"促进敞地和可耕地的圈地"。《统一圈地法》中

---

① 参见张千帆主编：《土地管理制度比较研究》，中国民主法制出版社 2013 年版，第 8 页。
② 参见韦螢高等选译：《一六八九—一八一五年的英国》，商务印书馆 1997 年版，第 62—70 页；转引自卢海清、赵航：《关于英国圈地运动中失地农民权利保障的研究》，载《社会科学论坛》2006 年第 4 期，第 57 页。

规定的圈地程序可概括为：在敞地上拥有 2/3 的土地价值和面积的人士，组成一个圈地委员会来进行圈地工作。如果拥有 7/8 的土地的价值或面积的人士同意圈地，那么便无须圈地委员会干涉，可径直进行圈地。但该法没有提及对公地和荒地圈占的问题。^①整体的圈地运动方式呈现出由协议向国家一般法令调整的过程，整体上是个逐步纳入法律规范的过程。^②

二、现代英国征地法律的起源：以强制购买权演进为阐述路径

（一）其产生依赖于私人法（private acts）

英国土地的强制购买由四部分构成，各要素间紧密联系甚至存在重叠，但每个要素都有单独的法典进行规定。即：

强制购买授权；

征地选址；

土地征收；

补偿。^③

强制购买授权主要由授权性法律规定；征地范围的选址由 1981 年《土地征收法》进行规定；征收程序主要适用 1965 年《强制购买法》；征地补偿适用于 1961 年《土地补偿法》的相关规定。四部成文法典概括性实施，在具体案件中适用不同的特定程序。一方面，节约了程序成本和国会议事的时间；但另一方面，法律之间不可避免地存在重

---

① 参见沈汉：《英国土地制度史》，学林出版社 2005 年版，第 258 页。

② 参见王田田：《英国圈地运动中的法律规制》，载《求是学刊》2009 年第 1 期。

③ See Keith Davis，Law of compulsory purchase and compensation，Tolley Publishing Company 1994，p13.

复规定，上述区别规定的形式也带来了法律适用的混乱。

每一个私人圈地法都包含授权、选址、征收、补偿四个要素，并且不存在本质差异。利益相关的地主根据私人圈地法获得强制购买授权，凭借该授权可以直接逾越合同自由原则获得强制取得土地的权力。强制购买授权的取得可以看作是一种权利的交换，庄园主和共有权人用其对于公地的各项权利换取对私人街区或者小片土地的完全所有权或者不受限制的利用权。获得强制购买授权后，其他三项要素很容易达成：参照地图、规划或者其他方式确认征收土地的选址，并在私人法中进行明确；进入征收程序；创制新的土地权利，如果其重新获得的土地权益不足以等价替换其被剥夺的土地权益时，需给予一定的金钱补偿。

一次成功的圈地活动能够达成"一揽子交易"（package deal）的类似结果。圈地发起人有权任命圈地委员会（commissioners）对土地权利进行再分配，圈地委员会负责听取各方主张及反对意见，并且制定相应的圈地规划。圈地委员会负责"授权"（award），包括将闲置土地用于建设公共或者私人道路、学校、教养院以及其他特定用途，最终通过国会批准使该权利得以确认并巩固。这种土地的全面重新配置模式与20世纪的"全面发展"和"城市化重建"相似，只是圈地授权在农村进行，而后者在城市。但毫无疑问，缺少了强制购买程序，任何一项都难以进行。

"强制购买"是一项成功的立法实践，其收益远大于成本，逐渐成为19世纪早期圈地运动中通过私人法获得授权以强制性手段取得土地的常用方式。由于私人法由国会通过，所以征地授权要受到"越权规则"（ultra vires）的严格限制，从征收对象的确定、"公共利益"

的界定到征收权力的行使都要受到法律限制。[1]例如，修建运河和铁路必然需要巨额的资金投入，而这不可能由私人提供，修建工程很明显需要上述授权，并不允许任何私有土地权利人对此进行干涉或者利用征地讨价还价以获得巨额赔偿。应当由国会确定征地范围的边界，同时受"越权规则"的限制，对"公共利益"进行严格限缩，以保护他人的土地及权益不受损害。在强大的"公共利益"面前，合同自由原则毫无防备之力，因而更加需要完备的法律体系对"公共利益"进行限制。

如果同一块土地上，有些承包人主张建设运河和铁路、码头或市场，以期获得巨大的商业利益，而有些承包人主张建设水利工程、天然气工程和电力工程，前者总是会让位于后者。经营公共服务产业的私人机构必须进行国有化，实际上已经相当于公共机构。在很多情况下，当地授权机关会自己从事上述公共服务建设，因此私人机构和公共机构之间的界限极不明晰，不得不借助"越权规则"和强制购买授权进行区分。强制购买的授权要受到"越权规则"的严格限制：假设主体A获得法律授权实施目的X，那么授权机关不能将其延伸至目的Y，或者授权另一主体B实施这一目的行为。[2]为实现上述目的，授权机关需要征收必要的土地，征地授权极易产生"越权行为"，因此，其授权必须遵循"必要性"和"法定性"，即：第一，征地必须"必要"（necessary）或者至少"值得"（desirable），若非如此，任何强制性征收都会是"越权行为"。第二，授权必须基于"法定性"，法律

[1]See Keith Davis, Law of compulsory purchase and compensation, Tolley Publishing Company 1994, pp14—17.

[2]See Ashbury Railway Carriage and Iron Co. V. Riche（1875）, L.R.7 H.L.653.

必须明确规定征收的程序规则，否则任何程序都将成为"越权行为"。

（二）统一化的公共法时期

私人法个别性极强，导致国会批复某征地的过程非常烦琐，且各项私人法中包含了很多类似或相同的有关圈地程序的规定，国会立法多有重复，成本很高。① 私人法存在的大量细节的重复规定、易造成立法重复的缺陷为建立统一形式的公共法提供了论证，因此，1801 年国会决定简化圈地涉及的成本高昂的私人法案（private bill）程序，制定并通过了第一个《统一圈地法》，为圈地提供了统一的程序性规定，有关的程序性规则直接适用《统一圈地法》的规定，除非另有规定优先适用于私人法。② 这些规定并不意味着私人法退出舞台。相反，在个别圈地活动中，发起者仍然需要向国会申请批准特别的私人法，指明所圈之地、任命圈地委员和规定补偿细节。在 1801 年之前，首先达成圈地协议，而后国会通过制定私人法对具体案件中的征收进行授权。在 1801 年之后，国会预先制定统一条款规定，再适用于具体案件。在程序方面并没有很大变化，私人法确定具体案件中的土地和圈地委员会成员，主持征地会议、进行征地授权。1801 年《统一圈地法》是19 世纪中期《土地条款统一法》的先驱。③

1845 年首次出现了"强制购买"，修订后的圈地法废止了向国会申请私人法的必要，在英格兰和威尔士地区建立了独立的圈地委员

---

① 参见彭錞：《英国征地法律制度考察报告——历史、现实与启示》，载《行政法论丛》2011 年第 14 卷，第 94—133 页。

② 参见彭錞：《英国征地法律制度考察报告——历史、现实与启示》，载《行政法论丛》2011 年第 14 卷，第 94—133 页。

③ See Keith Davis，Law of compulsory purchase and compensation，Tolley Publishing Company，1994，p16.

会（inclosure commissioners），由委员会代替国会处理圈地申请，负责确认或者否认强制购买令，并处理控诉。圈地委员会实质上相当于一个中央政府部门，其职能由后来的农业部和渔业部（minister of agriculture and fisheries）取代。因此，1845年法案是一部授权性质的法案，征收主体通过该法案获得强制征收的授权（类似于现在强制购买令的取得），同时需要提出征收土地的申请，由征地委员会批准。程序上最大的变化在于征收和补偿方面的规定，两者相互联系，同时存在。征地纠纷在进入法庭之前，圈地委员会事先举行公开听证会听取各方陈述，尤其是针对强制购买令的反对意见或控诉。

（三）1845年《征地条款统一法》

1801年法案制定了征收程序的统一条款，简化了征地程序的规定，征地程序统一适用《统一圈地法》，除非私人法有特别规定。1845年国会完善了征收的多样性，制定了《征地条款统一法》，总体上包括以下几点内容：第一，圈地以外行使征地权力的相关程序和补偿适用统一的法律规定；第二，征地授权及地址选取依据"特别法"（Special Acts），特别法由申请者向国会提出，由后者批准；第三，政府除以强制购买方式征地外，还可协议购地（purchase by agreement），征地权力受到越权规则（the ultra vires rule）的制约：必须出于公共利益目的，其有效性依托于"特别法"。此外，公共机构的协议购买必须受到以下两点限制：购买本身必须得到法律授权；购地价格必须合理适当，不得超出正常范围。地方部门有权驳回任何违反其规则的购地经费申请，或者其有义务这样做。任何纳税人有权对政府滥用地方财政的行为起诉，地方机构基于信任的违背承担相应责任。[1]公共机构的合同自由受到"越权规则"的严格限制。[2]

1845 年《土地条款统一法》中的强制购买的规定并没有实际适用于圈地运动，即便其适用于其余大部分征收形式，主要基于三点理由：第一，圈地的法定程序发展到一定阶段之后才出现其他形式的征收，前文已经陈述过；第二，圈地中的土地取得不同于其他征收情况，由于权利剥夺的部分或全部当事人在征收中会获得权利的重新配置，因而从脱离严格的法定主义的事实或者经济角度而言，圈地是一种强制性的再分配而非土地的强制购买；第三，即便 1845 年制定的《统一圈地法》意图使圈地运动重获生机，圈地运动仍在 19 世纪 50 年代走向消亡。[3]在 19 世纪 60 年代至 70 年代，发生了大量的关于伦敦近郊空地的著名圈地纠纷。

（四）19 世纪后期

1845 年《征地条款统一法》建立了由中央政府部门批准征地决策的强制购买程序，自此无须再通过私人法或者公共法进行授权。1852 年《统一圈地法》规定特定类型的诉讼由国会和征地委员会受理。同其他一般程序一样，征地授权存在一个制衡系统，即强制购买令除由国会批准外，还需得到相关部长同意，无论公地还是公共领域的征收

---

[1]See A.-G.v.Wilson（1840），Cr.&Ph.i；A.-G.v.Newcastle-upon-Tyne Corporation（1889），23 Q.B.D.492；A.-G.v.De Winton，［1906］2 Ch.106，cited in Keith Davis，Law of compulsory purchase and compensation，Tolley Publishing Company 1994，p17.

[2]See William Cory &Son，Ltd.v.London Corporation，［1951］2 K.B. 476；［1951］2 All E.R. 85.

[3]See Keith Davis，Law of compulsory purchase and compensation，Tolley Publishing Company，1994，p18.

都应遵循这项规则。1852 年《统一圈地法》的修订规定圈地纠纷由国会和圈地委员会共同受理，逐渐开始涌现公众对圈地运动的反对，其异议部分源于对在圈地运动中失去习惯权利的当地居民的同情，而更多的是基于促进城市化发展而保留公共空间的需要。30 年来，圈地运动逐渐消亡。1876 年《公地法》（Commons Act 1876）确立了"圈地需利于社区化发展和私人利益"的原则，圈地必须兼顾"社区"（neighbourhood）和私人利益，公地将转化成供大众休闲使用的公共场所。[1] 地方政府通过《公地法》或者其他法律，取得公地所有权或者征收公地上的使用权、占有权，或者做出特别规定以限制或者保护上述权利。[2] 环境部国务大臣（secretary of state for environment）在收到地方公共机构关于圈地的调查报告后，认为符合条件的可以做出"临时性法令"，并申请国会批准，但是必须证明实施圈地比作为公共休闲场所更为可取，并且证明在特殊情况下圈地的可行性。

1845 年《土地条款统一法》（The Lands Clauses Consolidation Act 1845）中"这项法律适用于一切活动"的条款规定表明法律适用于任何特别授权性法律，其规定是必要且明智的。主要表现在第一部分的适用除外规定：其采用"1845 年《土地条款统一法》应当适用，除以下情形"的规定形式替代"以下情形将不适用本法"的表达，为其不被废止而被后来法 [3] 取代提供了可能。

---

[1] "'公地'即是所有公民共同使用以供休闲的土地。"参见 Law of Property Act 1925, s.193.

[2] See Metropolitan Commons Acts 1866 to 1898；Commons Acts 1899.

[3] 即 1965 年《强制购买法》。

（五）公共法取代私人法

1. 购买的标准程序

上文提到土地强制购买的四个要件：授权、征地选址、土地征收和补偿。《土地条款统一法》将征收程序和补偿两个要件从单独的私人法中独立出来，制定出具有统一适用性的公共法。《土地条款统一法》将征收程序作为核心问题，而征收补偿只是作为征收环节中需要考虑的众多因素之一。

在 20 世纪，国会逐渐承认了征收中补偿的重要性，而不再仅仅作为征收程序和证据的一个环节。补偿中关于补偿金额的评估规则极其重要，以致影响了补偿在强制购买程序中的地位。维多利亚时期的立法者认为唯一的问题是评估程序中补偿的确定是否需要由一名仲裁员、一名裁判员、一名法官、一名测量员或者两名非专业治安法官组成，但是法院很快意识到处理征地纠纷中确立估价原则的必要性，而不论程序如何设定。国会最终介入，将部分法院在处理主要案件中运用的规则确立为原则。而现有法律对于征地的对价支付进行了详细规定，但是另一方面，法律对于法院在处理其他的附带的主要方面的补偿规则并未涉及。事实上下面一段论述表明了判例法在补偿确定程序中的地位：

"此条应解读为'为所有案件提供一项权利'，使所有在征地中受到损害的人有权获得赔偿，这与 1845 年《土地条款统一法》第 68 条的理解一致……"[1]

宽泛地说，目前强制购买的第三、四个要件由单独的公共法进行

---

[1] See Compulsory Purchase Act 1965，s.10.

规定。征收程序最初出现在《统一土地法》中，后来由 1965 年《强制购买法》规定，在第三次 1968 年《城乡规划法》（Town and Country Planning Act 1968）修订时发生了重大变化，下文将做论述。补偿适用 1961 年《土地补偿法》的规定，除了一些例外情形，原则上适用 1965 年《强制购买法》，关于补偿的细节规定参照司法判例。

2. 圈地控诉及临时性法令

征地的授权及选址一直由"特别法"规定，直到 1845 年发生改变。强制购买的授权由私人法具体授权转变为公共法概括授权，通过不同领域的公共法向各领域授权。1875 年《公共健康法》（Public Health Act 1875）即授权地方机构以该法允许的各种形式强制取得土地。[1] 很明显，大部分公共法的立法目的并不在于确定被征收土地，也不是征地选址的合适方法。在极少数由公共法确定征地选址的案件中，其本身与当地私人法难有区分。[2] 授权进行强制购买的公共法主要有：《公共健康法》（Public Healh Acts）和《住房法》（Housing Acts）授权以公共健康或者住房功能为目的强制获得土地的权力；1944 年《教育法》（Education Act 1944）授权以教育建设为目的强制购买土地的权力；1969 年《警察法》（Post Office Act 1969）授权警察机构以行使职能为目的物的土地的权力，等等。

私人法确定征收土地选址的形式并未消失，而是作为例外情形，不再作为主要规则。公共法中对征地选址确立了独立的程序规则，主要由 1845 年《土地条款统一法》进行规定。由当事人向中央政府部

---

① 该法中的大部分规定在后法修订中被继承，如 1936 年的《公共健康法》。

② See Keith Davis, Law of compulsory purchase and compensation,Tolley Publishing Company, 1994，pp.121—122.

门提出征地申请，相关部长进行确认批准并作出"临时性法令"①，由圈地委员会确定征地的选址；1851 年之后的所有案件还需征得国会批准。

根据授权性法律规定，在具体强制征收案件中作出"临时性法令"已成为惯例，但是依然允许特别情况下，由征地权主体提起私人法案（private bill）的形式获得征地授权。"临时性法令"必须由相关部长根据征收主体的申请作出，并且提交国会批准，正常情况下以临时性法案的形式批量作出。所有临时命令草案必须提前公示，听取反对意见和申诉，由一名调查员主导进行地方公开调查，正如根据 1845 年《圈地统一法》提起的异议由圈地委员会的一名助理展开调查（inquiry）一样。相关部长决定征收，必须发布临时性法令，国会有权对其进行修正，但必须依据对临时性法令提出的异议申请。其相较于私人法案而言，由部长发起的方式也增加了被国会认可的机会，但是这种方式仍然需要国会程序审批，效率并没有得到提升。因此，在 1909 年《住房与城市规划法》（Housing，Town Planning Act 1909）和 1909 年《发展与道路建设基金法》（Development and Load Improvement Funds Act 1909）规定，强制购买令不再需要国会审批，只需要部长批准。但少数情况下，强制购买令在部长批准后，仍需提交国会通过"特别国会程序"（Specail Parliamentary Procedure）进行批准。

3. "强制购买令"的取得

"强制购买令"的出现取消了国会批准程序，对于征收主体而

---

① 《土地条款统一法》中规定强制购买由公共法概括授权时称为"临时性法令"，是由 1876 年《公地法》确立的适用于圈地活动的程序。

言更加便利。强制购买令出现于爱德华七世和阿斯奎斯时期，在《住宅法》（Housing Act）、1909 年《城乡规划法》（Town Planning Act 1909）、1909 年《住房与城市规划法》（Housing，Town Planning Act 1909）和 1909 年《发展和道路建设基金法》（Development and Load Improvement Funds Act 1909）中出现。强制购买令必须由相关的部长作出或者确认，不论是否得到修正，征收必须提前公示，并由一名调查员对异议和申诉进行公开调查。程序与临时性法令的程序相似，只是不再需经国会批准。虽然程序的一般规则或多或少趋于统一化，但是每个授权法的细节多有差异。1946 年制定了《土地征收法》，规定了强制购买令制定程序的统一规则，具有普遍适用性。即便特殊案件中特定细节会有不同，但主要规则是一致的。

即便少数情况下，强制购买令在部长批准后，仍需提交国会通过"特别国会程序"（special parliamentary procedure）进行批准，依据 1945 年和 1965 年的《决议（特别程序）法》赋予每一个审议机构通过决议取消强制购买令的期限。此项规定适用于任何决议，只要其制定需要"特别国会程序"的批准，而不仅仅适用于强制购买令。在此期间，所有授权性法律中的临时性法令的颁布必须以达到土地的强制购买为目的，在 1946 年《土地征收法》通过时，强制购买令正式取代临时性法令，强制购买令的取得需经特别国会程序批准，意味着征收仍需经国会详细审查，但不再以临时性法令的形式提交。[①]

---

①Keith Davis，Law of compulsory purchase and compensation，Tolley Publishing Company，1994，pp.23—24.

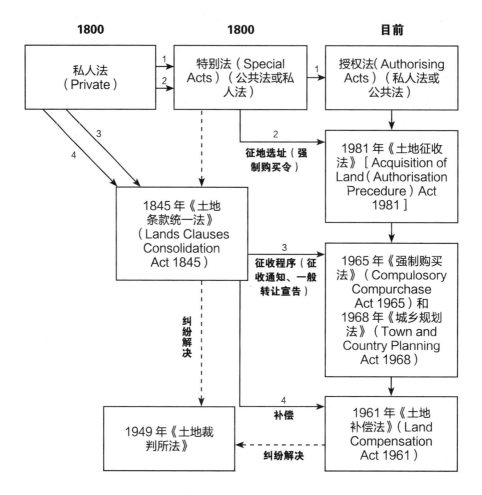

注：关于征收程序和补偿的具体规定参见1973年《土地补偿法》（Land Compensation Act 1973）、1975年《社区土地法》（Community Land Act 1975）和1976年《土地发展税法》（Development Land Tax Act 1976）。

三、英国现行征地法律体系

目前英国的土地征收法律制度由四大法律体系构成，分别规定征地过程中的四个主要部分。

第一，授权性法律规定每一个具体案件中何种主体以何种目的可以取得土地，征收能否以强制性方式进行；强制征收中，通过强制购买令的方式强制征收的土地的选址，以及强制购买令是否依据 1946 年《土地征收法》取得。同时，特别国会程序也会在授权性法律中规定。

第二，强制购买令的制定适用 1981 年《土地征收法》，特别案件中适用特别法规定。

第三，1965 年《强制购买法》对征收程序进行了统一规定。但特定案件适用特别法规定，如 1968 年《城乡规划法》（Town and Country Planning Act 1968）或者其他特别法。

第四，1961 年《土地补偿法》（Land Compensation Act 1961）规定了征收补偿的评估规则。对土地贬值的补偿规则则由 1965 年《强制购买法》、1973 年《土地补偿法》和 1975 年《社区土地法》予以规定。

授权性法律形式多样，需要在具体案件中进行确定，其数量极其庞大，不便在此介绍。由于规划在程序和补偿两方面都与强制购买有极大的联系，因而成文法对以规划为目的的强制购买的授权进行了例外规定。

<table>
<tr><td>第二节</td><td>英国土地征收"公共利益"的
解释路径</td></tr>
</table>

一、实体解释路径及完善

英国对于公共利益的实体解释路径可以概括为，对于公共利益概念的拆解，即先解释"公共"，再解释"利益"，进而将公共之意与利益之意合并构成对"公共利益"的内涵解释。

首先，对于公共的理解。学界集中于对"受益人是否特定"与"受益人是否多数"两个问题的探究，主要形成了"地域基础标准"和"开放性标准"两种主张。"地域基础标准"认为，公共代表的是一个相关空间内关系特定的大多数人的利益，即以地域和空间为划分标准，此区域内大多数人的利益即形成公共利益。"开放性标准"认为，公益是一个不确定的多数人的利益，这个不确定的多数人就是公共的含义。① 上述主张皆从"量"的层面界定公共利益。然而，随着经济社会的发展，公共利益的界定逐渐转向"质"的区分，对以受益人生活需

---

① 参见胡锦光、王锴：《论我国宪法中"公共利益"的界定》，载《中国法学》2005年第 1 期。

要的强度而定，尤其是人类生存所必需之利益，即便是少数人缺失的此部分利益仍然可认定为公共利益，极少数人的利益仍然具备公共性。

其次，对于利益的解释总是存在纠葛。一个政府行为不可能仅涉及一种利益与价值，在对立的基本价值之间，究竟如何界定"公共利益"？[1] 从哲学角度而言，利益表现为某个特定的客体对主体的意义，并且为主体自己或者其他评价直接认为、合理地假定或者承认对有关主体的存在有价值。[2] 因而，利益具有客观性、主体性和社会环境性。所谓客观性是指利益对于主体而言是客观存在的，不以人为的意志为转移；主观性表明利益对于主体的依附性，利益只能相对于主体而言才具有积极价值；而社会环境性决定利益的内容并非一成不变，其应当依据不同的社会环境赋予不同的内涵。总而言之，"随着社会的发展，公共利益总是处于不断发展变化之中，因而，公共利益反映着社会结构调整的需求"。在英国，无论圈地运动还是涉及其他财产权利的剥夺，公共利益的含义各异。早期对于圈地运动的支持主要基于促进农业发展；18世纪，出现了基于对小农户的不公平待遇而对圈地运动的控诉，此时期的许多圈地是在庄园成员之间根据他们过去利用公地的权利大小来划分公地，目的是使一个或者若干个大土地所有者排他地使用公地，而不再需要实行共同使用公地的制度，这对小农户来说无疑是一场灾难；[3] 到了19世纪，对圈地运动的控诉转向对公众舒适生活的威胁，且这种控诉达到了前者无法达到的程度，这也反映了当时政治环

---

① 参见刘连泰：《"公共利益"的解释困境及其突围》，载《文史哲》2006年第2期。
② 参见陈新民：《德国公法学基础理论》（上），山东人民出版社2001年版，第186页。
③ 参见彭錞：《英国征地法律制度考察报告——历史、现实与启示》，载《行政法论丛》2011年第14卷，第94—133页。

境和经济权力的转变。现在"公地"（commons）不再作为具有特殊农业用途和存在多种混合财产权利的领域，而是完全被视为供大众休闲使用的公共场所（places of public recreation）。为了有效利用公地，1965 年制定了《公地登记法》（Commons Registration Act 1965），用于对公地及村庄绿地的归属进行登记确认。

综上，笔者认为，对于公共利益的解释不可能适用单一的标准。从要素解释论而言，其必须符合"利益性""多数人利益性"及"比例性"。

公共利益的界定必须符合"利益性"。利益总是能通过一定的客观标准予以衡量和判断，若其缺失客观真实性、缺失实际的价值内容，其不能称之为公共利益。公共利益必须是在征收过程中能够切实感受到的，如拆除旧城区改造成商业区，表面上来看似乎不是为了公共利益，但是在改造过程中，对于环境利益的改善以及由此带来的经济利益，都是可以切身感受到的；若一项征收项目完全无意义，则不能体现公共利益的利益性。例如，拆除居民住房改造成商业办公楼，纯粹为商人带来商业利益的行为是不具备公众利益性的。当然，此处的利益性不仅包含短期利益，同样也包含长远利益的情况。

公共利益必须符合"多数人利益性"。公共利益不属于私人利益，其必须符合大多数人的利益需求，而公共作为不特定的利益群体，因而必须保持开放性。公共利益从来不等同于确定的特定集体的利益，集体利益具有排他性，而公共利益具有相容性，即增加新的受益者不会减少原有受益者的利益；如果将受益主体特定化，就会偏离"公共利益"的本源。①但是，公共利益的多数性存在一个特定的例外，即向弱势群体倾斜的利益可以成为公共利益，即便此类弱势群体的人数居于少数。

公共利益必须符合"比例性"。在英国，比例性原则成为授权性法律进行征地授权的重要指导原则，借以判断征地所追求的目的与使用的手段之间是否相称。英国征地制度中的比例性原则可以概括为两点：其一，征地决定应当作为实现公共利益的不得已的最后手段，若存在其他替代性方案，实施征地的决策便失去了正当性；其二，征地进行应当以最小限度地损害当事人利益为前提，这是对征地机构行使征地权的限制，公权力的形式必须符合比例性原则，以相对最小的代价实现公共利益，以体现征地的正当性。

二、"正面说明"路径困境及可能的突破

（一）英国征地法律采用"一事一议"说明机制解释公共利益

英国征地法律对于征地公共利益的规定采用的是正面说明、列举路径，其并不存在对于公共利益授权的一般性规定，而是通过具体法律对于具体的征地对象和项目进行说明的列举方式界定公共利益。

如，1972年《地方政府法》授权区自治会"在为履行地方自治机构职权，不能通过协议购地方式获得所需土地的情况下，行使征地权"；关于农业、林业和食品的征地公共利益主要通过1947年《农业法》和1967年《林业法》授权"用于农业研究、实验和展示""能够保

---

① 参见刘连泰主编：《宪法文本中的征收规范解释——以中国宪法第十三条第三款为中心》，中国政法大学出版社2014年版，第72页。

证农业用地最大程度的有效利用""控制农业单位的分割"以及"用于造林的土地"为目的的征地授权；关于教育，1982 年《教育法》规定"用于维护学校和其他教育机构"可以进行征地；关于住房问题，1985 年《住房法》、1985 年《住房协会法》和 1989 年《地方政府和住房法》规定了"发展辖区内的住房，改善人居环境，确保适当、高效的住房管理和使用""向已经登记的社会保障性住房房主和未登记的自建房屋协会出售或者出租住房""在城市重建区内整修房屋、改善人居环境，确保适当、高效的住房管理和使用"的目的可以进行征地。此外，还有 1982 年《民用航空法》、1892 年《军用土地法》、1982 年《工业发展法》、1968 年《乡村法》以及 1990 年《城乡规划法》等，都规定了不同具体类型的征地公共利益类型。[①]

综上可见，英国对于公共利益的现有法律规定是通过不同类型的公共法授权形式，而非根据立法上的总括规定。因此，英国征地公共利益并不存在放之四海而皆准的标准，对于具体征地事项的公共利益，只能采用"一事一议"的方式，对于特定领域的特定利益加以考察。

（二）"正向说明"路径之制度成因探析

笔者认为，英国征地法律之所以采取正向说明路径解释公共利益，乃是基于英国对公共利益采纳的程序解释路径。英国学者在对"什么是公共利益"问题的探究中面临太多尴尬，而最终将该问题转向"究竟由谁来界定公共利益"的问题。对此，在议会主权的英国，征收是不是为了公共用途，几乎成为一个由议会独断的政治问题，只要是议

---

① 参见张千帆主编：《土地管理制度与比较研究》，中国民主法制出版社 2013 年版，第 15—16 页。

会决定的征收决定必然是符合公共目的的，因此，由议会决定公共利益的制度根本不存在任何制度和传统的阻碍。[①]柏拉图早就提出，"统治者的利益就是真正的公共利益"[②]。为何统治者的利益能够代表公共利益呢？

英国利兹大学（University of Leeds）教授约翰·贝尔认为："公共利益凸显一个社会的基本价值，这些价值可以进行归纳——尽管无法穷尽。这些价值是维持和提升共同体所必需的，而不是让一部分人为另一部分人的幸福买单。"[③]公共利益具有抑制个人权利的正当性，因为个人具有双重身份——其同时作为共同体成员和作为私人的人，作为共同体成员决定共同体利益高于其个人利益，决定其因为保全共同体利益的需求而放弃个人利益的合法性，况且，共同体利益同样来源于同意。[④]统治者在立法过程中通过群众的广泛参与已然消解了公共利益与个人财产权中间的紧张关系，在参与过程中，国家机关和民众之间达成共识。

（三）可能的突破："类型化＋反向展开"路径

从方法论角度而言，公共利益作为不确定的概念不宜进行具体定义，但可以对其具有共同特征的具体情形进行抽象、概括，进而完成对不确定条款和概念的具体化过程，因此，公共利益可以通过类型化方式予以处理、做出列举，确定其在实际运用中的准确利益形态，进

---

① 参见刘连泰：《"公共利益"的解释困境及其突围》，载《文史哲》2006年第2期。

② ［古希腊］柏拉图：《柏拉图全集》，王晓朝译，人民出版社2002年版，第290页。

③ See John Bell, Public Interest: Policy or Principle, Roger Brownsword ed. Law and The Public Interest, Franz Steiner Verlag Stuttgart, 1993, p30.

④ 参见刘连泰：《"公共利益"的解释困境及其突围》，载《文史哲》2006年第2期。

而加以运用。拉轮次曾经指出："当抽象的一般概念及其逻辑体系不足以掌握生活现象或意义脉络的多样表现形态时，大家首先会想到的辅助思考形式是'类型'。"①具体而言，通过类型化方式定义公共利益具有以下积极意义：第一，通过类型化，可以保持公共利益界定的开放性，使其能够随客观环境的变化不断转换自身内涵。第二，类型化能够为其他利益形态提供保障。通过对实践中较为成功的公共利益类型予以归纳特定化，能够有效防止公共利益司法界定中过于泛滥的主观性，同时能够防止公权力机关对私人利益的肆意侵犯，有利于厘清公共利益与私人利益的边界，使权利人能够知悉其权利的边界所在。②

然而，实践操作中"公共利益"的界定仍然面临过于形而上，从而给予了公共权利部门太多的上下其手的空间。确实，对于公共利益的实体解释以及程序解释都属于对公共利益的正面说明，③如果在此基础上，能够为公共利益界定"下限"，即通过反面排除方式将不属于公共利益的情形予以排除，则能够进一步廓清公共利益的边界。在此情形下，只有在无法通过反向排除的情形下，才能套用对公共利益的正面说明，以甄别征收是否符合公共利益标准。笔者总结，征地中的公共利益必须排除以下几项：

1.政府自身的利益

公共利益的功能之一在于解决个人利益之间的冲突，由此需要建

---

① 参见王利明：《论征收制度中的公共利益》，载《政法论坛》2009年第2期。
② 参见王利明：《论征收制度中的公共利益》，载《政法论坛》2009年第2期。
③ 参见刘连泰：《"公共利益"的解释困境及其突围》，载《文史哲》2006年第2期。

立一个超越于个人利益之上的机构，①从这个意义上讲，"公共利益"
需要由政府来维护已经成为不容置疑的命题。但是实际中政府利益表
现为两种形态：其一是作为抽象的政府利益，政府作为经济人，在具
体经济关系中始终为自身利益的最大化做争取，因此该种层面上的政
府利益是指政府作为法人存在为自身争取最大化的利益；其二是国家
作为社会福祉的保卫者的利益，政府利益常用公共福祉字样表达，以
显示其社会性意义。但是从最一般的角度而言，言及政府利益皆指国
家政治统治需要的满足。②根据马克思的一般观点，政府利益代表统治
阶级的利益。但是统治阶级的利益是否代表公共利益、大多数人的利
益，要看统治阶级与被统治阶级之间的关系，在少数人作为统治阶层
时，其意志很难表达为公共利益。

　　一方面，政府利益总是存在与个人利益之间难以自圆其说的循环
论证问题。"没有国家权力及其代理人的介入，财产权利就无法得到
有效的界定、保护和实施，因此，国家权利就构成有效产权安排和经
济发展的一个必要条件。就此来看，没有国家就没有产权。另一方面，
国际权力介入产权安排和产权交易又是对个人财产权利的限制和侵
害，就会造成所有权的缺失，导致无效的产权安排和经济的衰落。"③
因此，政府自身行使征地权力时，存在极大可能将自身政府之利益"伪
装"成公共利益，进而危害个人财产权。因此，在认定公共利益时，
首先应当将政府利益排除在外。

---

① 参见刘连泰：《"公共利益"的解释困境及其突围》，载《文史哲》2006年第2期。
② 参见胡锦光、王锴：《论我国宪法中"公共利益"的界定》，载《中国法学》2005
年第1期。
③ 转引自卢现祥：《西方新制度经济学》，中国发展出版社1996年版，第167页及以下。

2. 纯商业利益

英国学者亚当·斯密论证了商业利益与社会利益之间的关系。在理性经济人的假设下，进入市场机制中的个人受到价格机制的引导，依照利益最大化原则进行商事交往，结果是在个人财富增加的同时，带来社会利益增加的效果，从而在客观上导致社会财富增加的客观现实。"每个人都在不断努力为他自己所能支配的资本找到最有利的用途，固然，他所考虑的不是社会利益，而是他自己的利益，但他对自身利益的研究自然会或毋宁说必然会引导他选定最有利于社会的用途。"[①]

我们不得不承认，英国征收公共利益界定的发展历史表明，公共利益的内涵一直处于扩张趋势。在某些情况下，某些具有商业利益的因素也被纳入公共利益的范畴，尤其是在旧城改造等情况下。并不能说商业利益应当被完全排除在公共利益的范畴之外，我们必须承认含有商业利益的公共利益依然能够造福于社会，提升公众社会利益。具体表现在：第一，商业开发被纳入旧城改造和基础设施建设过程中，具有改善公共卫生条件的良好方面；第二，商业开发中的配套设施建设可以服务于大众，如配套建设的幼儿园、小学，大大提升了该区域居民的生活水平；第三，危房改造中的商业行为可以提升市容，改善环境，吸引外商投资等。这些具有公共利益的商业开发一方面能够减轻政府财政压力，另一方面可以改善社会及民众环境，提升公共福祉，不应当被禁止。从这个意义上，笔者将基于商业利益行为导致增加的

---

① ［英］亚当·斯密：《国民财富的性质和原因的研究》，郭大力、王亚南译，商务印书馆 2009 年版，第 25 页；转引自余少祥：《什么是公共利益——西方法哲学中公共利益概念解析》，载《江淮论坛》2010 年第 2 期。

公共利益为"通过市场实现的公共利益"，因为一方面，它是个人商业利益的副产品，是在个人基于市场利益行为基础上客观增加的公共利益；另一方面，其是客观存在的，之所以能够被发现，是因为社会福祉客观意义上的增加，而政府通过征收行为实现的公共利益属于"主观意义"上的公共利益，其并不一定能够实现。

　　总体而言，商业利益并不能全部从公共利益之中排除，只有单纯的商业利益应当被排除。应当根据具体个案进行具体分析，看其是否因商业利益行为致使公共利益客观层面上增加了。

<table>
<tr><td>第三节</td><td>英国土地强制
购买补偿</td></tr>
</table>

一、强制购买补偿的价格构成

（一）侵扰补偿以侵权损害赔偿为参照标准

"根据国会法令规定，权利人想要获得赔偿，其必须一劳永逸地就所有可预见的合理损害提出索赔请求。"[1]普通法中的"损害"包括不当行为和因不当行为获得的赔偿。因此，在强制购买中"损害"不仅包括征收行为，还包括因征收而需支付的补偿。而在诉讼中，"损害"及补偿的确定应当尽可能地涵盖所有的索赔请求项，赔偿的总额应当相当于因强制购买而产生的所有"真实损失"。"真实损失"的组成部分仍然具有可区分性。首先，被征收土地的价值是购买价格的重要组成部分：法律仍然将这种交换视为购买，即便其具有强制性。其次，未征收土地的价值贬损也是损失的构成部分。因而，购买价格补偿被认为等同于合同法约束下的销售价格，征收补偿等同于侵权损害赔偿。

---

[1] See Chamberlain v. West End of London and Crystal Palace Rail .Co.（1862），2 B&S.617.

"非直接基于土地价值的侵扰或者其他事项"的赔偿很难通过类似手段处理，其相较于一般损害的赔偿具有特殊性。因而，对于征收所获补偿的价格将区分为两个部分：土地购买价格的补偿和对土地"侵扰"损害的补偿。第一部分的价格参照普通法中的合同价格，对于"侵扰"的补偿，与其最为接近的类比即普通法中侵权损害赔偿的判决。但是，这种类比的准确性远远不够，在一些案件中补偿的支付往往基于比侵权损害更为广泛的理由。

（二）土地价值以自由市场价格为标准

在处理补偿纠纷时，与普通法的类比远比裁判时涉及的规则更为深入。整个强制购买程序本身依赖于普通法的类推适用。事实上，两者区别的唯一原因在于强制力的构成要素，并且强制征收与普通法上的土地协议购买的区别可追溯到强制力的必要性。征收的目的受到"越权原则"的约束，因此，征收必须由法定机构执行。强制征收购买价格对于普通法上土地协议购买的类比适用具有合理性。

1."征收通知"产生"准合同关系"

在英国，强制购买或者征收的最后一个阶段同协议交易相同，称为"交易达成"（completion）。此时，土地所有权通过财产转让转移给征收主体。在征收过程中，财产转让与通过 1968 年《城乡规划法》授权的"一般转让宣告"（general vesting declaration）程序进行，但是此项新的程序需以通过签订强制购买中单方执行的契约进行财产让与的方式运行。[1] 同时，这一程序缩短了"征收通知"（notice to treat）程序的送达时间。征收通知乃基于特别的法律授权，以强制购

---

①See Town and Country Planning Act 1968，3rd Schedule ，para.7.

买令的形式做出的法定购买意向。征收必须基于法定性，征收决定的产生只能基于授权，这也是强制买卖与自由买卖的区别，即征收通知的下达可以省去基于合同达成的合意。正如阿特金森大法官在苏维莫投资有限公司诉环境大厦案（Sovmots Investments Ltd. V. Secretary of State for the Environment）中所言："征收不可能经由暗示或者意图而发生，其产生必须基于授权。因此，在格莱斯诉达德利公司案（Grice v. Dudley Corporation）中阐述了自由买卖与强制买卖之间的本质区别：'通过"征收通知"创造的当事人间的关系被称为"准合同关系"（quasi-contract）。'"

在芒顿诉大伦敦议会案（Munton v. Greater London Council 案中，上诉法院阐明了合同法与土地强制征收法之间的关系，伦敦纽汉自治州的议会根据1957年《住房法》第三章的授权，在贫民窟清拆过程中强制购买了申请人的房屋及其他设施。在征收通知送达后，申诉者的调查员以签订契约为条件接受了3400英镑（由地方股价者提供）。最终议会根据登记公告取得占有。申请者要求对价格进行重新磋商，地方股价也适时将价格提高了50%，到5100英镑。但是，在接下来的几个月，财产市场的价格暴跌。议会就5100英镑的价格提出质疑，并主张最初的3400英镑具有法律约束力；但是土地仲裁庭和上诉法院支持了5100英镑的主张。

阿特金森大法官承认："在强制征收中，'以签订契约为目的'的用语并没有真正的适用。其达成的价格协议仅仅是一个临时性的数字。"征收机构送达"征收通知"后，即达成价格协议，然后完成财产转让与金钱支付。但是"征收通知"不仅仅是一项谈判行为，因为"它约束征收机构购买以及所有权人出售都应按照一个确定的价格"。

因此，使用"以签订契约为目的"或其他用语旨在表达协议的临时性，评估程序对双方都保持开放状态。但是，土地征收中达成的有约束力的价格协议同样具有强制力，无论是口头还是书面形式。

2."补偿"具备合同补正效力

作为财产转让形式的最终阶段，强制购买与协议转让是相通的。但是追溯到开始较为简单的程序阶段便可发现两者的区别：土地协议转让的源头是合同；强制购买是基于"征收通知"，而征收通知本质上不是合同。[1]但是，强制购买中作为有约束力并可强制执行合同中的等价交换物，直到补偿标准确定之前都是不存在的，而等价交换物在协议购买中自始至终都是确定的。因此，征收通知和补偿共同构成了一个合同，这项合同同普通的土地购买协议具有同等法律效力。

二、征收补偿价格的确定规则

（一）土地价值的确定

"根据国会法案有权获得补偿的权利人，需将对其造成的所有可合理预见的损害汇总，提出一项索赔要求。"[2]同理，"考虑到所有条件后确定的补偿或者价格，实质上是一个总的数额"[3]。征收补偿价格需一次性支付（the lump sum），并且征收前后需要保持土地价值总量不减少。简单地说，如果征收的是一个整体的地块，也即意味着所有权人损失的仅为土地价值，其应当获得等量价值的金钱数额：假定被强制征收的财产价值为10000英镑，被征收人获得的补偿数额也应

①See Harding v. Metropolitan Rail .Co.（1872），7 Ch.App.154.

②See（1863），2 B.&S.617. See Chamberlain v. West End of London and Crystal Palace Rail.Co.

③See［1941］2 K.B.26；［1941］1 ALL E.R.480.See Horn v. Sunderland Corporation.

为10000英镑。但如果仅征收所有权人财产的一半，该项财产整体价值为10000英镑，所有权人最终享有的权利价值应为10000英镑：由5000英镑的剩余土地的价值和5000英镑的补偿金额构成。但是在实践中经常出现的情况是：为征收一项整体价值为10000英镑的土地的一半，向所有权人支付了5000英镑的交易价格；然后，由于各种原因，剩余土地的价值受到贬损，而不足整体价值的一半，例如只能达到其2/5，因此，要维持所有权人最终享有的权益总和为10000英镑，就必须支付一项额外的补偿。该情形下，所有权人最终享有的土地权益仍为10000英镑，其由4000英镑的剩余土地价值和5000英镑的交易价值还有1000英镑的额外补偿构成。[①]但在征收补偿请求中，只能针对由两项补偿组成的总体损失金额提出补偿请求，此乃一次性支付的意义所在。

1. 市场价值

其实，市场价值是土地强制购买过程中的一个悖论。称其为悖论，是因为"市场价值"的判断应当是在一个纯粹自然的环境中，即买卖双方应当在"最小人为干预"的环境中达成成交价格，理论上应当是没有任何人为的干预。但是"自由市场"的环境与强制购买的环境截然相反，强制购买本身就是一个既定的限制局面。假定征收机构没有出现，土地所有权人可以在公开市场以（X+Y）英镑的价格出售其土地。但一旦通过强制购买程序，则不会再有其他买家有购买意图。因此，土地价格将会减少到仅有 X 英镑。因此，评估过程中必须为其设立一系列相关的交易环境。实践中，土地市场价值的确定需要经由法律规

---

① 事实上，其构成多于两项；但是"侵扰"被视为被征收土地购买价格的一部分。

则和判例法的双重指引。

在 1919 年之前，对于征收补偿中存在的诸多问题，都能够被专业评估员独立解决，而不需要特定法律的指引。而这些大多会提交至法院，法院在处理这些争议过程中形成了一系列适用规则，包括以合同法为基础、运用法律解释原则发展的土地强制性出卖的适用规则以及运用合理性规则得出的适用规则。1919 年国会制定《土地征收法》，规定了补偿评估的法定规则，但其规定只是一种概括性规定，而不涉及补偿中的细节问题，因而在法律适用中，其与法院先前发展的规则并未出现任何冲突。基于此，对于强制购买价格的评估已经形成了一个全面的法律框架，既包括在成文法中概括出的部分原则，也包括司法判例中包含的部分原则。

2. 市场价值评估应遵循六项基本原则

1919 年《土地征收法》第 2 条经过 1961 年《土地补偿法》第 5 条细微的用语变化，制定了市场价值评估的六项基本原则。其之所以被视为基本原则，是因为其价值评估仅与被征收的土地有关，而没有过多考虑受到影响的其他土地。除征收土地价值补偿外，未征收土地价值的贬损在很多案件中也在补偿的范围内。1961 年《土地补偿法》第 5 条规定"与强制购买有关的所有补偿都应进行评估……"，由该规定可以推断出补偿足以涵盖保留土地的价值贬损和征收土地的价值支付。该规定还提到了在任何情况下，对"非直接基于土地价值"的补偿，如果该项准则能够适用，对于土地贬损的补偿以及购买价格补偿都将作为"直接基于土地价值"的补偿；并且第 5 条的规定将同时适用于两类补偿。

（1）土地价格以自由市场价格为标准

其一，征收补偿应忽视其强制性。《土地补偿法》第 6 条规定，补偿不考虑征收本身的强制性。根据英国习惯法，为缓和征收的强制性，通常会额外给予 10% 的补偿。但是第 6 条已经不允许这额外的 10% 的补偿了。任何额外的津贴补偿是否应当被允许，是一个严肃的政治问题。在 1919 年以前，司法判例要求因征收的强制性而给予额外补偿；但 1919 年《土地（补偿估价）法》第 2 条和 1961 年《土地补偿法》第 5 条废除了这一做法，要求征收补偿的确定过程中忽略征收本身的强制性。①

其二，土地价格在模拟自由交易市场环境下的期得价格为标准。《土地补偿法》第 5 条规定"对土地的补偿应按照在其自由市场上自由出售所期得的价格"。对于该项原则，笔者必须阐明以下三点：第一，"自愿出售"（willing seller），即不考虑征收的强制性，而假设卖方自愿。由于征收过程中，卖方"自愿"（willing）将强制性体现为征收的强制性或者是基于强制权签订的强制购买协议的约束力。在评估员对征收土地市场价值进行评估时，需要假定一个"自由"交易的环境，将土地的营销假定为一个不同于强制购买的抽象交易——尤其是对土地折损价值进行补偿评估。第二，被征收土地价格区分为固定资产和软资产。土地强制购买价格的补偿（或者对可能造成的土地价值贬损的补偿）应当作为固定资产，而土地上产物、收入或者能够作为独立实体的未来利益的补偿应作为软资产而适用"Pointe Gourde"规则确定补偿。对既存商户当前的营业损失以及"商誉"损失，可主张受到"侵扰"而获得补偿，基于"侵扰"的补偿包括对营业的侵扰，而且"商誉"

---

① See Hughes v. Doncaster MBC［1991］1 AC 382，per Lord Bridge，at 392H.

本就可作为营业者的固定资产而具有商业价值；但是建筑开发商的预期收益被排除在补偿范围之外。第三，"公开市场"（open market）意指一个所有潜在购买方都能参与的市场。因而，在该假定土地交易中应当有自愿出售的卖家和自愿购买的买家。"自愿出售"即指意志自由，而不要求权利人"不获取任何能够取得的土地价款而自愿出卖土地"。"期得价格"（a price which the land is expected to realise）的判断需要有资质的评估员提出专业的意见——在考虑所有的关于征收财产的特殊情况，包括土地的性能、对该土地的需求以及可能的购买者的情况下。"期得价格"为已知一个具有资质的卖家，在认真了解特定地块的特点、潜力、市场需求和潜在买家之后，期待获得的合理价格。这一价格未必与实际市场价格完全吻合，但一个合格的评估者应当能使两者差异不大。①因此，可以进一步推断，对于征收的自愿性可能是假定的，但是对于市场状况的考量应当是真实的。②特定土地在特定时间的市场价格一般可以依据市场上类似土地的价格，但有些土地由于其特点或潜力，无法通过类比方法进行估价。这时就需要评估员尽可能地根据已知材料估计自愿出售者的期得价格。③

（2）土地价值需基于一般用途确定

《土地补偿法》第 5 条规定："如果土地的某种特殊价值（special

---

① 参见彭錞：《英国征地法律制度考察报告——历史、现实与启示》，载《行政法论丛》2011 年第 14 卷，第 94—133 页。

② 对于征收财产的限制条件应当纳入参考范围：Corrie v. MacDermott，［1914］A.C.1056. 假定征收财产中包括特许卖烟的餐馆（或旅店），那么在进行价值评估时应当将该特许价值考虑在内。

③ 参见彭錞：《英国征地法律制度考察报告——历史、现实与启示》，载《行政法论丛》2011 年第 14 卷，第 94—133 页。

suitability or adaptability）必须通过行使法定权力才能实现，或者市场上不存在对该土地的一般性需求或不存在该市场，除具有特定需求的特殊购买者或者具有强制征收权的征收机构的需要，则补偿不考虑该特殊价值。"如曼彻斯特公司诉奥萨林斯基伯爵夫人（Manchester Corporation v. Countess Ossalinsky）案件中，征收机构出于修建供水工程的目的，欲征收一块毗邻湖的土地。由于征收机构的修建供水工程的目的，该土地价值无疑将获得提升，因此，征收机构必须支付多于任何市场购买者的出价以取得湖岸地块。但是，在该项规定下，征收机构无须为工程所致价值的提升支付相应对价。

该条款下的"市场不存在"的理解非常重要。"市场"不一定要包含大于一个的购买者，事实上，对于一项财产的买卖，经常存在多个不同的市场。卖家总是希望以最高的价格出售，而无论该价格是在较大的"市场"还是较小的"市场"中存在的，换句话说，无论该市场包含上百个买家还是仅有一个买家。如果根本不存在"真实"的买家，则"市场"不存在。而在征收过程中，征收补偿必须基于市场的一般性，因而单一特定需求的购买者的存在并不能组成征收拟定的市场。"单一购买者的特定需求"应成判断"市场是否存在"的关键因素。如果该土地的预期用途只有基于特定需要的单一的特定购买者对该土地存在需求，或者只有授权法授权的具有强制权的公共机构能够实施的工程对该土地存在需求，那么可以认定不存在有效"市场"。

在有效市场不存在的情况下，如何确定土地市场价值；对此，第5条规定了一项具有重要实践意义的原则："当市场上不存在对特定土地的一般性需求或不存在该市场的情况下，对土地的补偿可依据同等重置的合理花费（reasonable cost of equivalent reinstatement）来计算。"① 该规则适用于公开市场上不存在买主愿意购买被征收土地的情形，即市场对于被征收土地不存在市场和一般性需求的用途，该征收土地的价格可以适用"同等重置"原则，并且将"能够确定同等重置总费用的重建工程合同签订之时"确定为同等重置开始之日，保证重置的花费不能高于（过分高于）征收土地的价值。② 应当注意，对于"同等重置"适用情形中不存在市场和一般性需求的用途应做出合理解释，不能使之范围过窄，对此，土地裁判所拥有自由裁量权，但其行使权力必须结合具体案件确定。例如，在阿斯顿慈善信托有限公司诉伦敦斯特普尼自治市议会（Aston Charities Trust，Ltd. V. Stepney Borough Council 案中，基于战时轰炸造成的损害要求信托组织放弃大厦的大部分使用，并将其出租用于储藏用途，该公益信托大厦的用途即可视为用于"不存在市场和一般性需求"。

对于"同等重置"的花费是否合理，应当结合具体案件情况分别处理。在佐尔独立散会受托人诉罗切斯特公司（Zoar Independent Church Trustees v. Rochester Corporation）案中，被征收建筑内包含一个教堂，而此大厦大部分用于宗教用途，而"偶尔或者部分地将大厦用于其原始用途之外的用途"。该案争议的焦点在于原始教堂是否应当重置？该案中原始教堂在当时仍在使用，因而在同等重置下其使用应当延续。而对于极具纪念意义的富有现代建筑功能的维多利亚式

---

① 参见彭錞：《英国征地法律制度考察报告——历史、现实与启示》，载《行政法论丛》2011 年第 14 卷，第 94—133 页。

② 同时可以参见 Nonentities Society（Trustees）v. Kidderminster Borough Council（1970）.22 P&C.R.224 和 Manchester Homeopathic Clinic（Trustee）v. Manchester Corporation（1970），22 P.&C.R.241，案件中关于电影院和诊所的同等重置的主张被支持。两案中都不存在市场需求，但都存在别处进行重置的真实合理的意图。

建筑群而言，对其是否达到了事实上"重置"或者"具有可比价值"的程度却相当困难。①

（3）超出合理范围的征收行为增值不予补偿

第 5 条规定的第四个原则是："如果土地因违反法律规定或被任何法院限制或有害居民或者公众健康的用途而增值，该增值不纳入补偿范围。"任何有害行为都不能认为是正当权限内的行为，其不能得到授权性法律的支持，即此征收行为因违反合理性原则而难以确立正当性，对于该征收行为所致损害将得到民事损害赔偿救济或者其他合理救济。在大都会庇护区诉希尔（Metropolitan Asylum District v. Hill）案件中，明确阐述了这种区分；案件中公共机构依据明确的法律授权决定建立一家天花医院，而这种土地的利用目的对毗邻土地构成了损害，因而毗邻土地所有权人成功取得了该块土地利用的禁令。一般法授权并不能使得特别规划具有正当性，因为授权范围内的自由裁量权必须被合理运用，当根据法令规定或者特定环境下没有更合适的选择时，上述选址妨害毗邻权利人的利益的方式才具有合理性。正如阿特金森大法官所言："当公共机构具有法定权力自主决定权力的行使是以一种有害第三人的方式还是以对第三方无害的方式进行，而且其都有能力这样做，其若选择了前一种方式而非后一种方式行使其权力，

---

① "同等重置"原则中最难以确定的因素即"预期发展价值"的评估。这将在下节中进行讨论；但需要说明的是，由于用于某一特殊价值被征收的土地，其正常价值的判断只考虑其现存使用价值的评估。假定征收场所对于开发商而言极具吸引力，并且存在或可以预测存在对该场所开发的利润极其丰厚的规划许可，其开发后的市场价值（包含拆迁费用在内）远远超过"同等重置"的费用，那么该种情况下，发展价值才是 xx 补偿的正确数值，而非其"同等重置"的费用。

该机构应承担其玩忽职守的责任。"①

（4）征收补偿应当包含"对土地侵扰"的补偿

第5条中规定的最后一项规则即"对土地补偿按照公开市场价格进行计算，但这并不影响对土地造成的侵扰或其他与土地价值不直接相关的损失进行补偿"。应当注意，"土地分割"和"严重损害"不同于"与土地价值直接相关"的"侵扰"，这点将在下文进行阐述。

（5）市场价值确定应脱离征收机构特定工程所致价值变化

土地公开市场评估并不考虑征收所服务的项目对土地价值的提升或降低，即仅仅与征收所服务的项目有关的价值升值，并不需要支付额外的补偿。二战期间，为修建一个美国海军基地（United States naval base），英国皇冠酒店强制征收了一块位于特立尼拉岛上的土地。土地所有权人要求以土地的市场价值为标准补偿，并针对其本地采石场生产的石头提出了额外的补偿要求。其主张这些石头对于海军基地而言有极其重要的价值，节约了从更远的地方搬运其他石头的成本——当然，其主张建立在石头已经被挖掘或者将要被挖掘的基础上。该项索赔主张被拒绝。采石场生产的石头仅仅与征收机构的特定工程相关（即对于海军基地的建设有用处），而不会影响土地的一般市场价值，因为除征收机构之外不会再有其他任何人会对这些石头支付额外的费用，不会有人因为想要利用这些石头而需求整块土地，只会因为对这块土地有需求，而采石场仅仅构成该土地上的既存财产。对石头有需求的人仅会购买石头本身，而不会购买生产石头的土地。采石场经营者的要求体现在土地的一般市场价值中。这项规则后来称之为

---

①See［1927］A.C.226.

"Pointe Gourde"规则。

（6）征地规划制定后的土地贬值不被补偿

根据 1961 年《土地补偿法》第 9 条的规定，由于在当前的发展规划或者其他规划中已经"做出了相应的提示"，则由征收带来的"相关土地"的贬值应当不被考虑，也就是说，已经在发展规划或者通过其他方式做出了该土地"将要或者可能被征收机构强制购买"的提示下，任何基于征收机构的行为带来的补偿的减损都是不被允许的。在威尔逊诉利物浦市议会（Wilson v. Liverpool City Council）[1]案件中为实施国民住宅（英国市、镇、郡等地方当局营造的简易住宅）项目，征收机构进行了强制购买。在强制购买令批准之后，毗邻所有权人（其对强制购买令已被批准是知情的）将其一部分土地以每英亩 6700 英镑的价格出售给一个私人开发商。丹宁大法官阐述道："买卖双方达成的价格是提高后的价格，因为双方都已知晓毗邻土地的开发项目；并且已经知晓市议会将要安置污水处理工程等，该开发商利用了这一点。"土地裁判所对该土地的强制购买的价值评估仅为每英亩 4600英镑，即便该毗邻土地具有与征收土地价值上的相关性。征收机构忽视了两块土地间的价值差，将其作为"完全由于征收服务工程带来的潜在价值增长"，最终该案适用"Pointe Gourde"规则。[2]丹宁大法官评论道："该项目具有进步意义。在实施开端不仅模糊而且所知甚少。但是随着时间的推进，逐渐变得明晰，直到知晓全部。相应地，该进展对于价值的评估具有积极意义。最初，由于项目的模糊性和不确定

---

①See ［1971］1 ALL E.R.628；［1971］1 W.L.R.302.

②该案中两者之间的价值差别不同于土地"既存使用价值"和"发展价值"之间的差别。这点将在后文予以讨论。

性，该积极效果不明显。随着项目逐渐变得明晰、确定，其影响也逐渐增加。但是，无论该增长幅度大小，在价值评估阶段都不予考虑。"

3. 土地价值的评估规则

（1）评估时间

评估日期的确定是征收补偿程序中极其重要的问题之一。显而易见，征收通知是确定征收的权利内容的程序性步骤。被征收的权益内容在征收通知送达时确定。在送达日之后，该权益能够通过分配转让；但是在征收通知送达之后创设的新权利不能加重征收机构的补偿负担。因此，征收通知的送达日期同时作为补偿的评估日期已经成为一项被认可的规则。在纽汉伦敦区议会诉本杰明案（Newham London Borough Council v. Benjamin）案件中，丹宁大法官评论道："假定补偿的评估根据'征收通知'的规定进行，那么补偿将在征收通知送达当日立即评估……""立即"与"征收通知送达当日"并列使用，说明两者时间相同。

（2）提交土地裁判所评估

通常情况下，对补偿价值的评估由土地裁判所进行。土地裁判所不仅要负责法律的适用，还要进行争议裁定和专家事实的认定。土地裁判所的裁定接受上诉法院和上议院的复核。对于较为复杂且没有相关的权威判例存在的问题，需要提交上议院和上诉法庭裁决。1965 年《强制购买法》第 8 条规定："如果权利人没有在'征收意向通知'（征收机构宣告其征收意向的通知）送达后 21 天内收到征收通知，或者权利人和征收机构就补偿数额没有达成合意，上述有关补偿的争议应当提交土地裁判所。征收机构应当向被征收权利人的权益支付补偿，包括有权出卖征收财产的权利人，和因征收的执行而受到权益损害的权利人。"1961 年《土地补偿法》第 1 条作出了相似的陈述，有关强制购买补偿的争议提交土地裁判所处理，[①]同时，土地裁判所可以处理仅征收部分土地情况下，租赁收益的分配争议。

（3）封闭出价程序

对于征收双方对补偿价格形成合意的，该争议将提交土地裁判所处理。提交土地裁判所处理后，原告可以向征收机构送达一份书面出价通知，告知其请求中要价数额，"以使征收机构能够及时地作出更加合理的出价"。该出价称为"封闭出价"（sealed offer），即该出价提供给裁判所但是在审理中不公开。该项通知"必须载明补偿的权益性质，以及补偿权益的细节，将请求补偿的总数额区别于各分开项目，并且展示该补偿总额是如何计算的"[②]。

假定在征收通知实际送达或者视为送达之日起 21 天内，出价申请没有提交或者补偿价格谈判尚未开始，那么"该补偿争议应提交土地裁判所处理"，同时该项出价申请在提交征收机构时必须给予其"作出更准确出价的合理时间"。如果在同一块土地上存在多项权利或者多个征收通知，征收机构可以要求土地裁判所合并程序，一并处理申请。

土地裁判所登记员必须对案件进行登记，并且将通知复印件送达另一方当事人。[③]土地裁判所公开开庭并且公开检测土地。土地裁判所

---

① 土地裁判所（由 1949 年《土地裁判所法》设立）于 1950 年正式取代行政仲裁专家组处理补偿纠纷。1949 年《土地裁判所法》第 3 条授权大法官制定裁判所的程序规则。目前制定的有效的是 1975 年《土地裁判规则》。

②1961 年《土地补偿法》第 4 条第 1 款和第 2 款。

③1975 年《土地裁判规则》第 16、17 条。

的一个或部分成员由总统选任，负责审理初步的法律要点。如果一个案件涉及"特殊知识"，总统可以任命一名或者多名评估员援助裁判所审理。土地裁判所的裁决应当以书面的形式，应当附加裁判理由陈述，除非裁判所认为口头裁决理由陈述更为适宜。①

（4）延迟支付

为补偿申请必须以一个汇总的数额"针对能够合理预见的所有损害……一次性全部"提出；然而，其隐含的含义是，对于不能合理预见的扩大的损失可以在这之后单独提出申请。②在实践中，在取得双方当事人的同意后，可以采取以延付租金的方式支付强制购买价款。如果价款在截止期限后拖欠超过30天，可以向高等法院提交书面申请，或者要求抛售征收机构的货物或者动产。③

（5）预先支付

对于预先支付补偿价款的问题尚未有法律的明确规定。但是根据住房管理部和地方政府NO.15/69号通知，此类预先支付的方式应"尽

①Ibid 第 VII 部分（第31—62条）。如果裁判所裁决的补偿数额或者确定的价值是根据一项法律要点的判决作出的，而该法律要点是该征收程序中的争议点，那么裁判所应当在判决中陈述另外一种可能情况：即如果该法律要点作出另外处理之后能够确定的或者评估的补偿数额。

在 Wilson v. Liverpool City Council，上诉人并没有要求土地裁判所陈述另外一种可能的判决情形。丹宁大法官认为："上诉法院对于土地裁判所一审判决中对于法律要点的错误判断进行补救，当然在上诉法院的权限之内……但是此事事关法院的自由裁量权。"此案中自由裁量权并不能适用，因为申请人未能使用裁判选择程序。申请人和征收机构必须严格看待此项程序。

②Re Ware and Regent's Canal Co.（1854），9 Exch.395. cited in Keith Davis，Law of compulsory purchase and compensation（Tolley Publishing Company 1994，5 th edition），p.168.

③1965 年《强制购买法》第 24 条。

可能适用于通过一般转让宣告程序"进行的土地强制购买情形。因为在通过征收通知程序进行的土地强制购买程序中适用预先支付方式，"需要提高财政支出，这可能会对征收进程造成妨碍"，而通过一般转让宣告完成的财产转移要更快于通过征收通知程序进行的财产让与。[①]然而，在预先支付情形中，可能存在对于补偿价款的过高支付。提前支付的金额通常是补偿金额的90%，该补偿金额可以是双方达成合意的金额，或者是（在缺少协议时）由征收机构估算的金额。假定后来发现该补偿被错误估算导致支付错误，该补偿一经要求即刻偿还。1968年《城乡规划法》附件3第10—15段授权征收机构收回通过一般转让宣告程序多付的征收补偿金额。此处可以收回的多付金额必须是关于未公开的产权负担或者征收土地或者被征收的部分土地并不真实存在的权利支付的补偿。[②]

预先支付方式的应用需要申请人主动向征收机构提出申请。其表现为两种方式：其一，申请人可以向已经取得占有的征收机构提出提前支付的要求；其二，在征收住宅以建造国民住宅（英国市、镇、郡等地方当局营造的简易住宅）情况下，向被征收人送达通知允许其继续居住。根据《城乡规划法》第52条，预先支付的款项应当在当地登记部门进行登记；假定在此之后补偿接收者对土地进行了出租或者处置，那么征收机构可以将其用来"抵消"预先支付款项，此时剩余

[①] 一定不能将预先支付和预先取得（Acquisition in advance）相混淆，也就是说征收"并不意味着土地立即被需要"（1959年《城乡规划法》第46—48条，分别与城镇再建和城市道路发展有关；同时参见1965年《新型城镇法》第7条，对于新型城镇发展项目中的广泛权利的规定）。

[②] 1968年《城乡规划法》附件3第11—14段。

补偿款可能将用来支付给其他申请人（可能是承租权人或者未来所有权人）。

（二）侵扰补偿的确定规则

1. 土地分割和"有害影响"

（1）可诉性妨害（actionable nuisance）

妨害必须产生权利受损的法律效果。由于强制购买本身的缺陷，案件中经常出现权利受侵害的情形。土地所有权人可以针对可诉性私人妨害及基于特殊损害的公共妨害行为提起侵权诉讼，噪声、烟尘、臭味等都属于上述妨害的类型。对地役权的妨碍，如阻碍通行道路、影响采光权或者撤回由另一建筑提供的便利也是造成妨碍的一些情形。公共道路阻塞导致通往私人住宅的道路无法通行即是公共妨害行为造成私人特殊损害的可诉性证据（public nuisance privately actionable on proof of special damage）。

必要或不可避免的妨碍不可诉。"征收主体强制权的行使不能对私人造成妨碍，除非有明确的法律授权。"但该观点受到了上议院的一致反对。最终在 Hill 案中达成了共识，即如果造成的妨碍是必要的（necessary）或不可避免（unavoidable），则该妨碍不可诉。[1]

（2）类似于妨害的有害影响

巴克卢克公爵诉大都会工程委员会在（Duke of Buccleuch v. Metropolitan Board of Works）案件中，征收机构为在泰晤士河旁边修建维多利亚河堤，强制购买了泰晤士河旁边的一块土地。原告在该河岸旁边的一块租借地在征收土地范围之内。上议院认为其不仅有权主

---

①See Metroplitan Asylum District v. Hill，（1881）6 APP.Cas.193.

张对该块土地主张购买价格，而且可以对其住宅和未征收的土地因该条块土地的征收而造成的土地贬值获得完全补偿，即便该数额已经远远超过了被征收土地的购买价格。很明显，该被征收的条块土地的市场价值较之其应获得的补偿数额少得可怜，其中关键的问题在于征收造成了"土地分割"。由于征收剥夺了原告住宅通往泰晤士河的通道，使其无法通往该河岸码头。该情况可与下列造成妨害的情形进行类比：因在征收土地上修建公共道路产生大量烟尘、噪声，及对隐私权的侵犯。最终，综合上述因素，征收机构除向原告支付了分割补偿和被征收土地的市场价值，另外支付了 5000 英镑的贬值补偿。

即便上述"有害影响"类似于私人妨害，但上述案例中将有害影响的范围扩张到隐私权的妨碍，已经完全超出了侵权损害的范畴。因而，笔者认为，征收补偿数额确定的主要依据是是否能够对权利人所损失权利进行有效弥补，其并不严格按照法条适用的合理性进行。判断征收补偿的关键要点也不在于侵权法是否适用，而是基于对申请人土地价值损失的完全补足。

（3）土地分割导致的土地贬值

对于征收造成的整体土地的分割，可能会对剩余土地的价值产生影响，此部分价值的升降应当在土地征收补偿的范围内。1845 年《土地条款统一法》第 63 条规定："……分割……其他有害影响……"，却未对其进行法律上的明确定义。应当说明的是，第 63 条中的"有害影响"采取了广义定义，而"分割"作为"有害影响"的从属；而现代意义上，经常将两者视为相区分的同等的类别。"有害影响"实质上等同于私人妨害，其具有不可诉性，但可获得补偿；在某些情形下，其可获得补偿的范围要超过私人妨害的补偿范围，该特定情形限于由其他土地造成的土地贬值。因此，在《土地条款统一法》规定情形中，权利人可以基于"有害影响"请求因土地分割造成的土地贬值补偿。而后，1965 年《强制购买法》第 7 条对上述条款进行了重新规定："根据本法对征收机构应当支付的补偿进行评估，不仅应当包括征收机构购买的土地价值，还应包括对造成的损害的补偿，包括购买整体土地的一部分造成的土地分割的补偿，以及强制购买权的实施使得其他土地遭受的有害影响的补偿……"①

　　很明显，对于土地分割和有害影响的补偿目的在于填补缺口；其最初属于补偿评估问题，而非法律问题。假定一块土地价值 10000 英镑，被平等分割为两部分，其中一部分以 5000 英镑的市场价格被强制购买，正常的事实假设是土地所有权人此时应当持有价值 5000 英镑的剩余土地和 5000 英镑的征收土地补偿价值，等同于整体土地价值的 10000 英镑。然而，可能出现的情况是，未被分割的土地作为一个能够独立发展的单位，例如一个农场或者工厂或者加油站，而被分割成的任何一半土地都不能继续用于此用途，因此一半土地的价值不可能达到 5000 英镑，而可能仅为 4000 英镑。为了防止土地所有权人最终只能享有 4000 英镑的金钱数额和 4000 英镑的剩余土地价值的情形出现，即意味着土地遭受了 2000 英镑的贬值，上述法律规定创设了一条合理的评估原则，即对土地分割造成的土地贬值增加额外的 2000 英镑的补偿，以填补缺口。然而，如果该 2000 英镑的缺失是由于征收机

---

① 根据 1965 年《强制购买法》第 20 条第 2 段的规定，按年承租人或者一年以下承租期的承租人的权益受到了剥夺，"如果仅征收了整体土地的一部分，（承租人）有权对其受到的损害要求补偿，包括土地分割对其承租权损害的补偿或者受到的其他有害影响"。

构征收服务项目的实施对其造成的妨害的有害影响造成的，而非征收土地或者剩余土地的贬值，那么应当支付与损失同等的补偿。无论上述哪种方式，土地所有权人最终将持有 4000 英镑的剩余土地价值和 6000 英镑的补偿金额，4000 英镑是剩余土地的市场价值。该 2000 英镑的缺失不能单纯地归因于土地分割或者妨害造成的有害影响，而应是两种因素的共同作用。

在帕尔默和哈维有限公司诉伊普斯维公司（Palmer and Harvey, Ltd. V. Ipswich Corporation[①]）案中，为贫民窟清拆工程的实施而征收了一处城市房地产的一部分，对其面积的缩减支付了土地分割补偿。在霍尔特诉煤气灯和沃克公司（Holt v. Gas Light and Voke Co.[②]）案中，征收了打靶场中的一小块土地，其仅仅是一处独立的小山丘后方的一小块土地，但由于该块土地的征收属于射程的安全区域，导致打靶场无法继续经营。因此，除应对征收土地支付无关紧要的购买价格，还要对剩余土地因无法继续独立发展而造成的土地贬值进行补偿。

（4）小结

可见，获得土地分割和"有害影响"补偿的前提是被征收土地与剩余土地之间存在紧密联系（held with）。这种联系不一定是地理上的临近，而是指一部分被征收将导致另一部分土地的使用价值降低。这种降低既包括现值的降低，也包括期值的降低。[③]在进行补偿评估时，与征收土地分离的相近土地的贬值应当包含在考虑范围内。假定一个所有权人拥有彼此分离却又彼此相近的土地，而仅征收了其中一部分

---

①See（1953），4P.&C.R.5.

②See（1872），L.R. 7 Q.B.728.

③See SISTERS of Charity of Rockingham v. The King［1922］2 AC 315.

土地，首先应解决的问题是是否有分离的土地因此受到了贬值；如果答案是肯定的，则没有任何理由将其排除在补偿的范围之外。简单来讲，征收主体必须承认因征收所有权人一部分土地带来的其所有的其他土地损失的存在。

2. 未被征收土地的贬值补偿

1973 年《土地补偿法》第 44 条规定："假定仅征收了所有权人部分土地，而该被征收土地仅作为征收服务项目所涉土地的一部分，那么土地权利人针对其剩余土地受到的有害影响主张的土地贬值补偿应当参照征收服务项目整体进行判断，而不应仅局限于其被征收土地上的部分征收服务项目。"上述规定衍生出一项评估规则，即仅适用于其土地受到贬值但该权利人的土地未被征收的情形。如果该申请人的土地存在征收情形，即便是很小一部分，都可以根据 1965 年《强制购买法》第 7 条的规定提出剩余土地有害影响的补偿。此类"有害影响"区别于私人妨害类型的侵权行为，而更接近于私人可诉的公共妨害。在大都会工程委员会诉麦卡锡案（Metropolitan Board of Works v. McCarthy[1]）案件中，因修建河堤导致邻下码头堵塞和毁坏，通往码头的公路被破坏。而与码头相近的商业楼因为道路被破坏，导致商业价值受到贬值。此案中，该商业楼并没有土地被征收，但对该商业楼受到的有害影响的补偿请求得到了支持。在张伯伦诉伦敦西区和水晶宫铁路公司（Chamberlain v. West End of London and Crystal Palace Rail. Co.[2]）案件中，铁路公司封堵了一条现存的公共道路，作为替代修建

---

[1] See（1874），L.R. 7 H.L.243.

[2] See（1863），2 B.&S.617.

了一座新桥，而原告的土地属于被封堵的老公路的一部分，因此变成一条死巷。其主张对其土地贬值请求补偿的申请最终得到支持。

合法性要件。在 McCarthy 案中，确立了为被征收土地权利人提起土地贬值补偿申请的四项规则，即：

第一，可能引起申请人土地贬值的行为必须获得法律授权。如非获得法律授权的行为所致侵害，可以依据侵权损害赔偿获得救济。此原则下，判断行为是否获得法定授权，需要注意两点：其一，是否是授权机构行使的行为；其二，行为造成的侵害后果是否"本应当可以避免"。例如，在克劳斯诉斯塔福德郡陶器水工公司（Clowes v. Staffordshire Potteries Waterworkers Co.）案件中，供水公司为修建供水设施征收了一块溪流旁边的土地，其修建工程造成了该条溪流的污染。首先应当判断该公司获得的法定授权是否包含此项行为，如果本身并非包含，则供水公司污染溪流的行为可以定位为"越权行为"。对其救济应当提起侵权诉讼，而非补偿申请。其次，该侵害是否系在授权范围内"本应当可以避免的后果"。如果供水公司能够提供专家证据证明该污染是不可避免的，也即其在法定授权的范围内可以免于承担侵权责任。但是如果该征收服务项目的发起人不需要法定授权，例如其不是公司而是个人团体，服务于一个富有的地主，该地主购买了该土地并为自己使用而雇佣该团体建造供水设施，该种情况下其应当为污染溪流的行为承担侵权责任，而不论其是否具有可避免性。[①]

第二，造成贬值的原因应当具有法律上的可诉性，除非有法律的明确授权。

第三，只能针对土地权利的贬值提出补偿申请。土地的强制购买没有必要影响其上的地役权及其他权益，但是该权利受到了干扰即构成"有害影响"，具有可补偿性。如"申请人的大厦采光权被剥夺，构成'有害影响'而主张支付补偿。"此项原则后来得到判例的补充修正。但对交易损失的补偿并未得到上议院的批准；而"由于公路的暂时性堵塞造成的交易损失被包含在土地贬值补偿范围内"。目前，交易损失一般作为"干扰"的一种而具有可补偿性。

第四，可获补偿的损失必须是征收机构实施"征收服务项目"造成的，而不能是在项目完工后的利用行为所致。该项原则自制定开始就颇受争议，此项原则源于《土地补偿法》第 68 条中"由征收服务项目的实施所致的有害影响"的表述，英国学界对此主张"广义解释

---

① 布莱克本大法官在 Geddis v. Bann Reservoir Proprietors（1878），3 APP.Cas.430，at p. 455. 案件中阐述："……没有任何诉讼可以针对法律授权范围内的行为作出，但前提是该行为不存在疏忽大意……但是，对于存在疏忽大意的法律授权范围内的行为可以提起诉讼……如果该项法律权力被合理行使，能够避免造成损失……那么，该项权力未被合理行使即视为存在疏忽大意的过失……"然而，"对于个人而言，如果其行为造成了妨害，即可认为其未合理行使其权利"。这两项表述本身就是自我矛盾的。（per Kekewich，J.，in A.-G. V. Cole &Son，［1901］1 Ch. 205，at p.207）

说"①，认为应当包括建设和后续使用；还有的主张"限制性解释说"②，主张补偿仅包括项目建设过程中造成的有害影响。因此，修建公路或铁路造成的对通行权的妨碍可以获得补偿。但是，修建公路或铁路造成对隐私的干扰、噪声或其他影响财产行使的事项，将不能获得补偿。

---

① 在 Re Simeon and the Isle of Wight Rural District Council 案件中，征收主体（即当地的水务管理局）修建了一个水库，但该水库并没有占用申请人的任何土地。但是在其对水库进行蓄水时，水通过地下渗透到邻近土地的水井，造成井水外溢。该案在普通法上本身并不具有可诉性，因此尚不满足第二项规则；但鉴于先前所有权人为了申请人的利益，与之签订了限制性条款，不对渗透水进行任何干涉，但征收机构的上述行为已经违反了上述规定，是违约可诉行为；但鉴于征收机构的法定授权以及涉及对权利的干涉，上述情形已经满足了前三项规则，J.勒克斯穆尔认为"同样满足第四项规则的适用条件"，在他看来，为水库蓄水的行为可以认定为"征收服务项目的实施行为"，与在蓄水前的水库的修建是相同的。

② 在 Edwards v. Ministry of Transport 案件中，申请人主张的因新干线公路上的交通带来的噪声、灯光和其他有害影响而造成其失去了财产的舒适性，按照第四项规则的规定，上述有害影响并非由其被征收土地造成，因而其不能获得补偿。然而，如果有害影响是由于其被征收土地上实施的工程造成的，便具备可获补偿性，正如在 Buccleuch 案件中，征收了申请人房前庭院的一小块土地用于修建新公路。L.J.多诺万认为："重点仅应关注在申请人被征收土地上实施的行为。交通噪声在车辆驶入该征收土地之前已经开始，直到其通行经过该征收土地后还在持续。"但是，补偿必须进行人为计算，最终双方同意在造成总贬值数额 4000 英镑中提取 1600 英镑作为申请人的补偿，即由其被征收土地造成的有害影响的补偿，也即车辆路经该被征收土地时产生的噪声对申请人造成的有害影响的补偿。对于主干线公路上其他土地应当适用 McCarthy 的四项规则，并且第四项规则已经明确排除了有害影响补偿的产生。

在 R. V. Mountford, ex parte London United Tramways 案件中，一处牙科诊所庭前花园的一块条形地块被征收用于拓宽京斯敦大街，以便（有轨）电车能够通行。最终，该被征收土地未能用于电车通行，而仅作为人行通道使用。因而，申请人除获得购买价格补偿外，还获得了有害影响补偿；但该有害影响补偿仅限于对其作为人行通道使用造成的有害影响的补偿。其主张电车通行对其处所造成的有害影响补偿未被准许，因为电车未在其被征收土地上通行，该被征收土地仅用于人行通道使用。

（三）侵扰及其他损失

1. 可补偿的侵扰损失

对可补偿的"侵扰"进行认定是实践中的难题。近年来，通过法院不断地对"侵扰"进行描述，关于该概念的定义、范围逐渐明晰。在建地署诉顺丰铁工有限公司（Directors of Buildings and Land v. Shun Fung Ironwork.Ltd）案件中，尼克尔斯法官（Lord Nicholls）提出了三项标准：（1）该损失必须与强制购买之间存在因果关系；（2）该损失不得过于无关（too remote）；（3）被征收人需采取合理措施减少这方面的损失。[①] 在哈维诉爬虫开发公司（Harvey v. Crawley Development Corporation）案件中，L.J. 罗默评论道，对于可补偿的"侵扰"必须满足以下两点：（1）该损失不得过于无关（too remote）；（2）该损失是征收造成的可预见的、合理的后果。损失与征收行为不得过于无关，应当成为判断可补偿侵扰范围的重要标准。在罗伯特诉考文垂公司（Roberts v. Coventry Corporation）案件中，原告基于其持股公司按年租赁的土地被强制购买，主张对其持有的公司股份的贬值支付补偿。该主张最终未得到法院支持。戈达德法官认为，该主张无异于其主张其同为该被征收土地的所有权人，或者该公司属于家族企业，其持有大部分股份，其余股份由其子女持有；原告主张的损失过于无关（far too remote）。

此外，根据以往判例的陈述，"侵扰"的损失必须是基于丧失对土地的占有，而单纯的土地所有权人和抵押权人的收益并不会受到"干

---

① 参见彭錞：《英国征地法律制度考察报告——历史、现实与启示》，载《行政法论丛》2011 年第 14 卷，第 94—133 页。

扰"，除非是涉及"商誉"的损失。假定与征收相关的公司分别是所有权人和承租人，只有现实占有被征收土地的承租公司有权提出"侵扰"补偿，除非该公司是被征收而非仅仅被强制搬迁。① 在梅利亚斯有限公司诉曼彻斯特公司（Melias，Ltd. V. Manchester Corporation）案件中，涉及一栋商业楼的征收，母公司对该商业楼享有定期租赁权，并现实占有该商业楼，但该商业楼属于其子公司所有。在综合考虑所有相关因素（包括每个公司的公司章程）后，根据 1965 年《强制购买法》第 20 条的规定，土地裁判所认为"侵扰"补偿只能支付给承租权公司，补偿理由仅仅是"在其租赁期限届满前⋯⋯要求其放弃占有"。

综上，要获得对"侵扰"的补偿，需要满足以下四点：（1）申请人是被征收土地的占有人（occupier）；（2）对被征收土地享有权利或利益；（3）因征收而丧失对土地的占有；（4）该类补偿与土地价值补偿不得冲突、不得重复。

2. 对"侵扰"补偿的类型化

对侵扰的补偿，通常可分为对居住的侵扰（residential disturbance）和对营业的侵扰（business disturbance）。而对居住的侵扰通常包括购买新居的法律和估价花费、搬家费以及其他改装家私的费用等。② 在被征收者找到新的居住处之前，当地房屋管理部门（local housing authority）有义务为其提供住房。③ 而对营业的补偿通常包括对停业

---

① 假定一个公司仅被强制搬迁，而不涉及征收，那么该公司有权提起"侵扰"补偿。具体参见下文。

②See Harvey v. Crawley Development Corporation，［1957］1 Q.B.485，per Denning L.J.，at 494.

③1961 年《土地补偿法》第 39—42 条。

（extinguishement）或迁址（relocation）所致损失。停业补偿是指该项营业对被征收人的价值（goodwill）。而迁址补偿则包括寻找新址的花费、对新址进行装修改造的花费以及迁址过程中的利润损失等。

（1）商誉、利润以及股份的损失

对于营业的侵扰（该损失必须与强制购买之间存在因果关系且不得过于无关）在案例中主要体现为商誉的损失、利润的损失及股价的贬值。商誉，即商业形式继续经营的资本价值，是在未来期间为企业经营带来超额利润的潜在经济价值。商誉通常被视为一项资本资产。假定一个商店将被征收，所有权人必定非常急切地想获得一个合理的市场价值，包括对其营业商誉的价值和对该商店店铺的所有权或租赁权的价值。商誉的价值通常具有持续发展性，并且很大程度上依赖于对未来的预期及其过去的商业表现。

商誉的价值评估涉及诸多对于未来事项的预测。在伦敦郡议会诉托宾案（London County Council v. Tobin）案件中，一个眼镜商因为旧店所在大厦被征收而迁到新的店铺。其主张该征收对其商誉造成了侵扰，应当支付其新旧店铺的商誉价值差。当土地裁判所审理该案时，该眼镜商已经在新店经营了好几年的时间。因此，法院裁判时完全可以依据"店铺从事两年的时间享有的商誉价值评估该眼镜店迁入新店铺的那一刻的商誉价值，而这本应当完全是估算的数额"。

此外，商誉的价值应当是占有权人财产的附加物，而非被征收土地本身享有的商誉价值。在库伯诉大都会工程委员会（Cooper v. Metrolitan Board of Works）案件中，法官判决时评论道："商誉附着在一个特定的房屋可以增加该房屋的价值……但是，对于个人声誉而言存在其他类型的'商誉'……一个人的专业技能或者名字都可能达到与商誉同样的效果。"该案的判决要点在于，任何一项商誉由于该商业大厦的强制购买受到贬损或者破坏，都有权主张侵扰补偿；如果该项商誉归属于被征收财产而非个人，该项损失应当属于所有权人或者抵押权人或者其他对被征收财产享有资产权益的人，而非被逼迁的占有权人。但是在大多数案件中，商誉仅仅属于个人而非被征收财产。

被逼迁的所有权人能否将其商誉全部或者部分地带入其迁入的新场所，再次成为关注的焦点。如果答案是否定的，那么商誉消失。商户的地理位置也可能会影响其商誉的传播度，例如典型的郊区"街角小店"，其交通量越小则商誉价值越低。但并不能认为在强制购买期间商誉的降低和灭失是理所当然的，亦即强制购买必然成为商誉损失的原因；造成商誉损失如果纯粹是由于搬迁所致，可以认定两者间的相关性；但是，如果商誉的损失是此行为之外的其他因素所致，则该项商誉损失并不属于可以补偿的侵扰损失。在贝利诉德比公司（Bailey v. Derby Corporation）案件中，一名建筑师的庭院及工作室被强制购买，其另外选择了附近的一处处所开展业务。但由于其自身的健康状态欠佳，其决定不在新的工作处所重新开展其业务，而是将其出租给一家装修公司。该案件中，该被征收权利人所能获得的补偿只能"支付其1200英镑的可得利润损失，420英镑的搬迁费用，25英镑的文件文具费用，50英镑的差旅费，152英镑的其他花费，应向其总共支付的补偿数额（加上土地价值1750英镑）将近3600英镑"。而向其支付其营业损失①的补偿是错误的。征收的客体是土地，补偿也应当就土地的价值进行评估，而不是营业的价值。该营业仍然由申请人持有，其

---

① 该处"损失"是一种模糊的定义，用"征收"更为妥帖。

唯一有权主张的是土地征收造成的其营业损失的补偿。笔者认为，其搬迁费用及利润损失是可以获得补偿的，但健康欠佳而导致的损失或者其他突发事件导致的损失不能要求补偿。随后，制定了1973年《土地补偿法》第46条的规定，假定一栋商业大楼的占有者（其年龄已经超过60岁），如果该栋大厦整体被征收但该占有人保留了其商誉，只要该占有人承诺在征收机构限定的区域和时间内不从事实质上与其原本营业相同的营业，或者不进行商誉转让，其便可以获得相应的强制购买补偿的增加，包括以商誉灭失形式的侵扰支付的补偿数额。这样，年迈的经营者可以省去"出卖该项极具市场价值的资产"（因为如果该资产不具有市场性，其将有权直接要求补偿）的麻烦。如果违反了上述承诺，额外的补偿应当返还。

正如Bailey案件中提到的"利润损失"作为应获补偿的条目，应当是假定其继续经营其既存营业能够获得的合理收益。[①]但是尚未运营的预期营业利润不在补偿的范围之内，假定土地的强制征收妨碍了权利人在该土地上开展商业经营的计划，那么对其假定开展该项营业的预期收入不在补偿的范围之内。在麦克尤因父子有限公司诉伦弗鲁县议会（McEwing &Sons, Ltd. V. Renfrew County Council）案件中，土地的强制征收妨碍了权利人在该土地上修建学校的工程完工，申请人仅获得了购买价格补偿和对未完成施工的工程花费的侵扰补偿，但并未获得对其预期开发规划实现后的预期收益的补偿。对此，莫尔顿大法官在田园金融协会诉部长（Pastoral Finance Association, Ltd. V. The

---

① 在 Watson v. Secretary of State for Air［1954］3 ALL E.R.582；［1954］1 W.L.R.1477 案中，农场承租人有权主张获取其一年的收益补偿，即对其继续经营该农地能够获得的收益进行补偿。

Minister）案中简略地阐述了土地利用的未来收益和土地的预期开发价值之间的关系，"很显然，除土地市场价值之外，没有人应当对被征收土地的预期利用产生的额外利润支付资本化价值补偿"。

（2）拆迁成本、新居改装费用和专项费用

此外，在对于居住以及营业的侵扰中，还会涉及拆迁成本、额外的差旅费、新居的改装费、在寻找新址过程中产生的专项花费及费用。[①]其中，对于寻找新址过程中产生的专项花费及费用必须具备合理性，即便该项强制购买最终未能实施。丹宁大法官在哈维诉克劳利发展公司（Harvey V. Crawley Development Corporation）案件中指出："如果被征收人为新住所支付了更高的费用，基于此，他将不能获得补偿：因为应当假定他购买新处所应当物有所值。如果其为购买新住所而支付的较高的费用是必要且善意的，其原则上应当获得补偿。至于新址的改装费：申请人不得不将家具从旧住所搬到新住所，改变窗帘和地毯的尺寸以使其适合新处所的窗户和地板，其有权对该项搬家费用要求补偿。"

3. 法定侵扰

（1）侵扰支付

1973 年《土地补偿法》第 37 条规定被征收的土地占有人有权向征收机构请求获得"侵扰支付"。"侵扰支付"与"侵扰补偿"之间具有明显的不同，有权获得支付的申请人必须是"征收财产的合法占有人"，其占有发生在征收时或者在征收法令草案或者强制购买令或者签订购买协议的首次公开时。法律对"合法占有"（lawful

---

① 参见丹宁大法官在 Bailey 案件中列出的可补偿事项列表。

possession）缺乏明确的定义，但其可以视为具有"所有权"或"租赁权"的属性，而排除仅仅作为被许可人而出现在土地上的情形。并且，如果该"合法占有"的申请人因该项征收而受益，其将无权获得此项"侵扰支付"。侵扰支付的数额应当与申请人在搬迁过程中的合理花费相同，在涉及商业侵扰情形中，包括由于搬迁造成的交易损失额。如果被征收处所包含为残疾人（行动不便人）进行的处所结构改造，该项侵扰支付应当包含对新处所完成相似改造的合理花费。

（2）对经营者租赁权的补偿

对于农地承租权人的侵扰补偿存在两种有效规定：其一，1968年版《农业持股法》第9条规定，对于按年租赁者，或者为有限期即将届满的固定期限承租人，征收机构应对承租人的占有权支付年租金的四倍数额的补偿，用来"促进该承租人事务的重组"。其二，根据1948年版《农业持股法》第34条规定，有效的"放弃通知"送达承租人，而非因承租人的过错使其失去占有时，所有权人应当向承租人支付补偿，当承租人有权依据此条获得"侵扰补偿"时，上述补偿也应当支付；并且上述第34条中规定的补偿为租金的 1 ～ 2 倍，具体数额应当根据承租人因搬迁所遭受的损失占总损失的比重确定。因此，承租权人可以依据 1948 年版《农业持股法》第34条获得侵扰补偿，其同样有权利依据 1968 年版《农业持股法》第9条获得"事务重组"的补偿。

"事物重组"补偿可以与征收补偿同时适用。如果征收机构已经根据 1973 年《土地补偿法》第48条的规定向被征收人支付了补偿，其依然可以根据 1968 年版《农业持股法》第12条的规定主张"事务重组"的补偿。但是，如果被征收租赁权期限大于两年，则该"事务重组"补偿不予支付。因此，根据 1948 年版《农业持股法》土地所有权人向按年承租人送达"放弃通知"并支付了相当于年租金 1000 英镑两倍的补偿，根据第 9 条规定，该承租人有权获得 4000 英镑的"事务重组"补偿，其总共应当支付 6000 英镑。但是，如果该项按年承租人被征收，其补偿总额将为 2500 英镑，包括 100 英镑的承租权的市场价值以及 2400 英镑的侵扰补偿价值，加上上述同样的"事务重组"补偿，总额将达到 6500 英镑。而如果征收的是大于两年的承租权，其征收补偿的总额应当少于 6500 英镑。

（3）农业损失的补偿

根据 1963 年《农业法》征收机构对农地占有权人的搬迁以及交易损失费用的确定具有自由裁量权，以保证强制购买程序中被逼迁的农民能够获得充分的"侵扰"补偿。对此，1973 年《土地补偿法》规定了一项特殊的补偿程序，即"农业损失补偿"（farm loss payment）。

根据 1973 年《土地补偿法》第 34 条规定，提出"农业损失补偿"申请必须满足以下要求：①必须是所有权人或者承租权人，并且其权利有效期限大于三年，之所以有三年的时间期限，是为了防止按年承租或者更短期限内承租的权利人获得额外的收益；②其搬离后的三年内必须在英国区域内从事新的农耕行为；③在征收机构被授权取得其原始土地时起至其在新的农地开始农耕行为期间内，其必须以"所有权人或者承租人的身份"占有该新农地。但是，如果其有权获得 1968 年版《农业持股法》第 12 条规定的"事务重组"补偿时，其将不能再获得"农业损失补偿"，即便第 12 条中的补偿数额很少。

1973 年《土地补偿法》第 35 条规定，"农业损失补偿"的数额应当相当于农业收入的一年的纯利润额。准确地说，等于被征收土地前三年的农业收入的年平均值；如果不足三年，则用实际耕种期限进行计算，但该期限应不少于一年；并且应当扣除应当缴纳的租金数额。在"侵扰补偿"中已经包含的利润将不在上述范围内，以免申请人对其损失获得重复补偿。

1973年《土地补偿法》第36条要求"农业损失补偿"申请必须在新农地开始耕种后一年内提出。征收机构通过协议购买的方式取得土地的，也应当支付与该项"农业损失补偿"同等的补偿。具体规定及程序见下图。

（4）失家补偿支付（home loss payment）

"失家补偿"与"侵扰补偿"具有相似的补偿基础，只是存在适用范围上的差别。"失家补偿"并不仅局限于不受征收影响的搬迁情形，而"侵扰补偿"仅适用于未经征收而受到侵扰的情形。另外，"失家补偿"

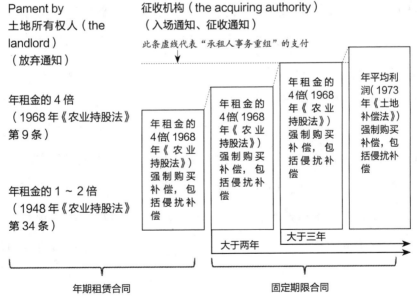

说明："重组"支付排除了"农业损失"支付。"侵扰补偿"不允许对"重组"补偿的重复支付，也不能对"农业损失"重复支付。

仅适用于住宅房地产。原告必须实质占有该处所的一部分并在搬迁前五年内作为主要居住场所。连续居住并不因在同一处所内房间的改变而改变，只要该处所没有改变。如果居住期间出现了共同所有人，该共同所有人将分享该项损失支付。

因此，具有强制购买权的机构征收，或者下发的拆迁、关闭或者清拆的决定，或者基于征收目的对被征收财产进行的再开发，导致被征收人搬离原有住所的，可以依据 1973 年《土地补偿法》第 29 条规定提出"失家损失支付"请求。"失家损失支付"的数额有固定的标准，即被占用财产价值的 3 倍，但是不少于 150 英镑，同时不多于 1500 英镑（第 30 条）。且申请必须在搬离之后 6 个月内提出（第 32 条）。

（5）再建房屋

1973 年《土地补偿法》第 39 条规定特定机构有义务再建房屋。1957 年版《住宅法》第 V 部分规定，地方政府有义务提供国民住宅（英国市、镇、郡等地方当局营造的简易住宅），并且新城镇政府在当地居民（包括活动住宅居民[①]）没有其他可供选择的处所时，有义务为其再建房屋，但前提是其失去住所是由于以下情形：①由具有强制购买权的机构征收，或者下发的拆迁、关闭或者清拆的决定；②或者基于征收目的对被征收财产进行的再开发。1974 年版《住宅法》第 VIII 部分[②]已经将上述规则的使用范围拓宽到向住宅占有人送达"开发通知"使其被迫搬离处所的情形。被迫搬离的占有权人在强制购买令或者法令草案公布时，或者在相关的住宅法令或者土地取得协议制定

---

① 1973 年《土地补偿法》第 40 条。
② 1974 年《住宅法》第 130 条和附件 13。

或者通知送达时，在该处所居住。但是，由于"遭受损毁通知书"送达以致占有权人搬离，或者该占有人是非法侵入者（非法占有人），或者在其房屋拆除期间暂时性居住于该处所的占有人，无权获得"再建房屋请求权"。

三、土地发展权的英国经验与中国问题

（一）英国土地发展权国有化的转变

实质上，英国土地发展权经历了"私有—部分国有—全部国有—私有"的过程，而并非我国学者主张的英国土地发展权归属国有。探究土地发展权的国有化转变，《厄斯瓦特报告》（全名《英国建设与规划部补偿与增值专家委员会最终报告》）（Final Report of Ministry of Works and Planning Expert Committee on Compensation and Betterment）成为必然的考察对象，该报告主要解决了两大问题：其一，土地利用的国家管制依据为何？其二，土地补偿价格确定中如何确定土地增值收益价值的分配？

第一，真正激发《厄斯瓦特报告》制定的问题意识在于，单纯依靠私人和市场发展决定的土地利用终将混乱无序、效率极低。"工业过分集中……给国家的命运和发展造成了严重障碍……政府应当采取明确措施解决。"[1]二战过后，英国政府迫切需要重新规划工业、城镇布局，加强国家的土地管制，因此，为避免私人和市场主导下土地利用的无效和无序，政府开始积极参与土地管制，将"全国性的规划……

---

[1]See The Report of the Royal Commission on the Distribution of the Industrial Population，Cmd. 6153，1940，para. 413. 该报告主题是讨论如何在英国全境实现工业的均衡布局。

视为本国事务管理的一个永久性特征"，以"保证土地得到最佳利用"为目的制定了该份报告。因此，私人权益必须服从于国家管制，也表明了土地上权力与权利关系的总体判断。自此，英国土地利用进入国家管制时代，土地开发利用以国家规划为主导，后者为私人和市场划定边界、提供活动空间，政府管理成为前提，个人自由成为例外。①总体而言，英国土地利用的模式可以概括为：高度发展变化的经济体与土地所有权个人主义利用进路的冲突协调，城市规划本身并不是目的，真正的目的在于确保土地能够依据社会整体利益得到最佳使用。②

第二，土地发展价值确定经历了一系列的转变。在 20 世纪中期之前，英国土地征收补偿价值一直由私人和市场支配。1845 年《土地条款统一法》（Land Clauses Consolidation Act）第 1 条确定的征地补偿标准是"对于土地所有者的价格"（the value to the owner），即主观价值。③造成的结果是，土地权利人获得的土地征收补偿总是高于其市场价值，而英国在一战结束后却面临着大规模的基础设施重建任务，需要大量征收私有土地。为避免征地成本过高，1919 年《住房和城市规划法》将征地补偿中被征地权利人的主观价值改为"自愿卖家在公开市场上期待实现的价值"，但依旧未能改变现状，直到 1932 年《城乡规划法》规定政府将征收 75% 的增值税（第 21 条），才将大部分的土地发展价值收归国有。英国土地管理制度的早期发展表明，国家

---

① 参见彭錞：《土地发展权与土地增值收益分配：中国问题与英国经验》，载《中外法学》2016 年第 6 期。

② 参见彭錞：《土地发展权与土地增值收益分配：中国问题与英国经验》，载《中外法学》2016 年第 6 期。

③ 参见彭錞：《英国征地法律制度考察报告——历史、现实与启示》，载《行政法论丛》2011 年第 14 卷，第 94—133 页。

对于土地管制的权力却一步步扩张，而私人土地财产权利一步步限缩。①

前文已述，英国进入土地利用国家管制时代，其标志性步骤乃将土地发展权收归国有。为落实《厄斯瓦特报告》的内容，还存在"土地国有化"和"复归权国有化"的主张。但最终采取了"土地发展权国有化"的建议，报告将"发展"定义为"改变土地利用的现状"，具体包括：（1）土地由农业用途改变为商业、贸易、工业等其他用途；（2）建筑的修建，除了服务与农业目的或增加已有住房或其他建筑舒适度的建筑。②由此可见，报告制定后，土地所有权人具有按照原有用途改善或者利用土地的权利自由，但进一步开发土地的权利被全面禁止。对于如何进一步实现上述"土地发展权归公"的构想，报告制定了具体步骤，即政府收取涨价的 75%。在此，报告将"涨价"定义为"土地价值因中央或地方政府的行为导致的部分增长，这种行为可以是积极的，如公共建设和基础设施改善，也可以是消极的，如对其他土地施加规划限制"③。

然而，英国土地发展权与增值收益分配制度却未止步于该份报告，其经历了后续发展后方成为现行的英国土地管理制度。1947 年《城乡规划法》规定，土地发展权归国家所有，私人只有向政府申请规划许可后，方能进行土地开发。国家将设立统一的土地补偿基金，用于土

---

① 参见彭錞：《土地发展权与土地增值收益分配：中国问题与英国经验》，载《中外法学》2016 年第 6 期。

② 参见彭錞：《土地发展权与土地增值收益分配：中国问题与英国经验》，载《中外法学》2016 年第 6 期。

③ 参见彭錞：《土地发展权与土地增值收益分配：中国问题与英国经验》，载《中外法学》2016 年第 6 期。

地发展权的支付，一次性买断土地发展权，此后，政府对于任何拒绝土地开发申请的行为都不再予以补偿；土地补偿的标准便仅限于土地现有用途价值，而不包括日后开发获得的土地增值收益；同时，任何申请进行土地开发的私人，都必须向政府缴纳100%的土地开发税。但此项规定却在未来的实施中遇到了阻碍，私人进行土地开发无利可图，严重阻碍了土地开发的市场行为。直到1959年《城乡规划法》修改了关于征地补偿标准的规定，恢复了1919年规划法确定的市场价值标准，这也是英国征地补偿制度的现行标准。[①]

（二）现行英国土地发展权确定的衡量因素

征地补偿的一般标准是依据土地在公开市场上自愿出售的合理价格，即"市场价值"不仅包括土地的现存使用价值，还包括土地的开发潜力。[②]英国法中将包含其发展价值在内的土地价值视为"期得价格"。英国现行土地发展权价值评估会根据被征收土地的市场需求及发展前景确定不同的价值标准。例如，作为城镇化建设对象的贝辛斯托克小镇，距离该镇较近的土地被估价为291400英镑，而相对较远的土地则被估价为95000英镑。距离经济发展较快或者处于发展规划区内的土地被普遍认为市场需求度较高，因而价格会被提高。但是，单纯的市场需求并不会对土地价值产生直接的影响，其必须配备相应的开发许可。开发许可证与市场需求相结合产生土地价值增值效应。[③]

---

①See Law Commission，Towards a Compulsory Purchase Code：（1）Compensation，London：TSO，2002，p.24.

②参见彭錞：《英国征地法律制度考察报告——历史、现实与启示》，载《行政法论丛》2011年第14卷，第94—133页。

③See［1966］3 ALL E.R.161.该案件涉及工业开发的处理。

判断该市场是否存在市场需求，可与下列情形进行类比：该地区是否远离任何城市开发区，即远离商业设施，缺乏良好的交通设施、公路、排污设施、供水系统、天然气和电力设施。评估员对于"市场需求"的判断需要结合多种相关因素综合考量，但前提是必须将征收机构自身的发展规划需求排除在外。

然而，在土地征收过程中开发许可证并不一定必须在征收补偿确定时已经取得，也可以通过相关论证或者发展规划确定该被征收土地即将或者有极高的可能取得开发许可证。通过总结，笔者将征收补偿确定中认定存在开发许可证的情形分为以下三个方面：

1. 既存或者假定存在的规划许可

1961 年《土地补偿法》第 14 条规定，任何在征收通知发出之日既存的规划许可，无论是否详细、是否附条件或是否涉及更为广泛的领域，均应纳入征地补偿估价的考虑范围。然而对于被征收土地上存在多项规划许可的，无论其是真实存在还是假定存在（规划许可可以根据地方规划主管部门的发展规划而假定存在），在具体案件中其应当是选择适用，而非累积适用，来实现土地的开发价值。因此，如果一项真实或者假定存在的住宅建设规划可以增加 1000 英镑的预期开发价值，同时另一项用于建设商铺的开发规划将增加 2000 英镑的预期开发价值，那么该土地能够实现的正确的预期开发价值应当是大于2000 英镑的数值，而非两项数值的简单相加，即 3000 英镑。

2. 与既存规划许可相关的规划许可

1961 年《土地补偿法》第 16 条规定，可以根据相关土地上既存的土地规划许可而假定被征收土地存在其他的规划许可，或者根据相关土地上作为一般类别区分的土地区域的特殊开发用途假定被征收土地存在其他规划许可。在此种意义上，相关土地上的规划许可可分为住宅建设、商业或者工业开发、全面发展区域三种，相关土地只要存在上述三种之一的开发规划许可，都将极大地促进私人开发者的市场需求的产生。因此，上述开发类别可以统称为"有利可图"的开发，该土地利用形式具有广泛的市场价值。农业用途是另外一个具有广泛使用价值的形式，但是其不会对土地开发的市场需求产生明显的影响，即不能被称为"有利可图"的开发途径。

允许通过相关土地上发展规划确定被征收土地发展价值的情形必须保证被征收土地处于根据不同类别划分区域的一部分并且属于上述使用用途的类别。例如，在下列情形下，房屋开发的规划许可不能被假定存在，即便其处于规划使用区域之内：（1）相关土地面积过小或者过于狭窄而不适合；（2）易发生溢流或者地层下陷；（3）由于其他原因或者政策，导致其不适用于此种类型的开发。[①]如果相关土地处于全面发展区域，任何在该区域计划适用范围之内的开发规划许可都可以假定存在，即该规划许可具有"可以合理期待性"[②]。

除上述在征收之前或者在征收之际既存或假设存在的规划许可可作为土地潜力发展的象征，因而对土地补偿估价产生影响以外，根据 1961 年《土地补偿法》第 23 ~ 29 条，如果在征收之后 10 年内，因某项新的、土地额外开发（additional development）的规划许可带

---

① 在 Provincial Proporties（London），Ltd. V. Caterham and Warlingham Urban District Council，［1972］1 Q.B.453；［1972］1 ALL E.R. 60，上诉法院主张，一块处于小山上的土地，即便分区域用于住宅建设，也应当预留出一部分空地用于提供便利设施。因此，在该空地上任何建筑许可都不能假定存在。

② 这样的原因在于在补偿评估中必须忽视前面发展整体区域的规划。

来土地升值，则被征收人有权获得对该升值的补偿。"额外开发"不包括征收目的范围内的土地开发，也不包括城市开发区域（urban development areas）、公路、新城（new town areas）或城市复兴结构进行的开发。[①]

3. 合适的替代性开发证明（Certificates of appropriate alternative development）

1961 年《土地补偿法》第三部分（第 17 ～ 22 条）的规定被 1975 年《公地法》第 47 条的规定修正，赋予被征收土地所有权人自主证明土地发展价值存在的机会，即通过向地方规划主管部门申请"合适的替代性开发证明"以主张土地的预期发展价值。如果主张成功，该证明可作为假设某项规划许可存在的基础，对补偿估价产生影响。

申请"合适的替代性开发证明"时：（1）申请人应当说明，如果没有征收机构的强制购买行为，在该土地上是否存在任何适宜的开发项目，无论其立即实施还是在将来时间内实施；如果存在，应当指定开发的类别以及时间以便其适宜在该土地上实施；（2）申请人需要对于申请的依据进行说明；（3）应当附带一份说明，指定该申请副本送达有关当事人的日期。[②] 在送达日后 21 天至 2 个月内，地方规划管理部门必须发布证书，指定开发项目的类别；如果不发生强制购买，该开发项目早已获得许可。开发证明中指定的开发项目类别不需要与申请人申请的开发类别相一致，也不需要与发展规划中的类别

---

① 参见彭錞：《英国征地法律制度考察报告——历史、现实与启示》，载《行政法论丛》2011 年第 14 卷，第 94—133 页。

②1961 年《土地补偿法》第 17 条第 3 款，同时参见修订后的 1975 年《公地法》第 47 条。

一致。①

（三）英国土地发展权制度对中国问题的启示

1. 土地发展权的中国问题

我国《宪法》第 10 条第 2 款规定："农村和城市郊区的土地，除由法律规定属于国家所有的以外，属于集体所有；宅基地和自留地、自留山，也属于集体所有。"将土地所有制度区分为国家所有和集体所有。在这种体制下，由"国家垄断土地一级市场"，"城市规划区内的集体所有的土地，须依法征用转为国有土地后，该国有土地的使用权方可有偿出让"。其实在 1994 年，在审议《城市房地产管理法》法律草案的过程中，有一些全国人大常委会委员提出："集体所有的土地，应当允许由所有权人出让，当然应当有所限制，如基本农田保护区的土地不得出让。"然而，全国人大法律委员会在研究了各方面的意见之后认为："我国地少人多，必须十分珍惜和合理利用土地资源，加强土地管理，切实保护耕地，严格控制农业用地转变为非农业用地，由国家垄断城镇土地一级市场。"

在 1998 年《土地管理法》修改过程中，又有民众和地方政府希望建立集体土地流转和有偿使用制度。但立法者再次拒绝了这些建议，并对集体土地增加了新的限制性规定："任何单位和个人进行建设，需要使用土地的，必须依法申请使用国有土地；但是，兴办乡镇企业和村民建设住宅经依法批准使用本集体经济组织农民集体所有的土地的，或者乡（镇）村公共设施和公益事业建设经依法批准使用农民集体所有的土地的除外"（主要参见原《土地管理法》的第 43 条）；

---

① 1961 年《土地补偿法》第 17 条第 4 款；1974 年《土地补偿规划法令》第 3 条第 2 款。

"农民集体所有的土地使用权不得出让、转让或者出租用于非农业建设；但是，符合土地利用总体规划并依法取得建设用地的企业，因破产、兼并等情形致使土地使用权依法发生转移的除外"（参见原《土地管理法》的第 63 条）。[①] 借此，集体土地的大部分发展权被法律无偿国有化了，农民和集体根本无法获得土地增值收益分配。而为了迎合 2013 年十八届三中全会提出的"一体两翼"发展战略，即从集体经营性建设用地产权流转和集体土地征收补偿安置两个领域建立"兼顾国家、集体和个人的土地增值收益分配机制，合理提高个人收益"的落实，理论界对此展开诸多探讨。目前存在"土地发展权私有论"和"土地发展权国有论"两种主张，第一种主张认为，土地发展权依附于土地所有权产生，自然应当归属于土地所有权人，因而，城市土地发展权归国家所有，农村土地发展权归集体所有。第二种主张认为，土地发展权源起于国家规划管理，国家土地管制滋生土地发展权，因而，土地发展权应当归属于国家所有。

2. 土地发展权与国家管制／土地所有权

英国对于土地管理的视角，可能为中国土地发展权属之争提供解决思路。在英国，土地私有制古已有之，因而，任何私人改变土地使用用途及其造成的涨价归属于私人便不可置疑；但另一方面，20 世纪以来，英国通过国家土地用途规划控制掌握了土地发展权的权利自由，因而个人对土地进行开发使用的自由受到限制，就此方面而言，土地发展权归属于国有也不可否认。再回顾中国关于土地发展权属的争议便已清晰：私有论乃是从古已有之的所有权出发，国有论则从现代土

---

① 参见程雪阳：《土地发展权与土地增值收益的分配》，载《法学研究》2014 年第 5 期。

地管理制度开始；前者更多地在描述无法辩驳的社会历史事实，而后者则着眼于同样无法辩驳的法律事实。①

笔者认为，英国的土地发展权路径可以解读为：土地发展权的有偿国有化，即国家将土地用途规划、开发权掌握在政府手中，另一方面，从所有权人手中征收得来的土地予以付诸土地发展权价值的征收补偿金额。在保障土地得到最优利用的同时，最大限度地激发了市场活力。相较而言，中国的土地发展权国有化却未顾及集体和个人的土地权益，采用无偿方式扼杀了个人和市场的自由空间，忽视了集体中农民的利益诉求，使得土地发展权的国有化正当性饱受质疑。也从反面论证了中国"一体两翼"发展战略的合理性，中国推行农地用途管制表明中国土地用途管制的正当性和必要性，因此，对于"使土地得到最优利用"而言，中国将土地发展权国有化具有现实正当性，而土地发展权私有化并不可行。但另一方面，英国土地发展权国有化的变革也告诉我们，基于国家掌握土地用途规划而言土地发展权归属国家具有正当性，但并不必然导致"土地增值收益收归国有"；我国建立土地发展权制度时必须正视土地发展权归属与土地增值收益分配之间并无直接关联，土地发展权权属归国家所有的同时，土地增值收益分配可以向集体和农民倾斜，两者之间并不存在矛盾。但必须注意的是，土地增值收益分配并不能完全归集体和农民所有，必须保证在国家、集体和农民之间合理分配。

---

① 参见彭錞：《土地发展权与土地增值收益分配：中国问题与英国经验》，载《中外法学》2016 年第 6 期。

| 第四节 | 英国土地强制购买程序 |

一、强制购买令

（一）强制购买令的制定

1. 强制购买令作为从属性立法

强制购买令即授权征收机构"为了……目的"强制购买"在附件中描述、在地图上描绘和着色部分"的土地的权利。强制购买令由相关部长制定或批准，但不能超出其法律授权的范围。类似于法律制定，如果强制购买令是由地方政府或者其他公共机构制定，而非国会制定，则须经相关部长批准。正如法律文件中的系列规定，其须由相关部长直接制定而非仅仅批准。然而，法律文件是作为一般公共法的法律副本，而强制购买是作为地方私人法的法律副本。强制购买令是"特别法"的延续，用于划定征收土地的范围。

在土地强制购买体系中，法令都是作出一般性法律规定，而非针对特定领域。对于规制征收机构取得特定土地的程序步骤以及组成文件应当以附属性法律文件的形式制定，且须与法令规定保持一致，这些附属性文件属于行政性质而非立法性质。而强制购买令是对立法的改变，而非仅仅改变当事人的交易地位，因而属于立法。征收机构并非从先前所有权人手中强制取得土地，而是通过强制购买令改变法律规定，宣告取得土地的合法性。

2. 强制购买的授权

（1）强制购买授权的原则

上文已述，英国征地权的补偿性与公益性在习惯法上由来已久。布莱克斯通在其《英国法释义》中也明确了这一点：依据公共利益，在给予私人与其所受损害相当的补偿的前提下，议会才能谨慎地授权征地。① 丹宁勋爵也指出，"未经议会授权，任何补偿或公权力机构都无权征地。议会当且仅当公共利益所必须是进行征地授权。如果非公共利益所必须，则不应授权征地……如果在这点上有任何合理的怀疑，则私人财产应受到保障"。② 可见，英国的强制购买授权必须立足于公益性目的，且必须经过合法补偿。其公益性目的，必须立足于法定情形。

（2）授权方式

英国征地授权的一般情形在于议会公共法（Public General Acts）概括授权＋强制购买令具体授权。但是在历史上，其授权方式还包括曾经普遍使用的皇家特权（royal prerogative）和私人法案（Private Acts）。③ 首先，在战争或者其他紧急情况下，国王仍享有皇家特权进行征地。其次，在 20 世纪初之前，私人法是获得议会授权的主

---

① See W. Blackstone，Commentaries on the Laws of England（9 th edition），Book 1，p.139.

② See Prest V. Secretary of State for Wales（1982）82 LGR 193，CA.

③ 参见张千帆主编：《土地管理制度比较研究》，中国民主法制出版社 2013 年版，第 13 页。

要方式。拟征地者（promoters）向下议院或者上议院提出私人议案（private bills），经三读后通过议案。在一读阶段，利益相关方，如拟征收土地的所有者、占有者或租用者，有权向议会提出反对意见的，将由下议院中的裁判院（court of referees）或上议院在二读程序中对反对者的资格（locus standi）进行确认。在二读阶段，倘若征地私人法案不违背国家政策，则进入委员会讨论环节（committee stage），由四名下议院议员和五名上议院议员组成的委员会组织提案方和反对方进行陈述和举证。如果议案得以通过二读，则向两院报告，进入程序性的三读。只有在六名以上议员提出意见的情况下，该私人法议案才需要做细节上的修改。① 最后，从 20 世纪初开始，一般公法（public general acts）成为征地授权的主要方式，其特点在于对特定目的的征地进行概括授权，不指明具体的征地对象和项目。1933 年《地方政府法》（Local Government Act 1933）将强制购买的一般权力授予当地机构，同时其仍可以通过制定强制购买令选择征收的土地范围，并且授予强制购买令取代公共法。1972 年《地方政府法》取代并废止了 1933 年《地方政府法》，第 121 条授权"主要委员会"（principal councils）② 可以强制购买任何土地，而不论其是否在其领域范围之内。1946 年之后的诸多立法都将上述程序应用于地方政府的强制征收中，一个典型的

---

① 参见张千帆主编：《土地管理制度比较研究》，中国民主法制出版社 2013 年版，第 14 页。

② 主要是指国会和地方委员会，伦敦自治市委员会和 G.L.C。地方委员会为教区和社区委员会的利益进行的强制购买，由 1974 年《土地强制购买规定》（the Compulsory Purchase of Land Regulations 1974）规定。所有的机构包括教区和社区委员会都由 1976 年《地方政府法》第 16 条进行授权，规定 14 天的期限通知土地权利人并为其提供实施其法定职能所需要的信息。

例子即 1964 年《警察法》（Police Act 1964）第 9 条第 2 款的规定：

"国务大臣（the Secretary of State）可以授权一个治安范围内的委员会以警察职能的行使为目的强制征收任何土地；并且适用 1946 年《土地征收法》中的程序规定。"

该条规定明确了在正常的强制购买程序中，授权性法律应当明确的事项：第一，必须有特定的征收机构；第二，必须明确强制征收的目的；第三，必须指定征收授权的部长，除非部长本身即征收主体；第四，需要明确征收土地选址的方法，参照 1946 年《土地征收法》明确以下事项：①在征地选址中必须制定强制购买令；②程序一旦制定必须遵守。

政府部门经常在其他机构授权下实施强制购买，而非由其自主决定。关于法定公用事业承办者的典型规定是 1947 年《电力法》（Electricity Act 1947）第 9 条，石油和能源部长可以授权任何电力委员会实施强制购买，以实现职能为目的征收任何土地；将电力委员会视作地方机构，进而适用 1946 年《土地征收法》的规定。

3. 强制购买令的制定程序

1946 年《土地征收法》第 1 条第 1 款规定强制购买权需要由法令（即强制购买令）授权，强制购买令的制定程序包括：第一步，制定强制购买令草案；第二步，公布草案；第三步，处理反对意见；第四步，决定是否批准；第五步，公布正式的强制购买令。

地方政府制定强制购买令草案的一般形式规定在 1946 年《土地征收法》的第 1 个附件第 1 部分。制定法令草案，即参照地图确定征地选址。1976 年《土地强制购买法》规定了法令草案的统一形式 ①：每一个法令都包含两个附件。第一个附件需以表格的形式单独列明附属地图上各项资产的参考数量、每项资产的简明描述、所有人及名义所有人、承租人及名义承租人以及占有权人（包括按月承租人和短期租赁人）。第二个附件包括制定在 1845 年《铁路条款统一法》第 77 条到 85 条设立的"采矿守则"中的各选项，土地所有者能够在地表具备充足的保护措施的情况下继续采矿。②

草案的公布。实现强制购买令草案的公开化必须通过地方报刊为期两周的宣传，此为实现公开化的法定形式。此外，对当地法令及示意图规定了 21 天的异议期。

处理反对意见及决定是否批准。在法定形式下，通知被分别送达所有权人、承租人和占有权人，对于存在"对土地权益的明显异议"的，交由"批准机构"处理。此处的"批准机构"是指由授权性法律指定的有权批准强制购买令的相关部长。除"批准机构"认为可以在补偿估价程序中处理的异议，都要举行公开听证会或者私人听证会。由部长巡视员负责主持听证会并作出报告，"批准机构"必须听取报告及反对意见。③

公布正式的强制购买令。一旦强制购买令获得批准，通知的法定形式必须在当地报刊公开，并且通知单独送达所有权人、承租人以及

---

① See S.I.No.300. 同 1946 年《土地征收法》相同，将其规定在附件中。
② 地下矿产的存在能够影响土地价值及补偿的确定。
③ 1946 年《土地征收法》，第一个附件，第三段（1）（b）和（c）。

占有权人。通知必须表明法令的批准机构以及示意图的检查机构。^①

4.地方政府以外的征收主体

1946年《土地征收法》第一个附件第一部分的程序规定只限于地方政府；而法定公用事业承办者和其他公共机构由授权性法律授权进行土地强制购买，类似于地方政府。1946年《土地征收法》第8条第1款将法定公用事业承办者定义为：根据一项法律（一般公共法或者地方法）或者根据法律制定或批准的法令或规划授权任何人从事以下事业，以实现法律目的（建设或者运行铁路、轻轨、电车轨道、公路运输、水路运输、运河、内河航运、码头、海港、码头或灯塔建设，或者任何提供电力、天然气、水能的设施）。1946年《土地征收法》第一个附件第二部分规定了由相关部长自己制定强制购买令的程序。

5.协议购地

征收总是以强制性因素出现，而大部分授权征地的公共法都同时授权协议购地^②，但某些特殊情况下，授权性法律仅允许征收机构以协议方式取得土地。例如，根据1959年《公路法》（Highways Act 1959）铁路部门可以在实际或者将建的铁路周边220英尺的范围内取得土地，但必须以改善铁路为前提且以协议的方式取得，除非征收是为了建设排水系统；根据1906年《开放空间法》（Open Space Act 1906）当地政府通过协议可以获得公共空间用地或者墓区土地。据此，强制权下的协议购地被区分为可以选择的协议购地和只能选择的协议

---

①1946年《土地征收法》第一个附件第六段规定：为征收更多的土地，第五段禁止任何对法令的修正，"除非全体利害相关人同意"。

②少数公共法仅授权政府协议购地，如1906年《开放空间法》（open spaces act）、1970年《农业法》（agriculture act）等。

购地两种。拥有征地权的机构可以在申请征地授权之前，甚至在提交确认强制收购令之后与土地原权利人达成合意，协议购地。2004年，英国政府颁布的征地守则第24段作出了以下建议："在申请征地授权以及整个申请过程中，征地机构应当在任何可行的情况下争取通过协议获得土地。强制收购或征地应当被视作无法达成协议时才需要诉诸的最后手段。①但征地机构可以在谈判过程中将被征地作为一项后备计划。由于征地申请本身所需时间很长，故征地机构最好同时开始谈判和申请征地授权。"②

自由市场中可能存在另一位购买者愿意出具更高的价格，因此，为保证被征收人能够获得合理的土地价值，1961年《土地补偿法》第35条规定：

"土地裁判所可以应出卖人的申请证明被具有强制购买权的机构征收的土地价值，并且出卖土地的价格应当是其能够得到的可合理范围内的最好的价格。"但是需要说明的是，该条不适用于征收主体只能通过协议的方式取得土地的情形，其仅适用于强制购买权下的协议征收情形。

（二）听证程序

对于强制购买令制定过程中存在的异议需要举行地方公开听证。地方公开听证是一种行政性质的事实认定程序，由部长官员主导进行，

---

① 参见张千帆主编：《土地管理制度比较研究》，中国民主法制出版社2013年版，第17页。

② See ODPM Circular 06/2004, Compulsory Purchase and the Crichel Down Rules. 或者以下网址 "http：//webarchive.nationalarchives.gov.uk/20100202140358/http：//www.communities.gov.uk/documents/housing/pdf/138092.pdf"，2018年4月30日访问。

处理征收主体与异议人对于强制购买事实存在的争议。听证过程中存在两个相互抗衡的主体：征收机构和异议者。由双方提供证据，并接受对方询问。听证的裁判是相关部长委派的巡视员，在听证会结束后作出报告，相关部长在听取报告后综合考虑相关法律、事实以及政策后作出决定。这个决定并不具有判决书的效力，而是具有行政性、政策性。

1. 听证结果受"自然正义"约束

听证过程本身具有行政性，因而很难找到起诉的法律依据。但法律明确规定，异议者对于相关部长的决定不满，可以向法院提起诉讼，请求法院撤销或者宣告决定违反法律而无效。如果听证中相关部长或者其巡视员对反对意见的处理不当，可以请求确认相关部长的决定无效。据此，法院发展了一个学说，主张听证是行政程序中的"准司法"（quasi-judicial）阶段，意味着其需受到"自然正义"的约束。

"自然正义"归根到底包含两项原则：其一，主导准司法进程的主体必须无偏见。正如英国大法官休厄特勋爵在 R. v. Sussex Justices, ex parte McCarthy[1] 中所言："正义不仅应当实现，而且应当以一种看得见的、明显且毫无怀疑的方式实现。"其二，争议双方的意见都能被充分听取，包括辩驳对方论点的权利和质证对方证据的权利。

基于自然正义宣告部长决定无效的一个成功案例是费尔蒙投资有限公司诉环境大厦（Fairmount Investments, Ltd. v. Secretary of State for the environment），伦敦自治市南华克区委员会为进行贫民窟清拆而制定了强制购买令，而申诉者的房屋包括在内。巡视员在听证中将

---

[1] See ［1924］1 K.B.249.

不适于居住的原因认定为这些房屋的地基沉降恶化，而这并非由当地政府提出也未在听证中出现。法官认为此构成对自然正义原则的违背，即该强制购买令并不在法令的授权范围内。

2. 听证的程序法规则

自 1976 年起，听证不再仅有总括式的自然正义规则规制，还有成文法规定。1976 年《听证程序法》适用于与强制购买令有关的公开听证以及私人听证会。相关部长至少在听证前 42 天内书面通知征收机构和异议权人，异议权人是指在收到法令草案通知后提出反对意见的所有权人、承租人和占有权人。其中最重要的要素是征收机构必须送达一份书面的理由陈述，包括由政府部门在听证前至少 28 天内作出的陈述意见；并且必须提供用以检视和复制将作为证据提交的地图、规划和相关文件的充足时间。如此，保障异议者能够在听证程序前，了解其将要面对的诉讼的性质，正如民事诉讼中当事人可以从起诉状中得知案件的性质。

部长委派的巡视员对于听证的进程有广泛的自由裁量权，只要符合自然正义原则，可以不严格参照听证的证据和程序的细节规定。异议权人在听证前 14 天内可以向相关部长提交书面申请，检查以及交叉检查出席听证会的政府部门代表人的意见。经征收机构或者异议权人的要求，巡视员必须在听证会上确定的特定时间内检视讨论中的土地，随后向相关部长提交书面报告。至此，准司法程序即告终结，除非相关部长不同意已发现的事实，或者收到了新的证据，或者从新的事实角度出发，对巡视员提交的报告有不同意见，其必须在做出决定前 21 天书面通知当事人。当事人在此期间可以对新的证据和新的事实角度做出书面意见，要求重新进行听证。相关部长对其做出的决定负责。

（三）特别国会程序与强制购买令

并非所有的强制购买令都仅依据相关部长的决定生效。原因在于其中一些必须经由"特别国会程序"。特别国会程序适用于多种法令，但笔者仅讨论其与强制购买程序的联系。与特别国会程序相关的法律是 1945 年和 1965 年的《特殊程序法》（the Special Procedure Acts 1945 and 1965）。

1.特别国会程序适用的类型

如果征收土地中包括"古迹或者有考古价值的客体"，则强制购买令需要经过特别国会程序；除非国务大臣担任征收主体或者能够证明征收机构已经授权其在满足合适的条件下保护该土地。[1]1946 年《特别程序法》同样规定在征收土地属于地方政府所有或者属于国民托管组织不可分割的土地，其必须经过特别国会程序，但是允许提出异议。

公共事业承办者（包括地方政府在内）以"事业开展为目的"取得土地的，如果存在异议，则不仅要经过特别国会程序，在此期间也有权利提出反对意见，向相关部长说明该土地（或者该土地的一部分）用于此用途或者土地利益（或者部分利益），并以此目的持有。此步骤的目的是将该类土地排除在强制购买令的范围之外，除非相关部长能够证明：由于公共事业承办者能够使用其他土地代替该土地或者由于相关环境允许而替代土地不被需要，对公共事业不会造成严重损害。这将保护任何铁路、水力、天然气、电力或者其他相关设施不受强制购买的威胁。此处的公共事业承办者与上述提到的相同，但是相关部

---

[1]See 1946 Act，1st Schedule，para.12.

长仅指环境部国务大臣，除一两个特殊案件中不受此限。①

此外，1946 年《特别程序法》第三部分第一章规定，特别国会程序适用于"公共、休闲空间部分，或者燃料或牧场分配地"土地的征收。但是，如果国务大臣能够证明，其他土地，至少在面积上，能够进行替换，并且能够为公众和所有权人和其他任何在征收土地上享有权利的人带来"等量优势"，或者征收土地面积不超过 250 平方米，或者有为公共利益而拓宽现有公路的必要并且没有其他土地可以进行替换。但是此次证明必须先由国务大臣公开其这样做的意图，并且允许"所有利益相关者做出说明或者提出反对意见"，并在必要时举行公开听证会讨论做出说明和反对意见，并做出听证报告。②

2. 特别国会程序的效力作用

适用于特别国会程序的案件，其在 1945 年之前通过的法令在按照国会规定受理之前都不具有法律效力。且强制购买程序必须首先经由上述程序，达到相关部长能够批准的程度。相关部长必须提前三天在《伦敦宪报》（the London Gazette）上公示其将交由国会受理。在受理之后的 20 天期限内允许对强制购买令提出反对申请，如果没有提出异议申请，法令在 21 日期限结束后自动生效。由联合委员会负责审查该反对是否构成"一般异议"，即"完全反对"或者"修正性的部分反对"。只要申请属于"一般异议"，委员会将宣告该法令"不

---

① 1970 年《环境部国务大臣规则》。特殊案件指"灯塔事业单位"（商业局）和邮政部门。

② 此项程序极易与公地圈地或者工地征用程序混淆。在 Wilson v. Secretary of state of environment 案件中，一个与村庄绿地交换相关的证书被撤销，由于存在对绿地的误导性描述而遭受"实质性损害"，以至于潜在的异议者利用此项程序漏洞摆脱法律约束。

被批准"。无论何种申请，委员会都可以以修正案或者无修正案的方式宣告。如果以"无修正案"的方式宣告，则该法令立即生效；但是如果是以"修正案"的方式宣告，该法令将会在相关部长批准后生效；在委员会宣告法令"不被批准"或者在"无修正案"时，相关部长希望该法令生效，他必须促使一个法案通过以达到此效果，这与"临时命令"程序有异曲同工之妙。该法案将被视为公共法案。

特别国会程序的作用将在米德尔塞克斯郡议会诉住房部长和地方政府（Middlesex County Coucil v. Minister of Housing and Local Government[①]）案件中充分体现。在该案中，两个地方政府竞争同一块土地，其中一个做了充分的准备并且公开宣告了强制购买令。提出异议的期限是五周。八个月过后，举行公开听证。在听证前两天，同样在准备强制购买的第二个地方政府已经签订了土地购买协议，并试图妨碍竞争政府的强制购买令生效。相关部长依然批准了该法令，因此第二个地方政府以该土地已经属于地方政府财产为依据，主张其应当适用特别国会程序；相关部长和第一个地方政府提出否定。上诉法庭主张，为适用特别国会程序而被视为地方政府财产的土地，其必须在提出异议时已经归属地方政府所有，因此对于异议期间结束后作为所有权人的一方当事人提出的异议不被视为"经正当程序作出"（duly made）。因此，第二个地方政府的异议申请不属于"经正当程序作出"；相关部长未经特别国会程序作出的法令得到支持。

---

①See ［1953］1 Q.B. 12；［1952］2 All E.R.709.

二、强制购买转让

（一）征收通知（notice to treat）

1. 通知的目的

传统征收程序的第一步即"征收通知"。1965年《强制购买法》第5条第1款规定："征收机构以强制购买的方式购买任何土地时，应当通知（即'征收通知'）所有利益相关者，或者有权将该土地出卖、转让给征收机构的权利人。"因而，广泛意义上可以说，征收通知的接受主体是所有权人和租赁权人。征收通知必须指定相关土地、土地上所有权利，并表达"购买该土地"的意愿和针对"由于征收工作的原因可能带来的持久性损害"给予补偿的意愿。① 征收通知的目的不同于合同法中的"要约邀请"，而旨在达成强制谈判，其本质也并非合同，但基于补偿金额的合同补正效力，使其具备合同的性质。

2. 征收通知的废止与无效

依据1965年《强制购买法》第4条规定，"在强制购买令生效三年届期期满后，征收机构将不能行使其权力"，在三年届满后送达的征收通知将不再发生法律效力。

在格莱斯诉达德利公司（Grice v. Dudley Corporation②）案件中，根据1930年《公共工程设施法》（Publicities Act 1930），被告公司于1938年取得强制购买令，并于1939年初将征收通知送达土地所有权人。在一些迟延和争议之后，截至1951年被告公司已经完成了其

---

① 可与1845年《土地条款统一法》第18条规定进行比较，该法规定补偿应当支付——"任何没有支付补偿的剥夺财产的意图都不能归咎于法律规定，除非其有明确的财产规定。"

②See［1958］Ch.329；［1957］2 All E.R.673.

利用该土地的计划，将原始计划定为拓宽街道、建造一个新市场，取代了 UPJOHN, J. 所谓的"普遍性发展"。在对价格的争议结束后，1955 年土地所有权人向高等法院主张征收通知无效。约翰大法官基于对早期案例的分析，制定了一系列特定的规则：第一，征收通知仅在"合理期间"内有效，其仅在"迟延被合理解释"并且综合考虑案件条件情况下主张其有效是合理时，继续保持其法律效力；第二，征收主体有权取消征收通知赋予的权利；第三，首席检察官（attorney-general）可以为了公共利益或者受损害人的利益，请求抑制与特别法不相符合的权力的实施，法院对此有权管辖。法官将情况总结为：土地利用的原始计划已经失效。事实上，强制购买令已经失去法律效力。即便上述阐述并非完全准确，由于征收通知送达的过度延迟，要求公司在任何期限内调整其步伐都是不公平的。本案应当认定征收通知不再具有法律效力，被告无权根据强制购买令取得原告房产或者其土地的一部分。然而，值得说明的是，本案中法院并没有宣告强制购买令失效。本案中法官将强制购买令视为已被废止，征收通知无效。本案判决的关键在于：仅在此特定情况下，强制购买令视为已被废止，征收通知无效。

3. 征收通知的撤回及法律后果

1965 年《强制购买法》第 6 条规定，如果征收通知的接收者在通知送达后 21 日内没有向征收机构主张补偿，或者双方没有就补偿金额达成一致意见，关于征收补偿的争端将提交土地裁判所。征收通知送达后，征收机构须自动开展土地征收工作。法律允许土地所有权人基于征收通知的过分延迟等理由单方面确认征收通知无效。同时，允许"特别法"即授权性法律和强制购买令撤回征收通知。

法律规定以下三种情形，征收机构可以撤回其已经送达的征收通知：其一，1961 年《土地补偿法》第 31 条第 1 款规定，在收到土地所有权人或者其他权利人的索赔请求后六周内，允许征收机构撤回已经送达的征收通知。其二，第 31 条第 2 款规定，在土地裁判所做出决定后、索赔请求确定后的六周内，如果土地权利人未能在合理的时间内提交索赔通知，则允许征收机构撤回已经送达土地权利人的征收通知，除非征收机构已经取得土地的合法占有。① 其三，1965 年《强制购买法》第 8 条第 1 款规定，针对部分财产的征收通知，在接受者"自愿并且能够出卖全部财产"的情形下，允许撤回部分财产的征收通知。但是，如果征收机构不愿意购买全部财产，但是第 8 条第 1 款的规定又不允许只购买部分财产时，征收机构可以撤回其购买土地的决定。

（二）入场通知

"入场"即意味着成为被征收土地的占有者。在 Harris v. Birkenhead Corporation② 案件中，被告强制购买了贫民区清拆计划中的一处房屋，并且已经将"入场通知"送达土地所有权人和承租人。承租人已经在数月前搬离了该房屋，在此期间房屋被破坏。原告被盖房屋掉落的玻璃砸伤。其主张征收机构是房屋的占有者，应为其过失侵权行为负责。本案中即便征收机构未取得物理上的占有，但在"入场通知"送达后其可以随时取得房屋的占有，即视为实际占有。在强制购买程序中，征收主体并不能在征收通知时取得土地，而是在支付补偿之后取得土地。支付、转让和取得占有同时发生。

---

① 索赔请求确定的日期由其是否向上诉法院提起上诉，或者向上议院提起上诉所决定。

② See ［1976］1 ALL E.R.341；［1976］1 W.L.R.279.

法律规定中，入场存在两种方式：其一，通过一般转让宣告可以在宣告确定并生效时自动取得土地权利，并且在当日（the vesting）获得土地占有权。1965 年《强制购买法》第 11 条第 1 款规定，在一般转让宣告程序中，征收机构有权向相关所有权人、占有权人和租赁权人送达"入场通知"，依据"入场通知"征收机构可以在补偿支付之前提前取得占有，但前提是征收通知已经送达。该通知至少提前 14 天，即在征收通知送达后的 14 天期限内送达"入场通知"。其二，1965 年《强制购买法》的附件 3 中阐述了入场的另一种方式，在此方式下，征收机构无须送达通知即可实质性进入，但是必须首先取得全部"同意出卖或者转让的权利人"的同意，或者在不能取得全体权利人同意的情况下，向法院支付补偿金或者向所有权人支付同等数额的债券（包括股权）。

就入场通知的通知对象而言，承租人优先于所有权人送达。即，如果土地按年出租给承租人，征收通知只需要送达土地所有权人；然而，入场通知需要送达土地所有权人和承租人，并且以承租人作为主要送达人，因为入场通知是承租人能够收到的唯一提示其征收正在进行的告知。可以说，在土地出租的情况下，征收通知送达土地所有权人，而入场通知送达承租人。

（三）一般转让宣告

一般转让宣告是将征收通知和财产让与两个程序压缩成一个程序。早期，一般转让宣告只在特定案件中适用，1968 年《城乡规划法》使其具有一般适用性。该法第 30 条第 2 款将此程序应用于"任何部长、地方政府或者其他公共机构通过强制购买的方式取得土地的行为"。一般转让宣告程序相较于征收通知而言，其财产转移速度更为快速。

1. 一般转让宣告程序

征收机构将一般转让宣告意向通知（preliminary notice）送达相关土地所有者和土地权利人后，强制购买令生效。而一般转让宣告意向通知旨在告知相关土地权利人强制购买令已经制定或者批准。一般转让宣告意向通知必须明确一般转让宣告执行的最早期限，一般在一般转让宣告意向通知后两个月甚至更久；但经土地占有权人书面同意可以选定执行期。① 在一般转让宣告执行后，征收机构应尽快发出通知，并规定不少于 28 天的期限，到期自动取得土地相关权利。

制定一般转让宣告意向通知需在当地土地登记局进行公开登记。只有一般转让宣告程序需要进行登记，而强制购买令程序一般无须登记。一经登记，即视为已经发出强制购买令生效通知。如果在强制购买令制定通知中没有明确表示制定一般转让宣告，或者仅决定适用征收通知程序，则该通知无须在土地登记局登记。因此，笔者将一般转让宣告程序的步骤总结如下：

强制购买令的制定和批准；

一般转让宣告意向通知送达（和登记），与强制购买令的制定或批准通知程序相同；一般转让宣告意向通知中应详细解释一般转让宣告程序的相关内容，如宣告的性质、宣告的效力等；

一般转让宣告的执行（至少在一般转让意向通知后的两个月）；

一般转让宣告执行后，通知权利人将自动取得相关土地权利的具体日期，该日期应不少于执行接收后 28 天期限；

征收机构在自动取得当日获得相关土地权利。

---

①See Town and Country Planning Act 1968，3rd Schedule，para. 2 and 3.

2. 一般转让宣告程序不能适用撤销程序

通过一般转让宣告程序取得土地权利的效果相当于征收机构通过单务契约进行的单方面土地转让，①其实质上等同于征收通知程序和土地转让程序的合并程序，两项程序在一般转让宣告程序中同时进行、无先后顺序。因而，一旦一般转让宣告被送达，即意味着征收通知已经送达土地权利人并且当事人双方应当立即处理补偿事宜。在征收通知程序中，征收机构有权撤回征收通知，但是该项撤回权并不能适用于一般转让宣告程序，撤回权只能在征收通知送达后、土地转让前的时间内行使，而一般转让宣告是一种将该时间段压缩为零的特殊的程序。一般转让宣告程序将征收通知程序和土地转让程序压缩为一步，因而撤销权没有存在的空间。

3. 租赁权的排除

一般转让宣告程序具有立即生效性，征收机构在一般转让宣告生效时立即取得土地的占有。但是，对于该被征收土地上存在短期租赁或者租赁权即将届满的长期租赁情形，可以采取两种途径：其一，一般性地，在强制购买规定中，一年或者更短的固定期限的租赁权都被排除在强制购买的范围之外，即待租赁权届满后，征收机构再取得土地的占有。其二，可以向所有权人和租赁权人支付相应的补偿，取得土地的占有。因此，征收机构征收的土地上有租赁合同时，在支付补偿后，同样可以取得对土地的占有；在未支付补偿情况下，必须等到租赁期限届满，才能取得土地的占有权。在没有适用一般转让宣告程

---

① See Town and Country Planning Act 1968，3rd Schedule，para. 7. 通过单务契约的转让将在下文进行阐述。

序时，征收机构根据其是否有能力承担补偿，来决定是否送达征收通知；若送达征收通知，则其必须支付相应的补偿；若不送达征收通知，则需等到租赁期满后进行征收。在适用一般转让宣告的场合，征收机构必须对所有的租赁权人和所有权人的利益进行补偿。征收机构必须买断所有租赁权人的产权，只要征收土地上仍存在有效的租赁权，征收机构对土地的占有就要延迟。

（四）一般转让宣告与征收通知程序的比较

上述关于征收通知和一般转让宣告的规定中并没有充分体现出两者的区别。其区别一方面体现在所有权人反对、缺席或者不能出卖土地的情况，此种情形下，征收机构可根据单务契约，单方面地将土地权利转让到自己名下，但其必须向法院支付相应的补偿金。一般转让宣告的法律效果与单务契约相同，因此，征收机构可以直接根据一般转让宣告通知取得土地的占有。具体包括以下情形：

第一，所有权人反对情形。1965 年《强制购买法》第 9 条规定，如果被强制购买的土地所有权人拒绝将权利转让给征收机构或者拒绝完成交易，征收机构在充分考虑该权利人的利益的情况下可以将补偿支付给法院。

第二，权利人无力出卖。适用于企业合伙、终身租赁权人或限定继承租赁人、无偿托管人或者有权取得土地租金和利润的人。在此情形下，土地权利人非所有权人，无法处置土地所有权，征收机构在获得土地强制购买权时视为存在土地征收合同。①

第三，土地权利人缺席，即所有权人在国外或者"在征收过程中不能找到"。如土地存在共用所有权人，其只能向法院申请支付相应份额的土地征收补偿金。如果缺席的土地所有权人重新出现，其必须向高等法院主张支付补偿金。如果其拒绝承认补偿金额评估的结果，其可以向土地裁判所申请重新进行评估；如果其成功地获得了更高的评估，则征收机构需要支付其申请重新评估的费用以及多出的补偿数额；如果评估失败，其评估费用由土地裁判所自由裁量决定。②

---

①1925年《财产法》第42条第7款规定："无论通过征收通知或者其他途径，征收机构获得土地的强制购买权，都视为存在土地征收合同。在该合同下，征收机构无须向法院支付补偿金即取得土地权利，但是购买者为避免征收延误或者其他特殊情况，其向法院支付补偿金才是权宜之计。"

② 该项规定不适用于通过一般转让宣告已经将土地权利转让给征收机构的情形，因为在这类案件中没有适用的必要。参见1968年《城乡规划法》附件3A，第14段。

第五节　英国土地征地的争议解决

中国征地争议救济机制的障碍主要在于对于征地不同阶段争议的性质认识不清，几种救济制度之间各自的管辖范围难以明确，制度和制度之间常常相互冲突，当事人更是在几种救济机制中来回反复，问题始终难以解决。而英国征地争议解决机制明显不同，其根据不同的征地纠纷阶段设置了不同的纠纷解决机制，主要而言，英国的征地纠纷主要分为两种，第一种即为对征地授权、执行程序的争议；第二种是对补偿的争议。只有法律纠纷能够诉诸法院，而补偿争议主要涉及的是事实纠纷。因此，前者属于普通法院司法审查的范围，后者专属土地裁判所管辖。

一、司法审查

交由法院司法审查的征地纠纷既包括在征地授权阶段，可能因不服授权机关作出征地授权决定而引发的争议，如认为征地的目的不符合公共利益的要求，授权程序不合法，等等；也可能仅仅因为，征地执行过程中程序要件不合规范，如是否按照规定的时间、地点和方式进行征收通知等；也可能是关于征收土地面积的争议，如该被征收土地是否应当在被征收的范围之内等。根据 1981 年《土地征收法》第 23 条规定，被征收人或其他利益受损者可在强制收购令通知发出或者生效起六周内向高等法院提起司法审查，并将起诉理由概括为，其一，强制收购令未经《土地征收法》授权；其二，"相关要求"①未能得到遵守。法院的司法审查主要是对征地争议中的法律问题进行审查，包括合法性审查和合理性审查。

（一）合法性审查

法院进行的合法性审查首先主要是考察征地权力是否缺乏法定基础，主要考察的是征地机构是否存在越权行为。例如，某项强制收购令明显超出法律授权的范围，或者强制收购令的确认机构错误地对授权范围作出扩大化理解。"由于征地权力本身的严苛性，法院对其进行司法审查将更为严格。"②其次，征地机关是否存在权力滥用情形，即决策者是否存在恶意、无关目的或对决策者裁量权的不当约束等。再次，对于征地违反程序性规定的情形也在其中，决策者是否遵守约定或者法定的要求或者是否有违自然正义原则。最后，征地机构是否违反了 1981 年《土地征收法》的相关要求。只要征地机关不遵守《土地征收法》的相关要求，且起诉者的利益因为该不遵守行为而受到实质性损害，法院就可以据此推翻该征收决定，而不论其违反的相关要

---

① 这里的相关要求主要是指 1981 年《土地征收法》第 23 条（3）条的规定。
② See［1989］1 ALL ER 933. R v. Secretary of State for Transport，ex p de Rothschild 案件中，Slade LJ 法官的阐述。

求是程序性的还是实体性的。^①例如，强制购买令中关于被征收土地的描述与实际被征收的土地不符，导致被征收土地权利人利益受到损害的，其可以直接起诉征地机构程序性违法；又如，对于强制购买令的送达，只送达了共同所有权人中的一个，其他权利人可以根据程序性违法直接起诉该征收决定无效。又如，《土地征收法》明确规定强制购买令中必须包含对相关土地的描述以及对征收理由的充分论证，如果强制购买令不符合这一点，权利人可以直接请求法院否定该项征收决定。^②

（二）合理性审查

本项原则最主要的是确认部长是否考虑了无关因素或者未考虑相关因素，而这项要素对于征收决定的作出具有根本性意义、产生实质性影响。如果确权机构应当考虑某项因素而未考虑，或者不应当考虑某项因素而予以考量，因此对于征收决定的作出产生实质性影响，法院可以据此推翻该项征收决定。在法院作出合理性考量过程中，主要应用两项基本原则：

其一，即为英国行政法上经典的"温斯伯里不合理性原则"（Wendesbury unreasonableness），意即"某项行政决定是否如此不合理，以致没有任何理性的决策机构会作出类似的决定"^③。在科林地产有限公司诉住房部长和地方政府（Coleen Properties Ltd. V. Minister of

---

① 参见张千帆主编：《土地管理制度比较研究》，中国民主法制出版社2013年版，第29—31页。

②See W.H. Bibbs v. Secretary of State for the Environment［1973］229 Estate Gazette 103.

③See Lord Greene MR in Associated Provincial Picture Houses v. Wednesbury Corporation［1948］1 KB 223.

Housing and Local Government）案件中，征收机构在根据 1957 年《住房法》决定征收一块空地和邻近土地过程中，并未对"测量员调查后出具的相邻土地乃不是发展所必须征收的范围"的相关因素作出考虑，而批准征收决定，最终法院以不合理性推翻了此项征收决定。[①]

其二，比例性原则。根据《欧洲人权公约》规定，只有在为了公共利益目的且符合比例性原则的情况下才能对"公民财产的和平享有"与"私人和家人生活的保护"进行限制或者损害。比例性原则主要考察除征收之外是否存在其他替代性措施，因为征收只能作为手段穷尽之后的最终选择，如果存在其他合理性替代措施可以实现征收目的，则征收决定不具备合理性，法院可以直接推翻征收决定；另外，征收机构在行使征收权过程中，应当选择对于被征收权利人权利损害最小化之手段，以充分保障被征收权利人的合法权益。

二、土地裁判所

征地补偿争议具有两个明显的特征，一是各个阶段的争议虽然都是基于不同法律关系而独立存在，但是相互关联；二是各阶段的争议往往具有继发性和并发性。[②]征地过程往往漫长，一般而言，前一阶段的争议尚未解决，后一阶段的争议便已发生。[③]而征地补偿争议又与一般的征地纠纷有所不同，其往往涉及的是对地权的评估等专业知识，

---

① See Coleen Properties Ltd. V. Minister of Housing and Local Government，转引自张千帆主编：《土地管理制度比较研究》，中国民主法制出版社 2013 年版，第 29 页。

② 参见贺日开：《我国征地补偿救济制度的迷误与出路》，载《法学杂志》2007 年第 11 期。

③ 参见贺日开：《我国征地补偿救济制度的迷误与出路》，载《法学杂志》2007 年第 11 期。

因此，英国工党政府主张建立独立于普通法院之外的专门的土地裁判所，并于 1949 年制定《土地裁判所法》（Land Tribunal Act），根据 1949 年《土地裁判所法》第 1 条、1961 年《土地补偿法》第 1 条和 1965 年《强制收购法》第 6 条，土地裁判所对有关征收土地及有害影响的补偿之争议享有裁判权。如果就补偿达不成协议，征收双方均可在征收通知发出后 28 天内将争议转交土地裁判所。[①] 概括而言，土地裁判所享有对土地征收补偿纠纷的初审和上诉管辖权。[②]

初审管辖权。土地裁判所的初审管辖权基本包含以下几类：（1）补偿争议，包括因公共工程使用造成的土地价值贬值的争议、对强制购买补偿的争议以及其他侵扰的补偿争议。（2）财产损失通知。根据 1990 年《城乡规划法》第 150 条的规定："因政府的规划决议造成土地权利人利益受损时，在符合法定条件情况下，土地权利人有权要求政府购买其土地权利，在政府以相反理由拒绝时，当事人可将此争议诉诸土地裁判所解决。"（3）财产限制补偿争议。根据 1925 年《财产法》第 84 条规定："土地所有权人或者永佃权人在其土地利用受到用途、建筑物等方面的合同限制时，可向土地裁判所提出申请，土地裁判所可以裁决修改或者解除该限制性合同，也可以裁决对土地权利人予以补偿。"（4）土地税收申诉。根据 1970 年《税收管理法》第 46D 条规定："公民对某些与土地价值相关的税收或者海关机构的决定不服时，可以向土地裁判所提起申诉。"（5）当事人一致同意

---

① 参见彭錞：《英国征地法律制度考察报告——历史、现实与启示》，载《行政法论丛》2011 年第 14 卷，第 94—133 页。

② 参见沈开举、郑磊：《英国土地裁判所制度探微》，载《郑州大学学报（哲学社会科学版）》2010 年第 3 期。

提交裁判所解决的土地征收补偿争议。①

上诉管辖权。根据相关法律规定，当事人不服股价裁判所裁决、租金裁判所裁决和住房裁判所等土地类"初审裁判所"裁决的，可以向裁判所上诉，即向土地裁判所提起上诉。

从性质上说，土地裁判所被认为是一个法院，行使司法职权。②英国针对土地补偿争议设立专门的土地裁判所具有明显优越性：

其一，能够保证裁判机构的中立性。土地裁判所的裁决并不局限于某项决定的"合法"与否，土地裁判所可以裁决法律问题、事实问题和政策问题，其具有超脱政治影响之外的独立地位；其非法律专业之人员能够保障决策的连贯性，有效调处公共政策与法律原则之间的冲突，保障裁决结果的公正性。

其二，能够保证裁判人员的专业性。从人员组成上讲，土地裁判所仲裁委员会中具备理论、法律、实务专业人士：实行主席负责制，设主席（应当是英国普通法院的法官）一名，由大法官咨询裁判所高级主席意见后任命。其他成员则由测量员、律师（至少有七年职业经验的出庭律师）或者具有土地评估经验的专业人士组成。此外，必须设一名登记官，以及一名处理日常事务的裁判所经理；但必须"至少有一名成员"能够处理任何所涉纠纷。③根据《征地条款统一法》规定，被征收人有权选择一名仲裁员或者法官处理补偿纠纷；④如果一方所有

---

① 参见沈开举、郑磊：《英国土地裁判所制度探微》，载《郑州大学学报（哲学社会科学版）》2010年第3期。

② See Hillingdon London Borough Council v. ARC Ltd.〔1999〕Ch 139.

③ 1919年《土地征收法》S.3（1）.

④ See Lands Clauses Consolidation Act 1845，S. 23.

权人缺席审理，补偿则由"一名有资历的测量员"处理。[1] 仲裁员或者法官组成专业的仲裁庭，其审理的主要问题仍然是事实问题。[2]

纠纷诉至土地裁判所后，土地裁判所可以根据案件本身的情况选用以下四类程序中之一种：书面标准程序、特别程序、简易程序、陈述程序。

标准程序。1919 年《土地征收法》规定了处理补偿纠纷的标准程序，包括建立专职仲裁员团队、由有能力裁定土地纠纷的人员构成。[3] 标准程序是大多数诉至土地裁判所的案件所适用的程序，主要包括提交申请、案件陈述、案件受理、文书送达、听证和裁决等环节和步骤。[4]

特别程序。对于案情较为复杂、标的较大以及重要的案件，经裁判所主席指定一名或者几名成员负责，适用特别程序。在庭前审查程序阶段，由成员组成的专家组应当确定案件的争议、审理的步骤以及具体的审理安排。

简易程序。对于案件争议较小、标的较小的案件，经上诉人同意，土地裁判所可以决定适用简易程序审理。相对而言，审理程序较为简单，测量员可以同时担任代理人和律师，免诉讼费，但需要进行开庭审理。

书面陈述程序。如果案件争议较小，且双方当事人对审理程序达成了一致意见，裁判所可以选用"书面陈述程序"。与前述三种程序

---

[1] See Lands Clauses Consolidation Act 1845，S. 58.

[2] 仲裁员负责对法律要点进行处理，除非其认为有必要将案件提交给高级法院。（参见 1950 年《仲裁法》第 21 条第 1 款）

[3] 1919 年《土地征收法》S.1.

[4] 参见沈开举、郑磊：《英国土地裁判所制度探微》，载《郑州大学学报（哲学社会科学版）》2010 年第 3 期。

不同，这一程序不需要开庭，单凭当事人书面材料进行审理。

此外，当事人对于裁决决定认为存在错误或者不服的，可以向上诉法院提起上诉；当事人认为土地裁判所适用法律存在错误的，可以向高等法院申请司法审查以撤销或者直接作出替代性裁决。

第三章

德国土地征收
制度研究

引言

德国的土地制度向称完善，从地籍制度、土地利用规划、土地整理、土地交易，到土地的自然保护，再到土地权属登记、土地权利保护，都非常健全。就土地征收而言，无论是立法层面，还是司法实践层面，都形成了良好的运行机制。本章即旨在深入研究其土地征收补偿法律机制，俾能有所借鉴。出于篇幅的考虑，本章将研究的范围重点集中在土地所有权被征收时的补偿标准确定上。

德国法中对所有权的保护与限制围绕着1949年制定的《基本法》①第14条构建而成，该条以保护私人土地所有权为基本出发点，而又不危及社会的公共福祉。该条第1款规定了所有权和继承权受到保护，其内容和限制由法律予以规定。第2款规定了所有权负有义务，其使用应当同时服务于社会福祉。第3款则构成所有与征收相关的法律规范的起点。该条款规定，只有出于公共利益的考虑才允许征收；且只有通过或者基于一项法律才可以进行征收，该法律必须明确规定补偿的方式和范围；补偿应在权衡公共利益与其他相关人员利益的基础上作出；对补偿的额度不服者可以向法院起诉。

德国是联邦制国家，联邦与州拥有各自不同的立法权限。依据《基本法》第73条和第74条的规定，联邦对于一些特定事项比如建筑规

---

① 因本章探讨的是德国制度，因此引用的法律不再加标"德国"字样，特别之处如《普鲁士土地征收法》等会标明，特此说明。

划拥有立法权。但是各个州也保有相当的立法权限，联邦层面和州层面的征收法并行不悖，而又经常互相参引，两者合起来构成土地征收的基本法律体系。[①]联邦层面有很多法律涉及土地征收，重要的比如《建筑法典》[②]（下文简称《法典》）、《土地整理法》、《国防用地法》、《铁路法》以及很多与公共交通建设、能源供给、环境保护有关的立法，总计大约有 30 部法律涉及征收规范。每个州都制定了专门的《土地征收法》。此外和联邦一样，每个州也都制定了一些相应的针对具体领域的法律，如涉及公共交通、能源、自然资源保护、文物保护等诸多法律。[③]对于一个高度城市化的国家而言，《法典》无疑非常重要，其中"征收"一节[④]对征收的要件、程序、补偿、司法救济等方方面面做了相当全面的规范，构成最重要的有关征收的立法基础。当然，土地征收法受到联邦最高法院、联邦最高行政法院和宪法法院判决的持续影响，很多概念、原则都是由法院判决发展而来的，因此文中也会多有涉及。

　　《基本法》第 14 条第 3 款第 2 句规定，征收只能通过一部法律或者根据一部法律作出，且该法律必须规定征收补偿的方式和范围。这就是所谓的关联条款（Junktimklausel）。依据该条款，首先明确限定了征收的两种方式，即法律征收与行政征收。其次将征收和征收补偿两者合二为一，即欲征收就必须有补偿，没有补偿就没有征收。该

---

①Vgl. Maurer, Hartmut, Allgemeines Verwaltungsrecht, 18. Aufl., § 27 Rn. 73—75.

②1960 年《联邦建筑法》（Bundesbaugesetz, BGBl. I S. 341.）颁布，该法于 1987 年连同其他法律被整合为《建筑法典》重新颁布。

③Vgl. Molodovsky/Bernstorff, Enteignungsrecht in Bayern, 46. Aufl., 2014.

④ 这部分条文已由袁治杰以《〈德国建筑法典〉中的征收规范》为标题译为中文，载张千帆主编：《土地管理制度比较研究》，中国民主法制出版社 2013 年版。

条款具有三项主要功能，首先确保征收能够在法治的框架下进行，从而保障所有权人能够得到征收补偿；其次确保立法者审慎审查其立法规范对象是否可能构成征收，从而必须对之予以补偿，因为征收补偿款要由公共预算支出；最后它把征收补偿的权能赋予立法者，从而明确了立法、行政与司法之间的权能划分。按照这个条款，如果一部涉及征收补偿的法律没有包含征收补偿规范，其征收就是不能成立的，而非等待法院来确定征收补偿规则。①联邦宪法法院对该条款通过判决进一步解释认定，一部涉及征收的法律如果没有征收补偿条款，会导致整部法律无效，但是允许立法者参引一般性征收法中的征收补偿条款。②

---

①Vgl. Maurer，§ 27 Rn. 62； Münch/Kunig/Bryde，GG，6. Aufl.，Art.14 Rn. 86.

②Vgl. Beck OK GG/Axer GG Art. 14，Rn. 121.

| 第一节 | 德国土地征收中的
公共利益 |

　　作为土地征收法中最复杂也是最核心的问题，本章并不试图面面俱到地予以研究，而是把研究的视角主要集中于究竟何种利益被学者和实务界认定为能够使得土地征收正当化的公共利益，力图勾勒出公共利益这个概念的内涵和外延及其所承担的功能。

　　德国在《基本法》（宪法）中一方面规定了所有权的宪法基本权利保障，同时也规定了所有权负有义务，并规定了一系列所有权所受的限制。在所有权受限制之外，则同时还规定了所有权可以被剥夺，而剥夺的主要前提就是征收必须服务于公共利益。当然不是说只要服务于公共利益就可以征收土地，在公共利益之外还有一系列形式和实质的限制，包括必须有征收的法律基础，必须符合比例原则①，必须有

---

①Vgl. Michael Sachs，Grundgesetz Kommentar，4. Aufl.，Art.14，Rn. 164，2007.

充分的补偿，并且不能违反所有权的基本制度保障①，但服务于公共利益无疑是土地征收的一个基本前提。

下面即对公共利益的本质属性、公共利益条款的功能和其具体的界定作出探讨。

一、"公共利益"概念的本质属性

"公共利益"这个词，就跟国际法上的"国家利益"一样，如同一个箩筐，看似什么都可以往里装。但是作为一个法律概念，不能永远停留在一个过于宽泛和抽象的层面，毕竟在每一例征收中我们都要具体考量该项征收是否符合公共利益。比如开发商要开发建设一个超市，所服务的明显是私人利益，但是按照很多人的观念，尤其是我国很多地方政府的观念，开发商开发超市可以带动当地经济发展，可以促进就业，从而服务于公共利益，这种论证是否值得肯定，就需要细致深入的研究和全面彻底的论证。这里将主要研究德国学界和实务界对于公共利益的观点，来具体细化对于公共利益的界定。这样的研究一方面有助于加深我们对于公共利益的理解，也将有助于我们在实践中更清楚地界定公共利益。

公共利益相对应的概念是私人利益，或者个人利益。众多学者都对两者的关系做出过论述。一般认为两者并不仅仅表现在数量上有不同，而是在本质上根本不同。公共利益并不是私人利益的叠加。这就如同卢梭在《社会契约论》里面所探讨的"共同意志"和"所有人的

①Vgl. Helge Sodan, Grundgesetz, Beck' scher Kompakt-Kommentar，，Art. 14，Rr. 39—44，S. 174f，2009.

意志"根本不同一样。公共利益指称的是大家共同的利益，而不是很多人利益的总和。很明显，很多人之间的利益有可能冲突，只有那些共同的利益才能构成公共利益。① 所以说两者在本质上是不同的。

公共利益作为《基本法》第 14 条所明确使用的法律概念，在众多场合构成法律要件，该种认识也为司法判决所认同。虽然公共利益作为一个法律构成要件存在，却因为其概念的模糊性，而需要在实践中由法律适用者具体来确定何为公共利益，这无疑赋予了行政执法者以一定程度的自由裁量权。同时公共利益作为一个法律概念，被认为是一个法律要件，也就赋予了法院以充分的审查权，来审查行政执法者对于该概念的裁量是否妥适。对于公共利益的最终审查决定权限在法院的手中，而不是行政官员手中。这是将公共利益认定为一个法律构成要件的最重大意义。②

从公共利益概念内涵变动这个意义上说，法律也就不得不事实上赋予有权作出征收决定的机构一定的裁量权，他们必须在将要进行征收的时候具体来裁量或者说具体化公共利益③。一项征收不应该仅仅因为法律中的抽象的规定就被允许。

二、"公共利益"条款的功能

在宪法以及征收法上的公共利益条款究竟具有什么意义，承担着什么样的功能，无疑是一个必须首先予以回答的问题。事实上，很多学者对于公共利益的具体界定的直接出发点就是公共利益条款所承担

---

① Vgl. Robert Uerpmann，das öffentliche Interesse，S.35，1999.

② Vgl. Uerpmann，S.226f.

③ Vgl. Von Münch/Kunig，Grundgesetzkommentar，5. Aufl.，Art.14，Rn.82，2000.

的功能。

德国自从《魏玛宪法》确立了所有权负有社会义务以来，所有权不再具有不受侵犯的绝对性，这一点已经成为共识。这一点在《基本法》中得到了进一步的确认。《基本法》第14条第2款明白无误地规定了所有权负有义务，其使用同时也应当服务于公众福祉。而第14条第3款则更是明确地表明所有权可以被国家合法地侵犯，也就是可以被征收，而其最重要的征收条件正是作为主要构成要件的公共利益。

公共利益条款在这里扮演了非常重要的角色。依据德国学者的分析，该条款执行着三大功能。

首先，该条款是一个授权条款。我们阅读《基本法》第14条，就会发现其基本结构，也是其基本价值取向，是对于所有权的保障。该条第1款第1句明文规定所有权受到保障。所有权在这里被作为宪法的基本权利得到保障。这一点也就意味着所有的对于所有权的侵犯都必须有一个法律基础。一个能够随时侵犯私人所有权的国家绝对不能称之为法治国家。换句话说，国家原则上不能侵犯私人所有权，只有在特殊的法律授权之下才能够侵犯私人所有权。因此，从本质上说，公共利益条款构成对于国家侵犯私人所有权的基本授权，也就是说，国家出于公共利益的考虑可以征收私人所有权。无疑国家也存在着对于土地的需求。[1]

《基本法》第14条第1款的基本任务就是保障所有权的存在利益，对于所有权的存在利益的保障优先于所有权的价值保障。[2]只有在征收

---

[1] Vgl. Wilhelm Schmidbauer，Enteignung zugunsten Privater，S. 86f，1989.

[2] Vgl. Nüßgens/Boujong，Eigentum，Sozialbindung，Enteignung，S.155，1987.

的情况下，对于所有权的存在保障才转变为对于所有权的价值保障。就公共利益的解释而言，如果法院认为土地的存在保障是第一位的，那么对于公共利益的解释就应该更为严格，因为这样才可以更好地保障所有权人的所有权，而如果法院倾向于土地的价值保障，那么其对公共利益的解释就会相对宽泛，如同联邦最高法院曾经持有的观点。[①]联邦宪法法院则在判决中明确认定对于所有权的存在保障，而不仅仅是所有权价值的法律保障构成所有权保障的本质元素。[②]

其次，该条款意味着对于国家权力的重大限制。授权同时也意味着限权，这如同一枚硬币的两面。《基本法》虽然授权国家可以征收土地，但是却设置了众多的限制，其中最重要的限制就是公共利益条款。国家只有在符合公共利益的条件下才可以征收土地，违反了这个条件，所有的征收都是违反宪法的。而且就公共利益作为征收的构成要件而言，一项征收如果不是服务于公共利益，则该项征收作为一项行政行为根本不能成立。[③]《基本法》通过法律限制条款达成了这一目的，即所有的征收一方面在实质上必须服务于公共利益，形式上也必须有法律的规定作为征收行为的基础。

最后，在授权与限权的同时，公共利益条款充当了化解社会利益冲突的重要工具。私人利益和公共利益被在最完美的条件下调和，一方面私人利益在特殊的情况下，也就是公共利益要求的情况下要作出牺牲，但是这种牺牲不是无条件的，而是在最大限度内不损害其物质

---

① Vgl. Von Münch/Kunig，Art.14，Rn.80.

② Vgl. BverfGE 24，367.

③ Vgl. Schmidbauer，S.89.

利益的范围内进行。①

总之，公共利益条款可以说是连接私人与公共关系的纽带。正是因为所服务的是公共利益，个人利益在某种程度上也幻化其中，个人利益才必须作出牺牲，也正是因为是公共利益，与直接相关的个人利益有着重大差别，个人利益才必须得到充分保障。总之，没有绝对值得保障的个人利益，也没有绝对值得保障的公共利益。

针对联邦宪法法院的一项判决，联邦宪法法院法官 Böhmer 在他的不同意见中特别明晰地阐释了宪法中公共利益条款的功能和意义。针对征收申请人认为《基本法》第 14 条并没有提及受益人并因此认为一项征收是允许的观点，Böhmer 反驳道，征收并非一种目的在于使某人受益的法律设置，其目的既不是在于使国家、乡镇受益，也不是在于使得私人受利益。征收的目的并不在于提供物品。之所以提供物品，是因为通过其他方法不能够满足公共利益的需要。②

实际上，从《基本法》第 14 条第 2 款和第 3 款的对比中会更为清晰地理解公共利益条款的功能。《基本法》第 14 条第 2 款规定所有权同时也应服务于公共利益，其用词是"同时"，也就是说，在个人利益和公共利益之间并不存在孰重孰轻的问题。而第 3 款就完全不同了。该款的公共利益从本质上说是出于保护所有权，而不是为了使得某人受益。从这一功能出发，才可以明了，并不是服务于公共利益就可以满足征收的要件。《基本法》第 14 条第 2 款已经明确地就所有权的功能作出了导向性说明——"同时应当服务于公共利益"，从

---

① Vgl. Schmidbauer，S. 90.

② Vgl. Werner Böhmer, Sondervotum zum Urt. Des BverfG v. 10. 3. 1981, BverfaGE56, 249（271）.

而为一个能够服务于社会公正价值的所有权秩序奠定了基础。只有在这一背景或者说基础之上才可以理解征收。征收必须是为公共利益所必要才可以征收，而不是说只要征收可以服务于公共利益就能够满足征收的要件，无疑要求更高。①

因此，公共利益条款的最实质的功能就在于保护私人所有权免受国家的侵犯，而非为了满足公共利益需要而设置的工具。除此功能，它不应当被赋予其他功能，比如社会救济、社会财富再分配或者增加国家财富的目的，这些其他功能国家和法律已经赋予其他制度来解决，公共利益条款不应该承担自己不能承受之重。

三、征收中的"公共利益"与"公共利益"的不同界定

在德国《基本法》诞生之后不久，学界就产生了对于《基本法》第 14 条所使用的概念"公众福祉"（Wohl der Allgemeinheit）与"公共利益"（das öffentliche Interesse）概念是否有区别的争论。事实上，在德国历史上的宪法文件中，众多概念经常被混同使用，比如"公共福祉""共同的好""公共目的"等。② 最后在著名学者 Layer 的主导下，"公共利益"这个概念得到贯彻，被认定为构成征收的法律基础。③最终以至有人径直认定所有这些不同的称谓都与"公共利益"的概念相符。事实上这种概念的模糊性直到今日依然存在。文献中两个概念经常被同义使用。尽管文献中两个概念经常被同义使用，却没有人对此做出过坚实的论证。

---

① Vgl. Böhmer，BverfaGE56，249（275）.

② Vgl. Schmidbauer，S. 81.

③ Vgl. Max Layer，Principien des Enteignungsrechts，S. 189ff，1902.

尤其值得注意的是，即使人们将两个概念同义使用，却同时认定就征收的合法性基础而言，这里的"公共利益"指称的是特殊的公共利益，而非一般的公共利益。原联邦宪法法院法官 Böhmer 因此认为应该遵从宪法原文，从而在两个概念之间作出区别。他认为，"公众福祉"和"公共利益"两个概念并不是毫无内容的概念法学。[1] 查看所有有关征收的宪法法院判决后会发现，宪法法院完全遵从宪法原文。事实上"公共利益"这个概念外延太过宽泛，并非所有的"公共利益"都服务于"公众福祉"，对此宪法法院也在多处明确强调过。只要想一想日常生活中经常出现的国家各个部门之间的利益经常处于冲突之中，也就可以理解不可能所有公共利益都和公众福祉完全统一了。[2]

事实上，所有的《基本法》评注都认为，第14条第3款第1句中的"公众福祉"必须在一种特殊的含义之下来理解，[3]Kimminich 明确地表述道，纯粹的"公共利益"并不能满足"公众福祉"这个征收的基本构成要件。[4]事实上，《基本法》除了在第14条第3款使用了"公众福祉"这个概念，在第2款同样明文使用了这一概念。然而依据通说，两个概念在这里所承担的作用完全不同，在第2款中该概念仅仅是作为立法的一个价值导向而被提及，目的是对一个合理的所有权秩序作出价值指导，而在第3款中"公众福祉"的概念则构成征收的合法基础。因此关于公众福祉的理解必须从第3款的保护功能出发做更为狭义的

---

①Vgl. Böhmer，BverfaGE56，249（273）.

②Vgl. Böhmer，BverfGE 56，249（274）.

③Vgl. Mangoldt/Klein，Das Bonner Grundgesetz，Bd.1，2. Aufl.，S.445，1966.

④Vgl. Schmidbauer，S. 83.

阐释。①

这种观点就其实质而言值得赞同，因为事实上作为构成要件而言，的确并非所有的公共利益都能够符合征收的构成要件，法律对征收规定了更加严格的要件，从而更为有力地保护所有权的存在利益。然而笔者对于是否因此就应当将"公众福祉"作为一个独立的法律概念或者专有名词来看待持怀疑态度。理由在于一方面两个概念都无法极为清晰地界定，也无法极为清晰地予以区分，其具体概念内涵必须在具体的法律领域或者法律关系中具体阐述；另一方面，在征收中将"公共利益"做狭义的理解，完全可以解决所有的概念纠缠，因此没有太大的必要重新确立这样一个法律概念。也正是基于这一点理由，笔者同样使用"公共利益"这个概念，但仅限于土地征收中的公共利益，也就是狭义的公共利益。需要说明的是，这种概念的取舍并非笔者自己的选择，而是德国很多学者的做法，尽管联邦宪法法院严格遵从宪法文本只使用"公众福祉"的概念。

笔者在这里也不再对通常意义上的"公共利益"概念和狭义上的概念内涵做出特别的阐释，而是在下文具体阐述何种利益构成或者不构成征收法上的"公共利益"。

四、何为"公共利益"

（一）公共利益的界定模式

联邦宪法法院在判决中表示，它尽量避免对征收中的公共利益这个概念作出界定，而集中注意力于法律是否提供了征收的法律基础，

---

①Vgl. Dietmar Hönig，Fachplanung und Enteignung，S.95，2001.

在该法律中公共利益应该被具体化。然而在其他判决中联邦宪法法院毕竟还是探讨了公共利益的内涵。它认为，单纯的公共利益不足以满足征收的要件。单纯为了满足某项公共利益而需要该块土地也不能满足征收。相反，所有权所具有的保障自由的功能要求，只有为了实现特别重要的、迫切的公共利益，才可以动用征收。① 虽然联邦宪法法院作出了这样的阐释，但是何为公共利益依旧不明朗。总体上说联邦宪法法院对公共利益的界定主要局限在负面的排除方面，并一直强调要在个案中进行界定。②

学术界对于何为公共利益的探讨，自从有了征收制度就没有中断过，但是迄今为止没有一个人能够得出一个能够令人信服的定义，事实上学者们大体也都避免作出这样的定义，毋宁更多地通过负面的排除，如同联邦宪法法院的做法，以及通过具体法律的阐释来描述公共利益。

就确定公共利益的思路而言，历来主要有两种，一种是程序性的，另一种是实体性界定。国内学者目前比较关注程序性界定，这是可以理解的。笔者关注的不是程序，而是实体。原因在于，在德国法上，依据《基本法》第 14 条第 3 款第 2 句征收只有通过法律的规定才可以进行，而法律的通过离不开议会，所以一切有关的程序性规定已经体现在"法律"两个字里面了。除此之外，具体的征收法和行政程序法中对相关程序也有非常明晰的界定，正是通过这种民主议事程序使得征收能够在程序意义上服务于公共利益。而在我国，目前

---

①Vgl. BverfGE 74，264，S.289.

②Vgl. Peter Häberle，Öffentliches Interesse als juristisches Problem. Eine Analyse von Gesetzgebung und Rechtsprechung，S.520，1970.

尚欠缺这样的程序性制度保障，因此转而研究实体规定，当前借鉴意义无疑更大。

法律通过何种方式来确定公共利益，有几种完全不同的态度，这种态度也反映在诸多立法之中。

最为自由主义、授予国家权力最大的态度就是宽泛的概括条款，仅仅把公共利益条款设定为征收的要件，完全不界定何为公共利益，实际上可以称为程序主义，即通过程序来确定何为公共利益，而不考虑在该程序之下所得出的结果是否真正符合公共利益。

第二种态度是列举加概括。首先列举一系列公共利益，由法律明确规定，在这些公共利益名目之下国家得以征收土地。同时考虑到具体情况，另外设定一般条款。

第三种态度是列举加排除，最后再辅以一般条款。

显而易见的是，一般条款无论如何都是不可或缺的。此外德国众多法律遵从《基本法》第14条第3款第2句的规定，对一系列具体的征收行为作出了规定，比如《建筑法》等法律中详细规定了征收，确认相应的利益为公共利益。

除此之外，学术界以及司法实务界，尤其是联邦宪法法院也发展了一系列学说和判决，对公共利益进行了更为细致的界定。

（二）公共利益的外延

尽管对于何为公共利益，学者们时至今日都不能达成共识，笔者相信在将来也不可能完全达成共识，但是在一些原则框架下学者们还是达成了大量的一致意见，尤其是对于何种利益不构成公共利益，学者们在相当程度上达成了一致意见。下文就对公共利益从负面和正面做出简单阐述。

1. 消极的排除

首先，无目的限制的征收，是严格禁止的，这点毋庸说是理所当然的。一项征收必须明确地服务于某个具体的被明确说明的公共利益，这是一项基本要求。同时出于储存备用的目的的征收也同样不被允许，同理，每一项征收都必须明确服务于一项具体的公共利益。

其次，依据联邦宪法法院的判决，纯粹基于扩充国库财产的征收是不被允许的，征收就其本质而言不是增加国家收入的工具，即使没有征收会使得国家财政产生严重负担，征收也不被允许。[①]对此需要特别作出说明。之所以禁止将征收作为扩充国家财富的工具来运用，最主要的理由就在于征收不是为了增加国家的财富，而是为了保护所有权。试想如果国家可以出于增加收入的目的实施征收，私人所有权势将不能得到良好保障。同时，依据学界观点，征收也不是公共税收的辅助制度。[②]

再次，服务于财富再分配和一般经济促进的征收被禁止。仅仅基于纯粹的感情原因，比如欲望、好奇、自大等原因，以及纯粹出于舒适安逸地享受的原因进行的征收也被禁止。[③]其理由很明确，这类征收都欠缺一个具体明确的公共利益。就财富再分配这一点而言，虽然财富再分配可能服务于社会福利国家的基本原则，但是基于征收的基本功能，它并未被赋予这种任务，相反是通过税收等其他手段来实现的。

最后，出于权力持有者的个人利益进行的征收也不被许可，这点

---

① Vgl. BverfGE 38，175，180

② Vgl. Schmidbauer，S. 93f.

③ Vgl. Axel Jackisch，Die Zulässigkeit der Enteignung zugunsten Privater，S.113，1995.

毋宁说是不言自明的。而纯粹出于私人利益的征收也不被许可。[①]

2. 积极的定义和法律规定

对于公共利益这个概念而言，积极的定义事实上是非常难以作出的，对其实质内涵进行列举毋宁说更为妥当。下文就通过对德国法律中的征收条文进行梳理，从而得出何种公共利益可以使得征收正当化。

《基本法》第 14 条第 3 款第 2 句明确规定，征收只能通过或者基于一项法律进行，且该法律必须对补偿的方式和范围作出规定。因此行政机关要想进行一项征收，必须有明确的法律授权。事实上行政机关做出行政行为必须有法律授权，这是行政法的一项基本原则。但是《基本法》这一条的规定无疑要件更为严格。因此虽然公共利益的概念是不明晰的，但是由于有这条法律限制条款，所有的征收也就必须有一个法律基础。而且依据宪法法院的一项判决中的阐释，单纯的法律规定还不能构成征收的合法基础，该法律还必须由相关负责该部门的立法机关制定才能够使得征收正当化。[②]

德国有关征收的法律规定庞大复杂，因此德国现行法上关于公共利益种类的规定同样繁多。德国在联邦层面并不存在一部统一的征收法，具体的征收条文散见于众多的部门法和具体法律规定之中，或者由具体法律规定参引各州的征收法。在各个联邦州都有专门的征收法，但是这些具体的州征收法主要规定程序性事项，对于征收的前提条件则规定不多，因此具体的规定还需要查询专门法律的规定。这一点也是容易理解的，毕竟宪法法院都认定，只有相关负责部门制定的法律

---

① Vgl. Schmidbauer，S. 111f.

② Vgl. Heribert Büchs，Handbuch des Eigentums- und Entschädigungsrechts，S. 456，1996.

才能够使得具体征收合法化。实际上，涉及征收的事项、公共利益繁多，也不太可能对完全不同类别的事项在一部共同法律中予以规定。因此对于具体的条文通常还要参引其他法律的规定。下文仅就代表性领域予以列举。

《一般铁路法》第 22 条规定出于铁路及其辅助运营设施建设的目的而进行的征收，以及各州的铁路法也都有相应的征收许可。《联邦水路法》第 44 条规定联邦出于建设、维持和扩大水路的目的可以进行征收。《德国远程公路法》第 19 条规定承担远程公路建设者有权予以征收。除此之外，各州具体的公路法中也都规定具体的征收。《客运法》第 30 条确认了出于公路建设的目的的征收。《航空交通法》第 28 条也明确规定了出于民运目的的征收许可。上述的规定大体上围绕着公共交通这个公共利益领域展开。

除此之外，出于公众能源供应的目的法律也做出了一系列征收授权。《电气、天然气供应法》第 45 条中明确规定出于电气、天然气供应设施等具体目的可以进行征收。《联邦矿山法》第 77 条规定矿山经营企业得出于经营的特殊需要进行征收，该法第 79 条更进一步明确规定了该种征收所要服务的公共利益，即"满足市场能源供应，维持矿业领域的就业机会，保持或者改善经济结构以及矿场清理等目的"。《水土协会法》第 40 条规定水土协会可以征收，但没有就具体的公共利益做出明确说明，但该法第 2 条对水土协会的职能做出了界定，并明确规定了其所承担的公法职责。巴伐利亚州《水法》第 72 条规定出于水产业的利益、出于水路的利用、出于渔业资助以及出于抗洪、水利设施保护以及港口维护、水供应等公共利益可以进行征收。

出于文物和自然保护的需要各州通常也都做出了相应的征收规

定。巴伐利亚州《文物保护法》第 25 条规定出于文物保护的目的得进行征收。下萨克森州《自然保护法》第 49 条规定出于自然保护的目的可以进行征收，并且特别规定对于某些特殊的地块，比如湖畔和河畔特别适于公众休养的地块可以进行征收。其他州也有类似规定。

围绕市镇建筑规划，《建筑法》做出了一系列规定，构成市镇建筑规划中征收的主要法律基础。该法第 85 条对征收的目的做出了非常明确的规定，大体说主要出于两个目的才可以进行征收，即为了实现建筑规划而需要使用土地或者为了这样的使用而进行准备，以及为了补偿或代替原来被征收的权利而进行征收。

《国防用地法》第 10 条规定出于国防等一系列具体目的可以进行征收，这是传统上最为典型的公共利益。德国《关税行政法》第 16 条明确规定，在边境地区，出于建设与关税有关的建筑的目的可以进行征收，关税征收服务于公共利益毫无疑问。

《小型花园法》第 15 条规定，出于设置永久性小型花园的目的得以通过征收的方式建立租赁合同，该类花园通常用于出租，供德国人民夏季休养之用。

通过上文这样的列举我们会发现一个明显特点，就是法律所允许的这些征收都紧密地与土地的具体地理位置发生关系，尤其以公共交通中的征收特点最为突出。这明确地表明，并非公共利益就可以满足征收，关键点还在于征收必须是必要的。以满足公共交通或者矿山、自然环境保护等对具体的地点的具体要求。

（三）争议问题：有利私人的征收

鉴于公共利益和私人利益的相对性，在法学研究中经常被探讨的一个问题就是，在何种情况下和限度内出于私人利益的征收可以被允许。所谓的有利私人的征收，与我国学者经常讨论的商业征收概念并无太大区别。原则上说，纯粹的私人利益不能使得征收合法化。[1]联邦宪法法院也在一项判决中认定，纯粹服务于私人利益的征收是不被允许的。[2]早在1962年Bullinger就呼吁对服务于私人利益的征收予以禁止，并提出法律必须要对出于私人利益的征收做出充分的规定，并且应当通过法律、行政行为或者合同来确保公共利益能够在事实上得到履行。[3]现在健在的最年长的联邦宪法法院法官Böhmer的观点更为严厉，几乎完全否定出于私人利益的征收，认为通过征收所欲追求的行为必须仅仅服务于公共利益，或者只是附带地服务于私人利益。[4]尽管有很多反对意见，但出于私人利益的征收并没有被全面排除，在实践中也得到了一定的认可。

事实上，就公共利益和私人利益之间的关系而言，并不存在一个截然的分离。任何的私人利益，都不应该因为其私人属性从而从一开始就在考量公共利益之时被置之度外。[5]依据联邦宪法法院判决，如果私人所承担的职责也服务于公共利益的时候，一项征收就有可能被认为服务于公共利益，比如说，私人的能源供应企业即有可能也服务于公众的能源供应，当它通过法律或者依据法律而承担了一定的公共职责之时。特殊之处仅仅在于它此时所承担的公共职责和它所具有的私人企业结构和赢利目标重叠在一起，而能够使得征收合法化的关键点

---

[1] Vgl. Martin Bullinger，Die Enteignung zugunsten Privater，in Der Staat，S.449，1962.

[2] Vgl. BverfGE 38，175，180.

[3] Vgl. Bullinger，S.449f.

[4] Vgl. Böhmer，BverfGE 56，249，266.

[5] Vgl. Uerpmann，S.317.

则在于其所承担的公共职责。① 在一项判决中，联邦宪法法院首先判定联邦《建筑法》并不允许一项以提供工作机会并据此改善地区经济机构为目标的征收，同时却又认定，即使私人企业所服务的公共利益仅仅是其企业赢利行为的间接后果，比如提供就业机会或者改善地区经济结构，也并不因此就使得一项征收行为不被允许。相反更需要考虑的是，允许征收的法律是否对于间接要实现的征收目的明确地做出了规定，以及对于确保实现征收所欲达到的目的是否采取了保证措施。② 虽然联邦宪法法院对于能够提供就业机会或者改善地区经济结构的征收是否被许可最终并没有表态，但依据学者观点答案应该是肯定的。③ 联邦宪法法院认为，私人企业和国家机关不同，国家机关受到一系列法律和机构的约束，而私人企业原则上享受私人自治并因此不受国家干预，在这种情况下，法律就必须对于私人企业通过征收所欲达到的公共利益做出明确规定，尤其是对如何实现这些利益要做出保障。同时法院认为，如果私人企业的业务领域本身就服务于公共利益，比如能源企业，那么法律只要规定了确保其通过征收所欲求的公共利益实现的防范措施即可。相反，对于其他企业则必须对如何实现目标有明确的规定，单纯的防范措施不能满足征收的条件。④

具体而言，这里的私人企业通常又分为两类。第一类是以私人企业的形式组建的国有企业，该类企业通常服务于公众的能源供应、交通运输领域，其所服务的目的无疑属于典型的公共利益，该类企业通

---

①Vgl. BverfGE 66，248，257f；Eschenbach Jura 1997，519，522.

②Vgl. BverfGE 74，264，264.

③Vgl. NJW，1987，1588.

④Vgl. BverfGE 74，264，285f.

常受到国家的严格监管，虽然作为私人企业形式该类企业同样在追求利润，但是这与其所服务的公共利益并不冲突。因此出于此种目的的征收原则上是允许的，前述的法律也多有规定。[①]

　　而真正引起问题的是第二类私有企业，即纯粹意义上的私有企业。要想论证私有企业得以申请征收，其前提当然是该项征收能够服务于公共利益。然而一个私有企业，其唯一目的是追求私人赢利，其所服务的公共利益何在呢？撇开个案不予考虑，依据众多学者的论证，私有企业所能够服务的公共利益主要体现在产能的增加，社会产出的增多，以及增加就业机会和完善国民经济结构。一般地说，这些作为私有企业赢利活动的副产品为每个企业所固有，不同之处仅仅在于随着企业规模的增加其强度会增强。[②]一个雇佣 10 人的小公司和一个雇佣 1 万人的公司当然不可等量齐观。

　　将上述的利益作为公共利益来看待绝非毫无道理。毕竟德国《基本法》中明文规定德国为社会福利国家，国家对于所有国民的福利以及整个国家的运作能力负有义务，而这无疑与私有经济的整体运作紧密相关。然而这绝不意味着这些利益就已经可以使得一项征收正当化。就如前面已经论述过的，并非所有的公共利益都能够满足征收的要件，并非所有的公共利益都等同于征收法上的公共利益。[③]为了满足征收法上的公共利益要件，征收所服务的公共利益必须要清晰可见且强度更大，否则必然意味着所有的私人企业随便出于企业的经营活动都可以实施征收。

---

① Vgl. Michael Frenzel, Das öffentliche Interesse als Voraussetzung der Enteignung，S.148，1978.

② Vgl. Frenzel，S.97.

③ Vgl. Frenzel，S.98，99.

实际上，征收是否服务于私人利益或者是否私人作为受益人并非至关重要，因为在一定程度上说这一点是中性的。《基本法》第14条第3款核心出发点并不是受益人，而是征收所服务的公共利益。无疑，一项纯粹追求私人利益的行为也可以同时服务于公共利益。实质问题在于所服务的公共利益的强度。无论如何，按照联邦宪法法院的观点，服务于私人利益的征收同时必须能够明确地服务于公共利益，这种公共利益必须明晰可见，且应当对于具体实现这些公共利益做出保障，此时征收才可能被允许。不能忘记的是，征收同时还必须符合征收的其他条件，尤其是必要性。

	德国土地征收中的
第二节	补偿制度研究

《法典》确立了最主要的征收补偿规范，下文将主要以之为基础展开论述，间或会涉及具体州的征收法规范。实践中，大多数州的土地征收法全面借鉴了《法典》中的规定，有些州则直接参引了其中的规范，如《萨克森州征收与补偿法》第4条、《梅克伦堡－前波莫瑞州征收法》第5条、《柏林征收法》第4条、《汉堡征收法》第5条和《不来梅征收法》第5条均直接规定征收补偿适用《法典》的规定。其他州的征收法有关补偿的条款则与《法典》大同小异。

《法典》涉及征收补偿标准的核心条款是第93条、95条和96条。第93条确立了征收补偿的基本原则，第95条和96条分别就征收导致的权利损失和其他财产损失的补偿做了规范，第94条则规定了补偿权利人和补偿义务人。就补偿标准而言，主要涉及六个方面的问题：第一，补偿的基本原则与价值标准；第二，补偿的范围，即究竟应当补偿什么样的损失；第三，被补偿客体实际状态的确定时点，即所谓的质量时点（qualitätsstichtag），既然涉及被补偿的客体的价值，那么究竟是什么时间点上的客体就具有重要意义，五年前的一块农用地与五年后变成建筑用地的同一块土地的价值毫无疑问是完全不同的；第四，价值评估的时间点（bewertungsstichtag），只有确立了土地的实际状况，才能在这个基础上来判断该土地在不同的时间点所具有的价值；第五，具体的价格评估方式，只有在上述四个问题都有了明确答案的基础上，才能够通过具体的方式来决定被征收土地的补偿价格；第六，补偿的方式。下文主要就这六个问题分别展开论述。

一、补偿的基本原则与价值标准

（一）充分补偿原则、适当补偿原则、权衡原则抑或交易价格原则

欲明了德国法中征收补偿的基本原则，有必要简单梳理其历史发展脉络。

1794 年颁布的《普鲁士普通邦法》第一编第 11 章第 9 条规定在确定购买价格（即补偿额度）之时，不仅应当考虑通常的价值，还应当考虑物所可能具有的非同寻常的价值。《普鲁士普通邦法》可以说在较早的时候即确立了充分补偿的原则。当时的学者们认为，物的交易价值不应当作为唯一标准被纳入考虑，因为所有权人是被强迫出卖其物的（当时的观点认为征收是一种强制出售行为），因此在确定补偿额时应当顾及其个别的特殊情况，因此所有权人对于物的特殊使用方式或非同寻常的价值也应当被补偿，但特殊的爱好等则不应被

考虑。[①]1874 年的《普鲁士土地征收法》（Gesetz über die Enteignung von Grundeigentum）第 1 条明确规定，只有在做出充分的（vollständig）补偿的情况下才可以实施征收或对土地所有权加以限制。按照该法第 8 条，补偿表现为被征收土地的完全的价值（in dem vollen Werthe），包括被征收土地的附属物以及其上果实的价值。这就是国内学术界所说的充分补偿原则明确的立法体现。然而什么是充分补偿，什么又是被征收物的完全价值？对此在立法制定之后有很多争论，集中于充分补偿以客观价值为基准还是同时也包含主观价值，比如仅仅基于所有权人个人的对物的特殊的使用以及所有权人对于物的特殊的感情上的利益。认为充分补偿应当考虑所有权人对于物所可能具有的主观价值利益，这种观点的出发点显然就是《普鲁士普通邦法》的规则。然而立法史明确无误地表明，立法者坚持要对被征收人因征收而产生的所有不利给予充分的补偿，然而，《普鲁士普通邦法》对于充分补偿的立场从一开始就被拒绝，充分补偿的出发点是物的客观价值，是物对于每个人所可能具有的价值，物的非同寻常的价值，包括基于特殊的使用方式而产生的价值，乃至于物对于特定人所具有的心理价值，从一开始就被排除在补偿范围之外。学术界的主流观点也支持立法者的这一立场，并明晰地指出补偿的基本原则在于使得被征收人处于能够重新获得他损失的物的境地。帝国法院的判决则显得让人困惑。虽然大量的帝国法院判决支持补偿物的客观价值的观点，但也有很多帝国法院判决认为"充分补偿"指对财产损失的补偿，从而也就把丧失的

---

①Vgl. Beseler，Georg，System des gemeinen deutschen Privatrechts，4. Aufl.，Band 1，1885，S. 382.

可得利润纳入其中。甚至在一个判决中帝国法院认为完全的价值包括物的不同寻常的价值。帝国法院就这个问题的判决态度严重地飘忽不定，不同的民事审判庭立场各异。[①]这事实上也反映了时代观念正处在剧烈变化之中，预示着所有权社会化观念的到来。至于什么是"完全的价值"，虽然也有不同意见，但是学术界主流观点和帝国法院都认为，"完全的价值"就是依据土地的属性、状况基于充分评估而获得的客观的价值，也就是土地对于任何人所可能具有的完全的购买价值。依据帝国法院的判决："为了征收目的而进行的价值评估的任务在于，查明物的客观价值。这种评估原则上应以调查得到的价格为基础，这个价格应当是所有权人按照相应的时间和地点在最有利的条件下进行自愿交易所可能获得的价格。所有权人获得的补偿金额应当使他能够得到充分的替代品。"[②]

然而，随着所有权社会化观念的盛行，1919年《魏玛宪法》率先确立了所有权负有社会义务的观念，并就土地征收补偿的标准做出了不同的规定，第153条第2款第2句规定，实施征收应当给予适当的（angemessen）的补偿，除非帝国法律另有不同的规定。值得注意的是，《魏玛宪法》允许法律对征收补偿问题另做不同规定。虽然《魏玛宪法》使用了"适当补偿"这样的用语，实践中，帝国法院依然认为，所谓的"适当补偿"，实质上就是按照《普鲁士土地征收法》所确立的充分补偿标准，即被征收土地的价值的替代，包括剩余未被征收的土地

---

①Vgl. Eger，Georg，Das Gesetz über die Enteignung von Grundeigenthum vom 11. Juni 1874，2. Aufl.，Band 1，S. 123-138.

②Vgl. Eger，Georg，Das Gesetz über die Enteignung von Grundeigenthum vom 11. Juni 1874，2. Aufl.，Band 1，S. 139.

价值的减损部分。[1]帝国法院如此认定的主要原因，一方面在于他们均以具体的征收法为判决依据，另一方面他们认为在这些征收法中"适当的补偿"已经得到了体现。[2]

《基本法》在所有权的社会化方面则更进一步，第14条第2款规定："所有权负有义务。其使用应当同时服务于公共福祉。"在这样的宪法基本价值框架下，征收的补偿标准自然不同于此前。第3款第2句明确规定征收只有通过法律或基于一项法律才可以做出，该法律应当对补偿的方式和范围做出规定。依据《基本法》第14条第3款第3句，应当通过在公共利益和相关参与人之间进行公正的利益权衡来确定补偿，从而明确了补偿的基本宪法原则。首先需要明确的是，这一句的规范对象是立法者，而非行政和司法机关，因此立法机关在制定征收法律之时就必须进行公正的权衡，而不能把利益权衡这一要求交由在个案中具体确定补偿额度的行政机关或司法机关来完成。此外，依据第14条第3款第2句，立法者要对补偿的方式和范围做出规定，因此第14条第3款第3句所规范的权衡，同样涉及补偿的方式和范围，毫无疑问，权衡的实质内容是补偿的额度问题。[3]就征收补偿的公正权衡而言，显然，宪法并没有要求立法者对被征收人给予充分乃至最大限度的补偿，因为征收作为一种强制手段，只有出于公共利益的目的才可以启动。正是因为征收是出于公共利益的目的，每个个体都有义务承担一定限度的牺牲。然而纯粹名义性的补偿又显然不足以保障被

---

[1]Vgl. RGZ 112，189.

[2]Vgl. Maunz/Dürig/Papier GG Art.14 Rn. 601.

[3]Vgl. Maunz/Dürig/Papier GG Art.14 Rn. 592-593.

征收人的所有权，毕竟宪法保障私人所有权的基本存在。[①]因此，必须在为了公共利益而承受一定的牺牲与所有权的保障之间进行权衡，合理确定补偿的标准。

尽管《基本法》就征收补偿确立了权衡原则，但是1960年制定的《联邦建筑法》第95条依然规定征收补偿以交易价值为依据，第141条第1款规定由专业委员会查明通常的价值，即交易价值；第2款规定，交易价值就是在价值评估的时点，土地依其属性、其他特性以及地理位置而在通常的交易中所拥有的价值，不寻常的情况以及基于私人原因而可能具有的价值不予考虑。显然《联邦建筑法》并没有考虑《基本法》所确立的权衡原则。

联邦最高法院在其判决中显然认同《联邦建筑法》中的规定。在1962年11月8日的判决中写道："征收补偿的任务在于，对被征收人所施加的特殊牺牲（Sonderopfer）以及因为该牺牲而产生的财产损失加以补偿。补偿应当给受损害者提供真正的价值弥补。这样的价值补偿通常意味着，借助它被征收人能够获得同样种类的物，或者同样价值的客体。能够获得同样价值的客体，这样的表述主要是要表明，通过补偿应当给予被征收人所失去的同样的替代品。因此，在确定补偿标准之时，应当以被征收客体的通常价值为出发点。通常的价值是指在通常的交易中的价格，也就是说客体所拥有的针对所有人的交易价格或者交换价值。"[②]联邦最高法院的核心思想在于，"拿走多少，就补偿多少"，被拿走的东西，应当能够通过补偿重新获

---

①Vgl. Maunz/Dürig/Papier GG Art.14 Rn. 592-593.

②Vgl. BGHZ 39，189（199f.）.

得，本质上依然是交易价值标准。有学者试图通过所谓的延续理论
（Kontinuitätsthese）来为这一立场进行论证，认为即使在《魏玛宪法》
中实际上适用的也是交易价值补偿标准，何况当时具体的涉及征收的
法律也是这样规定的。①然而立法史资料表明，在《基本法》制定之时，
确曾有很多努力试图把"充分的补偿"或"适当的补偿"这样的字眼
纳入《基本法》之中，但均以失败告终。因此很难得出现行《基本法》
在延续《魏玛宪法》的基本立场。②然而无论如何，对于联邦最高法院
而言，《魏玛宪法》中的"适当补偿"原则和《基本法》中的"权衡"
原则之间不存在区别，都是要补偿被征收物的完全的交易价值。③

联邦宪法法院对联邦最高法院关于征收补偿标准的上述立场
提出批评应该说并不意外，在 1968 年 12 月 18 日著名的水库判决
（Deichurteil）中，宪法法院突出强调了《基本法》第 14 条第 3 款第
3 句所确立的公正权衡原则，认为《基本法》就补偿额度的立场是，
就具体情况做出权衡，要充分考虑特定时间、特定情况下的特殊状况，
在公共利益和个人利益之间做出充分的权衡，而非严格依据市场价格
确定补偿标准，认为对被征收人而言拿走多少就应当补偿多少的观点
是不恰当的。据此立法者既可以做出充分的补偿，也可以做出较低额
度的补偿。④

完全坚持以交易价值为补偿的标准，事实上意味着一种"全有或
者全无"的假定，而这确实与《基本法》规定的权衡原则是相冲突的。

---

①Vgl. Maunz/Dürig/Papier GG Art.14 Rn. 600.

②Vgl. Maunz/Dürig/Papier GG Art.14 Rn. 602.

③Vgl. Leisner，Walter，Die Höhe der Enteignungsentschädigung，NJW 1992，1409.

④Vgl. BverfGE 24，367（421）=NJW 1969，309.

如前所述，所有权负有社会义务，意味着所有权在很多情况下要接受法律施加的限制，并且得不到任何的补偿，这种限制所有权人必须无偿地加以容忍。而对于征收这种情况，对被征收土地的补偿，以类似土地的交易价值为标准，常常意味着没有承担任何社会义务的土地的交易价值，显然，在这样的情况下，土地所有权人原本可能要无偿承担一定限度的社会负担，现在却因为征收的缘故而使得他获得了没有附加任何社会负担的土地的交易价值，这种情况下，他可能得到了更多补偿。因此有观点认为在确立补偿标准之时，也要把可能的或者假定的社会负担而导致的土地价值减损考虑进来，从而降低对于土地所有权人的补偿。[①]这一观点就本质而言显然是成立的，但是忽略了一个基本点，那就是在考虑土地的交易价值时，实际上应当以相仿的土地作为比较，因此如果这块土地已经承担了社会义务，那么应该选定另一块同样承担了类似社会义务的土地作为确立交易价格的基础。当然，一块没有承担任何负担的土地，如果其土地遭受的不是被征收的命运，而仅仅是需要承担一些必须容忍的社会负担从而导致价值降低，而当他的土地面临更为严重的限制，也就是被征收之时，他反而可以获得土地全面价值的补偿，而不必无偿忍受土地因为更轻微的限制而遭受的价值减损，这的确是不公正的。如果说被征收的财产，尤其是土地的价值并非完全基于个人的贡献，而仅仅是因为土地的不可增加性，或者说其土地周边非个人的原因，比如开通了地铁而价格暴增，这时候个人获得充分补偿的利益与公共利益相比就未必居于优先地位，因

---

① Vgl. Maunz/Dürig/Papier GG Art.14 Rn. 613.

为被征收物的价值增加本身就是公共投入等原因导致的。①因此在征收补偿规则中必须考虑被征收物的市场价值的形成原因。就此而言，在确立土地补偿标准之时，的确不应当拘泥于所谓的交易价值理论。司法实践发展出的征收的前效果理论等就是对这些问题的回应，后文会详细论述。

尽管最高法院在其后的判决中也认同联邦宪法法院的观点，认为可以基于权衡而做出更低的补偿，但是原则上补偿的标准依然是依据交易价值确定。联邦最高法院多次认定，征收补偿的功能在于，使得被征收人能够重新获得同样类型和同样价值的被征物，也就是说，通过征收补偿应当使得被征收人获得其所遭受牺牲的同等替代品（Äquivalenz），他所获得的与他所失去的分量应当相同。②

原则上说，征收补偿主要体现为被征收的权利相应的交易价值，但是根据联邦宪法法院的观点，这并不意味着一种严格的对于权利损失的充分补偿，而是认为，立法者应当结合实际情况做出决定，被征收人并不必然应当获得相当于其被剥夺的权利同等价值的充分补偿。③换句话说，权衡在这里才是最关键的，并不存在一项绝对不变的原则。尽管如此，事实上被征收人通常都获得了被征收权利的相当于其交易价值的补偿，宪法法院也明确表示就被征收权利的交易价值进行补偿符合《基本法》的要求，被征收人通过征收补偿应当能够获得与被征收物相似之物。④

---

①Vgl. Maunz/Dürig/Papier GG Art.14 Rn. 609.

②Vgl. Maunz/Dürig/Papier GG Art.14 Rn. 615.

③Vgl. Maunz/Dürig/Papier GG Art.14 Rn. 595.

④Vgl. Sachs/Wendt GG，7. Aufl.，Art. 14，Rn. 169.

主流观点也认为，征收补偿应当主要以被征收人权利损失的交易价值为依据。[①]然而对此依然存在着并非完全没有道理的质疑。从《基本法》出发，毫无疑问不能够得出《基本法》确立了以交易价值作为补偿标准的规则，否则《基本法》的规范对象立法机关就谈不上在征收法中通过权衡相关利益规定征收的方式与范围了。[②]就权衡的本意而言，显然征收法的制定者就征收补偿享有一定的裁量空间。

《基本法》第 14 条对于所有权的保障功能，其主要着眼点在于防范国家对于私人财产的剥夺与再分配，通过所有权的保障，《基本法》一方面禁止国家通过剥夺私人财产的方式获利，另一方面确立国家对于私人财产的尊重，禁止它对私人财产进行再分配。[③]当然国家并非不可以基于社会公正的考虑而对社会财富进行再分配，但是国家不可以通过征收的方式来达成这一目的。

目前实践中意义最大的《法典》维持了《联邦建筑法》的规范。《法典》第 93 条第 1 款规定征收必须予以补偿，该款仅仅具有宣示的效果，重申了《基本法》第 14 条第 3 款第 3 句的基本立场。《法典》第 95 条第 1 款明确了补偿的最重要标准，即对于因征收而产生的权利损失做出的补偿，以将被征收的土地或者其他征收客体的交易价值（Verkehrswert）为准，对于何谓交易价值，则由第 194 条进一步作出规定。对此下文将详细论述，此处暂不讨论。

值得注意的是，《石勒苏益格－荷尔斯泰因州土地征收法》一直沿用了 1874 年的《普鲁士土地征收法》，按照最新的文本，其第 8

[①]Vgl. Maunz/Dürig/Papier GG Art.14 Rn. 600.

[②]Vgl. Maunz/Dürig/Papier GG Art.14 Rn. 606.

[③]Vgl. Maunz/Dürig/Papier GG Art.14 Rn. 607.

条原封不动地继承了前述的《普鲁士土地征收法》中关于充分补偿的规定，第 10 条第 1 款规定对于补偿额的评估，以所有权人取得相同的土地的金额为限。第 2 款规定因为新的建筑设施而取得的增值不被考虑，因征收而产生的增值收益不应当被考虑这一思想最终也被纳入《法典》第 95 条第 2 款第 2 项之中。《萨尔州土地征收法》同样沿用了《普鲁士土地征收法》，现行版本是 1922 年发布的版本，屡经修订，就补偿的基本原则而言没有太大变化。尽管如此，下文将会论述到的一系列《法典》中的规定，特别是司法实践中发展起来的原则，即使没有法律的明文规定，也均应当得到适用。就此而言，立法的这种"充分补偿"的表述意义也是有限的。

综上，从历史发展的角度来看，征收补偿标准在过去 200 年间发生了不少变化。最早的《普鲁士普通邦法》虽然没有明确使用"充分补偿"的字眼，事实上却确立了"充分补偿"原则，而其后的《普鲁士土地征收法》在立法上虽然明确使用了"充分补偿"的字眼，两者却大异其趣。《普鲁士普通邦法》的"充分补偿"既涵盖物的客观价值，同时也顾及物对于其主人所具有的主观价值。而《普鲁士土地征收法》的"充分补偿"则以物的客观价值为主要出发点，当时的司法实践则显得有些混乱，恰恰表明了过渡阶段的特性。《魏玛宪法》首倡所有权社会化的原则，确立了"适当补偿"原则，《基本法》继承了《魏玛宪法》的基本精神，而代之以"权衡"原则，尽管从字面上和制宪史的角度来看两者存在差别，但是司法实践则认为两者没有差别，都确立了以被征收物的市场价值为补偿的标准。具体涉及征收的法律也均是以征收物的市场价格作为具体的补偿标准。尽管联邦宪法法院认为基于权衡原则可以做出低于市场价值的补偿，但其观点更多地停留在宣示的层面。联邦最高法院尽管也认同宪法法院的观点，但其判决一如既往以市场价值作为出发点。可以说"交易价值"原则已经得到了全面的贯彻。在立法与实践中，更为关键的在于如何确立交易价值，而非抽象地探讨补偿标准。

（二）征收补偿与损害赔偿有别

在德国法上，征收补偿与损害赔偿两者之间存在着截然的区分。按照《民法典》第249条的规定，损害赔偿义务人必须恢复假如没有发生引起赔偿义务的情况时会存在的状态，法律所采取的是一种假定状态，据此损害人必须赔偿所产生的所有损害，使得权利人处于就像损害事实完全没有发生时可能所处的状态，赔偿数额是损害发生了和损害如果没有发生时两个状态之间的差额。[1]损害赔偿本质上是对于一种可能状态的假定，其所针对的是非法侵害，法律意义在于消除非法侵害所产生的后果，因此是一种充分补偿。而征收补偿则与之完全不同。首先，征收是一项合法的侵害；其次，征收的目的恰恰在于通过剥夺被征收人的权利以服务于公共利益，因此征收的补偿并不在于使得被征收人处于如果没有征收时会处于的状态。因此征收补偿的主要目的在于补偿被征收人被剥夺的权利损失，其表现形式就是被剥夺的权利损失的对价，显然这与损害赔偿有很大的差别。[2]征收补偿的本质是补偿被征收人事实上被剥夺的东西，使得他能够重新获得同样的东西，而非补偿被征收人因为征收将来所可能遭受的损失。两者最主要的差别表现在可得利润上，在损害赔偿的情况下可以请求可得利润的

---

[1]Vgl. Medicus/Lorenz，Schuldrecht I Allgemeiner Teil，18. Aufl.，Rn. 624-635.

[2]Vgl. Maunz/Dürig/Papier GG Art.14 Rn. 594.

赔偿，而在征收补偿的情况下则不可以。^①换句话说，征收补偿的确定并不考虑假定的财产发展可能性。^②

（三）损益相抵原则

《法典》第 93 条第 3 款第 1 句规定，补偿权人因为征收而获得的财产增值在确定补偿时应予以考虑。众多涉及征收的法律都规定了这项原则。如果被征收人因为征收而获得了财产增值，在确定补偿标准的时候，对此不加以考虑，而仅仅考虑补偿被征收人因此所遭受的损失，势必会使得被征收人获得超过其所应当获得的。只有通过损益相抵原则，才能真正使得被征收人获得既不多也不少的补偿。^③就如同部分土地被征收可能导致其剩余部分的土地价值减损，这种价值减损义务人应当予以补偿；同样，因为部分土地被征收也可能导致剩余部分的土地价值增加，这种价值增加自然也应当从补偿中扣除，否则被征收人将会因为征收而获利。

适用该项原则的首要前提是，被征收人获得了经济上可以测算的利益，这种利益应当具有永久性，而不是暂时的得利或者单纯的便利，减少的损失在这种意义上也可以视为所得的利益。尽管不必然如此，但是实践中最常见的就是土地的部分征收，因为部分土地被征收使得其他部分的土地获得增值。^④除此之外，所获得的利益必须是因为征收而产生的，两者之间应当具有一般的因果关联。联邦最高法院在一项判决中认定："不是只有部分征收导致的剩余土地的价值增加才可以

---

①Vgl. Maurer, Hartmut, Allgemeines Verwaltungsrecht, 18. Aufl., § 27 Rn. 65.

②Vgl. BeckOK GG/Axer GG Art. 14. Rn. 127.

③Vgl. Aust/Jacobs/Pasternak, Die Enteignungsentschädigung, 6 Aufl., Rn. 930.

④Vgl. Molodovsky/Bernstorff, EnteignungsR Bay, Art. 8, Rn 4.1.2.

扣除，只要在常理的框架内所有因为征收所获的利益都可以扣除……只要征收一般来说会导致这样的价值增加，且两者之间的联系不是过于松散，那么这种利益就可以予以扣除。"① 总体上说，这种因果关系的判断依然要通过权衡做出，并非纯粹自然意义上的因果关系。

司法实务中就能够加以扣除的利益发展出一系列案例。因为土地征收而产生的利益如果仅仅归属于被征收人所有，那么这种利益无论如何都应当在确定补偿额时予以扣除。比如，被征收人的一部分土地被征收用于公路建设，因此导致他的其他土地得到开发并成为建设用地，此时他的其他土地增加的利益即应当被从其被征收土地补偿中扣除。② 同样，如果因为要拓宽公路而使得被征收人临近公路的土地被征收，而使得其本来不临近公路的土地现在临近公路而成为可以建设的土地，则其他土地因此产生的增值要予以扣除。③ 因为征收而节省的劳动力如果可以合理地用于其他地方，那么因此节省的成本也是可以扣除的利益。④ 因为部分征收而使得农场变小时，会给农场造成营业损失，被征收部分的补偿此时取代了被征收部分的土地，这时，基于补偿金所获得的资本收益即应当予以扣除，以抵销农场剩余部分的营业损失。⑤

可以予以扣除的增值应当是个别的增值，而非一般性的增值，比如因为周围建筑了学校或者医院而获得利益，这种利益属性上具有一

---

① Vgl. Aust/Jacobs/Pasternak，Rn. 932.

② Vgl. Molodovsky/Bernstorff，EnteignungsR Bay，Art.8，Rn. 4.1.4.6.

③ Vgl. Molodovsky/Bernstorff，EnteignungsR Bay，Art.8，Rn. 4.1.4.7.

④ Vgl. BGHZ 55，295= NJW 1971，1176.

⑤ Vgl. Aust/Jacobs/Pasternak，Rn. 933.

般性，即不能扣除。① 如因为交通状况的改善或者整个经济基础设施的完善而使得不确定人数获益，其本质实际上是因果关系的问题，即所得利益是否因为土地被征收而直接产生。在最高法院的一项判决中，被征收人（一家公司）的土地被征收用于拓宽公路，该公路会改善交通状况，并且会将规划中的一个居民区与当地公路系统连通，而该规划中的居民区所在的土地有 2/3 归属于被征收人。最高法院的判决认定被征收人因此获得的利益不可以扣除，因为，尽管那个规划中的居民区 2/3 的土地归属于被征收人，但是他的其他土地被征收与此利益并不具有功能上的关联。②

至于处于中间状态的情况，比如因为土地被征收而使得一个比较确定的群体受益，这种情况下能否从给被征收人的补偿中扣除所获利益，显然更多地取决于法院的裁量。最高法院的观点更倾向于认为只有被征收人所获得的特殊利益，而非其他人获得的利益才可以被扣除。③

就扣除的额度而言原则上没有限制，在个别案例中，联邦最高法院曾因为所获利益而将被征收土地的补偿额降低为零。④ 即便在这种情况下，也不能够认为土地被无偿征收了，此时补偿就体现在征收给被征收人带来的利益之上。⑤

---

①Vgl. Maunz/Dürig/Papier GG Art.14 Rn. 629.

②Vgl. BGHZ，62，305= NJW 1974，1465.

③Vgl. Aust/Jacobs/Pasternak，Rn. 934.

④Vgl. Molodovsky/Bernstorff，EnteignungsR Bay，Art.8，Rn. 4.1.7.

⑤Vgl. Aust/Jacobs/Pasternak，Rn. 936.

（四）过失相抵

《民法典》第254条规定了与有过失，帝国法院长久以来都认为该条不应当适用于征收补偿的确定上，因为它认为该条仅仅针对损害赔偿请求权，而征收补偿如前所述完全不同于损害赔偿请求权。这一观点为联邦最高法院所否定，它认为，法律期望被征收人尽可能地把握机会避免因为征收可能带来的损害，至少也应当尽可能降低损害，而非放任之，因此与有过失制度同样在征收法上有其适用。[①]征收补偿的根本意义就是为了补偿被征收人因此所遭受的特殊牺牲，如果这样的特殊牺牲部分是被征收人的原因所造成的，或者对此他有过错，显然在补偿的确定上应当对此加以考虑。[②]《法典》第93条第3款第2句规定，因补偿权人的过错而共同导致财产损失产生时，相应地适用《民法典》第254条的规定，从而在立法上明确了与有过失的适用。其规则的实质就是确立了被征收人减轻损害的义务。

司法实务中同样发展出了一系列适用该规则的案例，比如农场主没有及时收割庄稼，比如农场主在面临征收之时有义务按照经济运行的基本原则调整其农场经营，又如农场主在征收前将农场经营集中到将被征收的土地之上，因此造成了更大的损失，等等，不一而足。[③]

二、补偿的范围确定

上文明确了土地征收补偿的基本原则，即补偿被征收人被拿走的东西，因此必须明确征收到底给被征收人造成了什么样的损失，以及

①Vgl. Aust/Jacobs/Pasternak，Rn. 596.

②Vgl. Molodovsky/Bernstorff，EnteignungsR Bay，Art.8，Rn. 4.2.1.

③Vgl. Molodovsky/Bernstorff，EnteignungsR Bay，Art.8，Rn. 4.2.2.

什么样的损失才是征收法上应当予以补偿的损失。

《法典》第93条第2款就征收的范围做了原则性规定，认为对于因征收而产生的权利损失以及其他因征收而产生的财产损失均应当予以补偿。这种区分对应了"实质损失"与其他"后果损失"的传统分类。《法典》第95条就权利损失的补偿，第96条就其他财产损失的补偿做了细致的规范。从补偿的角度来说，两者的区分意义有限，联邦最高法院认为，征收补偿是一体性的（Einheitlichkeit der Enteignungsentschädigung），个别的补偿范围并不具有独立性，就补偿标准而言需要考虑的是从总体角度来判断，而非具体的损失补偿。因此如果地上建筑物价值被高估，但土地价值被低估，其补偿总和的评估却是正确的，那么也是无关紧要的，因为立法者关注的是被征收人所有损失的适当补偿。[①] 补偿的一体性原则，其主要的后果就在于要避免双重补偿，无论一项损失被认为是权利损失还是其他财产损失，都只能获得一次补偿。[②]

（一）权利损失

《法典》第95条规定了基于权利损失而做出的补偿，其基本出发点在于《基本法》第14条第1款第1句明确表明所有权受到保护，这构成征收法上补偿的基本前提。《基本法》保护的所有权概念不同于《民法典》意义上的所有权，原则上所有具有财产属性的法律地位均享受《基本法》所有权的保护，然而纯粹的机会、赢利可能性等则并不受到《基本法》第14条的保护。[③] 因此《法典》所规定的权利损

---

①Vgl. Molodovsky/Bernstorff，EnteignungsR Bay，Art.8，Rn. 3.2.

②Vgl. Weiß，in：Jäde/Dirnberger/Weiß，Baugesetzbuch Kommentar，6 Aufl.，§93，Rn.5.

③Vgl. Maunz/Dürig/Papier GG Art.14 Rn. 55.

失补偿以相应的法律地位为基础，这里的法律地位意味着权利人有权通过诉讼的方式请求保护特定的法律上或者事实上状态的继续，所有权所彰显的所有权人的法律地位最明白地体现了这样的法律地位，因为所有权人有权依照其意愿处分其物。[1]而补偿的前提是，这种权利地位被剥夺或遭受了损害，而非仅仅是公权力行为给所有权人造成了某种不利影响。因此单纯的机会或者期望即不能构成这里的法律地位，比如某块土地一直有望成为建筑用地，这种期望却因为公权力行为而落空，这种机会的丧失无法得到补偿，因为其土地所有权人的所有权地位丝毫没有受到影响，仅仅是其可能的期望受到影响，而这种期望本来就有可能落空。[2]同样，在一项征收同时侵害了所有权人的法律地位并造成了其他事实上的不利后果时，只有其权利损失能够得到补偿，而其他事实上的不利后果则只能加以承受。比如因为征收了一块土地建设公路而使得被征收人的其他土地因此必须忍受街道的噪声，其他土地因为噪声产生的损失不应予以补偿，因为即使不征收他的这块土地而征收别人的土地，噪声依然会产生，而这样的噪声属于必须容忍无须加以补偿的负担。[3]

对此，立法者更多地直接通过排除的方法做了规范。《法典》第95条第2款规定在以下七种情况下的价值变化在补偿时不予考虑。（1）在将来因为被许可的使用形式发生变化而产生的土地升值，只要这种变化在可以预见的时间里不能被期待。立法者这里主要提出了两个要求，其一，这种土地的升值是基于可能的土地利用形式变化而产生的，

---

[1]Vgl. Aust/Jacobs/Pasternak，Rn. 616.

[2]Vgl. Aust/Jacobs/Pasternak，Rn. 620.

[3]Vgl. Aust/Jacobs/Pasternak，Rn. 623.

比如临近城市的农用地变化为建筑用地，自然其价值会大幅增加。换句话说，如果是在同一类型的土地利用形式之下因为具体利用方式的改善而增值，或者因为整体土地市场的变化而产生的增值，即不受该条规范。其二，这种土地利用形式的变化在可预见的时间内不会发生，关于什么是可预见的时间内，并没有什么明确标准，联邦最高法院也没有明确表态，但七年似乎是一个可能的时间点。无论如何，是否可以预见取决于具体判断，特别是城市土地利用规划的发展情况等。[①]
（2）基于将要进行的征收而产生的价值变化不被考虑。这里涉及的就是司法实践发展起来的"征收的前效果"理论，对此后面将会详细探讨。（3）在所有权人为了避免征收而本来可以在合理的条件下接受申请人提出的购买或者置换要约的时间点之后所产生的升值，在确定补偿时不予考虑，对此下文还将详细加以论述。（4）在存在一项建筑变更冻结令（Veränderungssperre）的情况下，未经建筑许可局的许可而进行的导致升值的建筑变更，其升值在补偿时不被考虑。《法典》第14条规定为了保障未来规划的顺利实施，镇可以发布建筑变更冻结令，此时违法实施的建筑导致的升值当然不应当获得补偿。（5）在征收程序已经展开之后没有官方的命令或者征收局的许可而进行的建筑变更导致的升值，自然也不应当被考虑。（6）为了在征收中获得更高的补偿而做出的异乎寻常的约定，比如高价出租土地，这样的行为违背基本的诚实信用原则，不应当被考虑。（7）如果所有权人在《法典》第40条到第42条规定的情况下主张了补偿，则该土地的

---

① Vgl. Molodovsky/Bernstorff，EnteignungsR Bay，Art.10，Rn. 4.3.

纯粹价值（Bodenwert）① 不被顾及。这条主要规范的情况是，当土地因为建筑规划而导致使用方式受到限制的时候，土地所有权人可能享有要求补偿的权利，如果此时他已经要求了相应的补偿，那么之后其土地被征收之时，相应的价值减损的部分就不应当再要求补偿。

《法典》第 95 条第 3 款还规定国家可以随时无偿要求予以拆除的非法建筑，只有基于公平的考量而有必要的情况下，才予以补偿，该种补偿被称为衡平补偿（Billigkeitsentschädigung），实际上是为执法者保留了自由裁量空间。

《法典》第 95 条第 4 款规定，如果土地所有权的价值因第三人的权利而有所减损，而该第三人对该土地的权利被继续维持，或者在其他土地上重新建立，或者被单独予以补偿，则该事实在确定针对权利丧失的补偿时应被顾及。也就是说，因为第三人的权利或者没有受到影响（其对土地的权利被继续维持），或者实际上已经得到了补偿（在其他土地上重新建立或被单独予以补偿），此时因为该权利所导致的价值减损而应得的补偿不应当由所有权人享有。

（二）其他财产损失

征收往往并不仅仅涉及被征收的权利损失，比如土地所有权本身，而且经常涉及被征收人财产的其他后果损失（Folgeschäden），学理上称之为后果损失，即因为征收而产生的其他财产损失。比如因为部分土地被征收使得剩余土地的价值减损，比如搬迁费用、法律咨询费、专家鉴定费等与土地征收的后果不可避免地紧密关联的一些费用。②

---

① 所谓的土地的纯粹价值是指当该土地没有或者假定没有被开发建筑之时所具有的价值。

②Vgl. Maunz/Dürig/Papier GG Art.14 Rn. 632.

《法典》第96条就其他财产损失的补偿做了规定，对此学术界常常使用不同的概念，如后果损失、后续费用、其他不利后果等，指称的都是除了权利损失之外的各种损失。要在权利损失和后果损失之间做出明确的区分很难，因此该条第1款第1句首先规定，只有当这些财产损失在确定对于权利丧失的补偿中没有被考量的情况下，才予以补偿，其目的在于避免双重补偿。第1款第2句规定在权衡公众利益与参加人利益的基础上来确定对后果损失的补偿，并特别列举了三项具体的后果损失。首先是被征收人职业上的损失，对于原所有权人在履行其职业活动、营业活动或者完成对于他而言具有本质意义的任务时所遭受的暂时或者持续的损失，应当予以补偿，但补偿额度以按照相同方式使用其他地块的费用为限。其次是因为征收一块土地的一部分，或者一片空间上或者经济上相互关联的土地的一部分从而导致其他部分产生的价值减损，或者通过征收一块土地上的权利而导致其他地块产生的价值减损，也应当予以补偿，但前提是这种价值减损在对职业损失所进行的补偿中没有被考虑。立法所列举的最后一项是因为征收而导致的必要的搬迁费用，这种费用特别是针对经营性用地而言，因为这时被征收的土地上的农场或者相关公司必须搬迁。立法者的这种列举仅仅具有例示的性质，其立法用语"特别是"明确表明了这一点。[1]《法典》第121条还规定了律师费以及聘请专业人士如税务师、评估师等的费用，在必要的情况下应当由补偿义务人承担。

---

[1]Vgl. Weiß, in: Jäde/Dirnberger/Weiß, Baugesetzbuch Kommentar, 6 Aufl., §96, Rn.4.

三、被征收物的质量时点（Qualitätsstichtag）

在法律上确立了基本的补偿标准和补偿范围之后，就具体的征收补偿而言，首先需要确定的就是被征收人被征收的是什么样的物，只有明确了具体的征收物，才能在这个基础上来决定补偿额。土地虽然是不能移动的，但是土地的具体属性却会发生变化，土地的具体利用形式也会发生变化，而这些都会导致土地的价值发生变化，因此法律必须明确一个具体的时间点，以确定被征收人被征收之物的具体特性。这个时间点就是所谓的质量时点。《法典》第93条第4款则规定，以征收局对征收申请作出决定的时间点为准来认定被征收土地的实际状态，这个时间点就是征收局征收决议被送达的时间点。[①] 只有在这个时间点，被征收人的土地才被征收；只有这个时间点的物被剥夺，在这个时间点之后物所发生的变化，已经与被征收人毫无关系，因此在这个时间点之后，无论物所发生的增值还是贬值，都不属于被征收人被征收的东西的范畴，因此也不应当得到补偿。在提前的占有指定（Vorzeitige Besitzeinweisung）[②] 这种情况下，以做出提前的占有指定的时间点为准来确定被征收土地的实际状态。因为在提前的占有指定这种情况下，土地已经事实上被剥夺占有，被征收人也已经事实上丧失了对其土地的占有，从而无法再利用其土地，因此，对物的实际状态的确定也被相应提前，以提前的占有指定决定做出的时间为判断时

---

①Vgl. Weiß，in：Jäde/Dirnberger/Weiß，Baugesetzbuch Kommentar，6 Aufl.，§93，Rn.9.
② 依据《德国建筑法典》第116条，如果所追求的措施的立即实施基于公共利益的考虑极为紧迫，则征收局可以应申请通过决议指定征收申请人进入对受征收程序所波及的土地的占有，也就是说这种情况下征收决议尚未做出，而被征收人的土地却已经被占有，从而已经造成了损害。

间点。

土地的实际状态（Zustand），也即土地的质量（Qualität），不仅包括土地的自然状态，也包括所有对土地价值形成具有影响的其他因素，如土地的地理位置，特性，大小，形状，周边是否得到了开发，在土地利用规划上是否有明确的限定，以及在建筑法的框架内其土地的利用可能性等。至于对未来土地利用的预期，原则上只有在征收之时已经明确预计会实现，并且这样的预期已经被认为只有在对土地价格的形成具有影响之时，才会被考虑。真正的着眼点在于这样的期望是否在通常的交易中已经对价格产生影响。①

尽管原则上说，决定被征收土地的实际状态应该以征收决定或者提前的占有指定决定做出之时为准，但是，征收过程往往是一个漫长的过程，在这个过程中，土地往往会因为与征收有关的一系列因素而在征收决定之前价值已经发生变化，因此就有必要把质量时点提前，既避免被征收人获得本不属于他的利益，也避免被征收人可能遭受的损失。这就是由司法实践所发展起来并为立法所认可的"征收的前效果"原则（Vorwirkung der Enteignung），该原则现在已经成为征收补偿法上的基本原则。如前所述，《法典》第95条第2款第2项已经将该原则实定法化。

征收的前效果，其基本出发点就是，在具体征收决定做出之前，一系列行政法上的决定如建筑规划等早已开始影响到土地价值，而这种价值的变化在征收补偿中不应当被考虑。②

---

①Vgl. Aust/Jacobs/Pasternak，Rn. 994.

②Vgl. Hettich，Matthias，Effektiver Rechtsschutz im Bau-，Enteignungs- und Fachplanungsrecht，in Rensen/Brink（Hrsg.），Linien der Rechtsprechung des Bundesverfassungsgerichts，S.434.

征收过程往往很漫长，并伴随着此前已经做出的一些措施，这些之前的措施可能在具体的征收措施实施前已经阻止了土地的进一步升值，并使得土地无法参与整个经济发展而导致的增值。依据联邦最高法院的判决，最常见的可以引发征收的前效果的就是建筑禁令，变更冻结令，以及有法律拘束力的建筑规划。[1]

上述的措施是否会产生前效果，主要取决于这些措施是否使得土地不再成为交易对象，从而无人购买，比如因为按照有效的建筑规划该块土地将会被用于公路建设，这时自然就不会有人愿意购买这块土地了。[2]建筑禁令以及变更冻结令这样的措施，一般目的都在于为了实现建筑规划中的特定目的，防止中间的变化增加建筑规划实施的难度，市场毫无疑问会对这样的禁令做出反应，最低限度也要等待建筑规划最终的发展方向确定，从而导致相应的土地价值受到影响。[3]有拘束力的建筑规划，虽然具体情况下也要判断它是否使得某块土地被排除了增值空间，但是因为其本身就是有法律效力的，也就意味着它对于征收机关也具有约束力，因此意味着最终必然要征收涉及的土地，因此这种情况下前效果是确定无疑的。[4]在上述这几种情形下，最终被征收的土地，虽然在这些行政措施做出之时尚未被征收，但是这些土地已经存在着高度的被征收的或然性，从征收的前效果的角度来说，这些土地相当于当时已经被征收了，因此质量时点就被提前至这些措施做出之时。

---

①Vgl. BGHZ 28，160 = NJW 1959，148.

②Vgl. BGHZ 64，382 = NJW 1975，1778.

③Vgl. Aust/Jacobs/Pasternak，Rn. 988.

④Vgl. Molodovsky/Bernstorff，EnteignungsR Bay，Art.8，Rn. 5.4.3.

在实践中涉及更多的不是已经产生法律拘束力的建筑规划，更多的是依然处在准备阶段的土地使用规划预案（vorbereitende Planung）。这样的规划预案并没有法律拘束力，也不会产生征收法意义上的征收的效果，但却可能构成漫长的征收过程的开始。按照联邦最高法院的观点，如果一项规划预案与之后的征收具有因果关系，且足够明确，并构成此后为征收提供法律基础的有法律拘束力的建筑规划的基础，并有足够的把握预计所涉及的土地将不再增值，那么这时也可以认定这样的规划预案可能产生征收的前效果。[1] 具体的认定，当然要个案判断。实践中，联邦最高法院曾认定，一项经济规划因为不具有明确的方向性而不产生前效果，相反一个城市发展方案（Entwicklungssatzung）却被联邦宪法法院认定具有前效果。[2] 一项镇的土地利用统筹规划（Flächennutzungsplan）[3] 原则上也不产生前效果，因为这样的规划主要是为以后的有拘束力的规划提供基础。但是在特定情况下也可能被认定具有这样的效果。在 1978 年的一项判决中，1961 年拟定的土地利用统筹规划拟建设一条公路，并就路线做了标识，争议中的土地位于铁路和旧公路之间，这块原本用作花园的土地被视为预期建造土地（Bauerwartungsland），然而 1967 年公布的建筑规划却依然确定该土地为花园用地。联邦最高法院认为，公路和铁路之间要建设的四车道的公路只能从这块土地上经过，因此存在充分的明确

---

①Vgl. NJW 75，1778.

②Vgl. Beschluss der 2. Kammer des Ersten Senats vom 19. September 2007 - 1 BvR 1698/04.

③ 土地利用统筹规划也被称为预备性的建筑规划（vorbereitender Bauleitplan），指最低层级的行政规划手段，本身没有法律拘束力，是为有拘束力的建筑规划做准备。一般涉及整个镇的土地规划，并未具体到某块土地。

性，此时并不存在规划的替代方案，市场也已经对此做出了价格上的反应，因此赋予土地利用统筹规划以前效果。[①]当然该案的判决学术界也有不同意见，[②]无论如何，时至今日最高法院依然坚持这样的观点。在一个案件中，被征收人主张征收的前效果应当确定为1997年4月建筑规划生效之时，而非此前法院确定的1995年7月为建设公路而划定的线路图公布之日，在2009年5月27日的决议中，最高法院重申了其长久以来坚持的观点（BGHZ 63，240，242.），认为该案中规划方案里面划定的路线不存在替代方案，即使最终的规划方案的路线图有所偏离原来的路线图，也并不能认为原来的路线图不够明确，从而驳回了上诉。[③]

总体上说，对于那些不具有法律拘束力的规划，应当具体判断其规划是否已经明确涉及被征收的土地，是否还有其他替代方案，这种规划预案被确定为最终规划的确定性是否足够大，最终的有拘束力的规划是否建立在原来的规划预案基础之上，以及市场是否因规划预案而对土地价值做出了反应。在这些因素都满足的情况下，法院会认定规划预案或类似的比如交通规划图具有前效果。

当然，征收的前效果并非必然不利于被征收人，该项制度的根本目的在于准确界定被征收人所失去的东西，而非要强加不利于他。如果某块土地在此前的规划中被划为预期建造土地（Bauerwartungsland），然而直接导致征收决定的建筑规划却剥夺了附近土地的建筑可能性，从而使得其土地价值降低，这时候，被征收的土地因为征收的前效果，

[①]Vgl. BGH，Urt. 26. 1. 78，MDR 78，557.

[②]Vgl. Aust/Jacobs/Pasternak，Rn. 990.

[③]Vgl. BGH，Beschluss vom 27，Mai 2009.

依然被按照预期建造土地的标准补偿，这时候被征收人显然处于更好的地位。[1]

此外需要注意的是，对于已经被建筑利用了的土地，征收的前效果原则上并不产生，这时候唯一起决定作用的是征收决定做出或者提前的占有指定决定做出的时间点。原因非常简单，因为即使此前的规划已经明确表示这块土地将来会被征收，但是这块土地上的建筑却依然处于其所有人的占有之下，并一如既往地被使用，其使用权并未受到任何限制，因此在征收决定做出之时确定被征收人被征收之物，是恰当的。当然，在特殊情况下，也可能产生前效果，比如，某块土地的利用强度因为规划变更而增加，原来三层高的建筑现在被许可建筑成四层高，这时候将被征收的建筑物即不能够再获得土地潜在建筑强度增加而获得的价值提升。[2]

四、价值评估的时间点（Bewertungsstichtag）

在确定被征收人被拿走了什么东西之后，需要进一步判断的就是，被拿走的东西价值几何。而价值总是变动不居的，至关重要的就是，为被征收物的价值评估确定一个时间点，这个时间点被称为评估时点。《法典》第95条第1款第2句明确规定，对被征收土地交易价值的评估时间点是征收局做出征收决定之时。如前所述征收补偿的目的是使得被征收人处于能够重新获得与征收物相同之物的地位，征收人是否有可能重新获得其被征收之物，毫无疑问取决于征收补偿款的支付

---

[1]Vgl. Molodovsky/Bernstorff，EnteignungsR Bay，Art.8，Rn. 5.4.1.

[2]Vgl. Aust/Jacobs/Pasternak，Rn. 995.

时间，只有他受领补偿款之时，才意味着他真正获得了补偿。因此补偿款的支付时间应当具有决定性意义。[1] 依据《法典》第113条第2款，征收决定必须包含对于征收补偿的方式和额度的决定。《法典》第117条第1款规定，只有在征收补偿金已经被支付，或者在放弃取回权的情况下提存之时，征收局才可以应申请执行征收决定。因此原则上说，以做出征收决定之时作为确定评估时点是最恰当的，因为通常来说，征收补偿金紧随着征收决议的做出而被支付，在很短的时间内价格不会发生剧烈变化，基于这个时间点做出的评估价格所确定的补偿金，被征收人最有可能重新获得类似的被征收物。[2]

然而，征收补偿款可能因为各种原因被延迟支付，或者仅仅被部分支付，在不动产价格变动不居的时期，就如近年来北京的房地产市场那样，如果征收补偿的评估时点以征收做出之时为准，那么被征收人后来收到的补偿款可能就不足以重新获得被征收物。为了应对这样的问题，联邦最高法院引用《基本法》第14条第3款，发展出了所谓的增值判决（Steigerungsrechtsprechung），其核心是在特定情况下推迟评估时点。据此，在不动产价格浮动较大的时代，官方确定的补偿额度被显著地低估，补偿款被显著地迟延支付，这时，评估时点应朝着对迟延付款负有责任的一方不利的方向向后推移。[3]

实践中主要有下面几种情况。第一种情况下，被征收人在征收决定做出后对官方确定的补偿额度不满意从而提起诉讼，并以胜诉告终。此时，如果他完全没有收到任何补偿款，那么征收人应当支付的补偿

---

①Vgl. Aust/Jacobs/Pasternak，Rn. 676.

②Vgl. Aust/Jacobs/Pasternak，Rn. 976.

③Vgl. Weiß，in：Jäde/Dirnberger/Weiß，Baugesetzbuch Kommentar，6 Aufl.，§95，Rn.6.

额就应当是法院最后确定的补偿额。如果被征收人当时收到了全部补偿款，此时，只有法院所确定的征收决定做出时的交易价值和行政机关确定的交易价值之间的差额才应当享有增值收益。比如某块土地被行政机关评估为 10 万元，征收人立即支付了 10 万元，被征收人提起诉讼，法院认定在行政机关评估的时间点该块土地价值 15 万元，在最后一次事实辩论终结时这块土地价值 24 万元，此时被征收人还应当获得的补偿款并不是 14 万元，因为按照征收决定做出时的交易价值 15 万元的比例计算，征收人当时已经向被征收人支付了本应当支付的补偿款的 2/3，只有剩余的 1/3 才应当享受增值，因此被征收人还有权获得按照现有价值即 24 万元的 1/3，即 8 万元。[1] 其背后的逻辑依然在于，双方之间的天平要平衡，被征收人只应当获得他所失去的。征收人已经支付的款项，被征收人是可以通过投资等方式而使其参与增值的。在征收人只支付了部分补偿款，或者提存了，或者认真提出支付要约而为对方所拒绝的情况下，情况相同，这部分已经支付的款项所对应的补偿款的比例即不再享受增值。即使被征收人要求提高补偿额度的请求被驳回，只要他在征收决定做出后没有收到全部的补偿款，那么按照相应的比例没有得到补偿的部分依然应当享受增值。[2] 第二种情况下，征收受益人（通常即征收人）认为补偿额度过高因此提起诉讼并拒绝支付补偿款，最终法院认定补偿额合理，则征收受益人应当向被征收人按照增值后的额度补偿。如果征收人仅支付了他认为

---

[1] Vgl. Aust/Jacobs/Pasternak，Rn. 680；Molodovsky/Bernstorff，EnteignungsR Bay，Art.10，Rn. 3. 2.3.

[2] Vgl. Molodovsky/Bernstorff，EnteignungsR Bay，Art.10，Rn. 3.3.2.

合理的款项，那么剩余的部分按照比例应当享受增值。[1]即使其最终胜诉，法院降低了补偿额，但是只要征收受益人没有支付当时确定的补偿款，那么被征收人依然有权主张此间的增值。核心原则在于，只要补偿义务人没有支付补偿款或者没有全部支付，那么相应比例的部分就应当享受增值。[2]这一补偿方式的好处是显而易见的，通过这种方式，补偿义务人（通常即征收受益人，也就是征收人）为了避免可能的升值造成的损失，有动力积极主动支付补偿款，而被征收人也应当积极接受补偿款，避免因为自己的原因使得自己无法享受增值。至于最终补偿额度的确定，则可以交由法院来最终确定。

未获补偿的部分的增值的计算方式，主要是依据比例的方式进行的，力求最合理地补偿被征收人。为了形象地说明补偿的方式，此处引用了一个较为复杂的例子：[3]

在征收过程中，双方将补偿额度的确定交由行政机关来决定。

1976 年 7 月，征收受益人支付了 80 000 元；

1977 年 10 月支付了 10 000 元；

1978 年 5 月行政机关认定补偿额为 160 000 元，征收受益人不服提起诉讼，但同时继续支付了 10 000 元；

最终法院认定不同时间段被征收土地的交易价值如下：

1976 年 7 月：120 000 元；

1977 年 10 月：125 000 元；

1978 年 5 月：130 000 元；

---

[1]Vgl. Molodovsky/Bernstorff，EnteignungsR Bay，Art.10，Rn. 3.2.2.

[2]Vgl. Aust/Jacobs/Pasternak，Rn. 682.

[3]Vgl. Molodovsky/Bernstorff，EnteignungsR Bay，Art.10，Rn. 3.3.2.

法庭最后一次事实辩论终结时的交易价值，1983 年 3 月：160 000 元。

此时，征收受益人应当承担的总的征收补偿额并非 160 000 元，而是以如下方式计算得出：

1976 年 7 月合理的补偿额度是 120 000 元，当时支付了 80 000，也就是 66.66% 的补偿份额被支付；

1977 年 10 月合理的补偿额度是 125 000 元，当时支付了 10 000，也就是 8% 的补偿份额被支付；

1978 年 5 月合理的补偿额度是 130 000 元，当时支付了 10 000，也就是 7.69% 的补偿份额被支付；

合起来在最后一次庭审事实辩论结束之时，征收受益人一共支付了 82.35% 的补偿份额，还剩 17.65% 的份额待支付。最后一次庭审，即 1983 年 3 月，确定的交易价格是 160 000 元，相对应的 17.65% 的补偿款就是 28240 元（160000×17.65%=28 240）。换句话说，法庭最后一次事实辩论终结时确定的征收物的交易价值并非被征收人应当获得的补偿额，而是要向下调低。综合整个支付过程，被征收人最后能够得到的补偿款应当是 128240 元。

因此，法院在确定补偿额的时候，通常来说至少要确定两个评估时点的交易价格，一个是被征收人受领征收补偿款的时间点，另一个就是法庭事实辩论终结时的交易价格。

增值判决适用的前提始终是，行政机关所确立的补偿额并非不显著的低。这里所谓的"并非不显著的低"，并非仅仅从百分比的角度来看，而是同时考虑到相差的具体数额，特别是该数额从经济衡量的角度来看，是否足以使得当事人采取法律措施来维护自己的权利。实践中无疑并没有高度统一的标准，更多的取决于法院的裁量。[①]

除了上述的条件之外，如果延迟支付是被征收人的原因造成的，那么评估时点并不朝着有利于他的方向向后推迟。实践中主要是拒绝合理要约以及对征收合法性的挑战两种情况。

依据《法典》第95条第2款第3项，如果征收申请人为了避免征收，向被征收人提出了合理的购买或者置换要约，被征收人本来可以接受该项要约，那么在被征收人拒绝该项合理要约之后所产生的增值，在确定征收补偿时不予考虑。这被称为要约的冻结效力（Sperrwirkung des Angebotes），其实质就是在存在合理要约的情况下，评估时点被提前至征收申请人提出合理要约之时。这是一个乍看很不合理的规定，似乎是试图强迫被征收人接受征收申请人提出的合理的购买要约。然而，如果购买要约的条件是合理的，而被征收人拒绝接受合理的条件，最终通过司法程序延缓征收，而随着时间的推迟被征收土地价值可能提升，此时如果按照升值后的土地价格予以补偿，无疑会鼓励被征收人通过拒绝购买要约而投机土地的增值。[②]该规定的目的就是平等保护所有其土地可能被征收的所有权人。根据当时立法委员会的报告，通过该条规定主要是为了避免迟延获利。在不动产价格上升的时期，如果被征收人拒绝征收申请人的合理条件而延迟征收程序，而征收补偿款却要以延迟后的时间点为标准确定，无疑一方面会使得接受合理要约的被征收人受到亏待，另一方面也会鼓励所有人无理地拖延征收。[③]我国这种情况应该说常见，很多钉子户因为拒绝合理的条件而最终获

[①]Vgl. Weiß, in: Jäde/Dirnberger/Weiß, Baugesetzbuch Kommentar, 6 Aufl., § 95, Rn.9.

[②]Vgl. BGHZ 98, 341 = NJW 87, 1256.

[③]Vgl. Aust/Jacobs/Pasternak, Rn. 9.

得巨额收益，应当说非常不合理。该项规则被联邦最高法院确定为征收法领域的基本原则，因此即使涉及征收的具体法律里面没有明确规定，也应当得到适用。[①] 当然，需要注意的是，如果被征收人在其土地上通过资本或者劳动投入而使得土地得到升值，这个升值即使是在他拒绝合理要约之时，也应当予以考虑。至于何谓合理要约，因为篇幅原因此处仅简单加以论述。一项合理的要约，应当包含了对权利和其他财产的损失的对价，以及购买剩余土地的要约，如果被征收人享有要求对方购买的权利的话；其价格必须合理，虽然不必完全与征收补偿的额度相符；必须是为了避免征收，也就是说在提出要约之时，通过征收获得土地是可能的，在存在征收可能性之前，被征收人没有必要认真对待购买要约。此外，如果征收申请人在征收程序中又收回其要约并申请更低的补偿，那么合理要约的冻结效力即归于消灭。[②]

与拒绝合理要约的道理相同，如果被征收人对征收本身的合法性提出挑战并以败诉告终，此时显然在征收决定终局生效之前征收人是没有义务付款的，在这段时间内所产生的增值，不应当由被征收人享有。否则，所有被征收人都会通过没有根据的诉讼拖延征收程序，以便通过中间的增值而获利。如此规定的真正意义在于对中间时间段的增值通过双方相应的责任加以分担，而非以此规训被征收人。[③] 当然，如果被征收人以征收人没有向他提出合理的购买要约为依据认定征收是不被许可的，这种情况下，被征收人质疑的本质上依然是征收补偿额度的高低，此时导致的延迟并不属于他的责任范畴，增值判决依然

---

①Vgl. Aust/Jacobs/Pasternak，Rn. 8.

②Vgl. Aust/Jacobs/Pasternak，Rn. 12—24.

③Vgl. Aust/Jacobs/Pasternak，Rn. 691，692.

可能适用。①

不动产价格降低之时，原则上说增值判决此时依然可以得到适用，但并非无条件地适用。依据联邦最高法院的观点，只有在被征收人认为征收本身是不合法的，而不仅仅是征收补偿额度过低，并提起诉讼撤销征收，从而因此导致征收补偿款的支付迟延，后发现其起诉无据，此时他应当承担价格下跌的风险。②在征收本身是否许可的问题确定之前，不应当期待由征收受益人提前支付征收补偿款。③反之，如果被征收人只是起诉要求撤销他认为过低的补偿额而要求更高的额度，此时，价格下跌的风险应当由征收人承担，因为征收人本来就承担着在征收确定之后立即支付补偿款的义务。除此之外，在被征收人拒绝受领全额的补偿款之时，也应当承担价格下跌的风险。④

除此之外，在征收决定做出之前支付补偿款或者一定额度的补偿款的情况下，同样适用增值判决的基本原则，因为在被征收人受领款项之时他就已经按照相应的比例获得了补偿。在这种情况下，对于被征收土地的交易价值的确定，以其受领补偿款之时为准，未获得补偿的部分按照比例享受此后的增值。⑤《图宾根州土地征收法》第10条第2款和《巴伐利亚州土地征收法》第10条第2款均明确规定，土地的交易价值以征收机关就征收补偿做出决定之时为准，并规定如果征收补偿在征收补偿决定做出之前已经被支付，那么确定土地交易价

---

①Vgl. Aust/Jacobs/Pasternak，Rn. 694.

②Vgl. Aust/Jacobs/Pasternak，Rn. 684.

③Vgl. Weiß，in：Jäde/Dirnberger/Weiß，Baugesetzbuch Kommentar，6 Aufl.，§ 95，Rn.9.

④Vgl. Aust/Jacobs/Pasternak，Rn. 685，687.

⑤Vgl. BGH，Urt. 4. 6. 62，NJW 62，1441.

值的评估时点以款项支付之时为准。这两个州的规定不同于其他14个州包括《法典》中的规定，明确把征收补偿决定做出的时间点确定为评估时点，应该说更加明晰。

五、交易价值的评估方式

在确定了被征收物的质量时点以及该时点物的质量，以及该物的交易价格的评估时点之后，需要做的就是具体评估物的交易价格。《法典》第194条界定了交易价值，据此交易价值（亦称市场价值，此前也称为通常价值）指在评估价值的时间点，在通常的交易情况下，依据被征收土地或其他客体的相应法律状况、事实状况以及地理位置，排除异常的或者个人的因素而可能得出的价格。因此交易价值不同于某一块土地事实上基于一些特殊原因而被支付的价格，而是通常地排除了特殊因素比如个人的偏好而得出的价格。[1] 当然，《法典》本身并没有就如何得出交易价值做出规定，而是在第199条第1款授权联邦政府发布相应的不动产估值条例，同条第2款则授权各州政府制定相应的条例规范相关专业委员会的构成等事项。这里的交易价值是一种客观的价值，其本质是对于被剥夺的权利的补偿，目的在于使得被征收人能够重新获得同样的权利，因此并不取决于被征收人事实上能否重新获得同样的权利。[2]

交易价值通常由专业委员会来评估，关于评估最重要的规范是2010年联邦政府重新发布的《不动产估值条例》（Immobilienwerterm

---

[1] Vgl. Jäde，in：Jäde/Dirnberger/Weiß，Baugesetzbuch Kommentar，6 Aufl.，§ 194，Rn.1.

[2] Vgl. Weiß，in：Jäde/Dirnberger/Weiß，Baugesetzbuch Kommentar，6 Aufl.，§ 95，Rn.2.

ittlungsverordnung，下文简称《条例》）。①

依照《条例》规定，估值以质量时点的不动产状况和估值时点不动产市场上的一般价格环境为依据，未来可以预见的不动产利用情况的变化，只要足够确定，也应当加以考虑，但也应当考虑这种预期实现的时间长短。所谓的市场的一般价格环境，主要指估值时点市场上土地价格形成的基本状况，包括基本经济状况，资本市场的基本情况，以及不动产所处区域内的经济和人口发展情况。而土地的质量状况，包括影响土地价格的法律上的以及事实上的情况及其特别属性，包括地理位置，这些因素构成土地的特征。尤其是土地的发展状况（Entwicklungszustand），土地的建筑用途，以及其上影响价值的其他权利或负担，包括公法上的负担（abgabenrechtliche Zustand）、地理位置以及其他特性，构成土地的特征。

对于土地价值影响最大的无疑是其发展状况。《条例》细致规定了不同的土地的发展状况。建造熟地（baureifes land）指依据公法规范及其事实上的状况可加以建筑利用的土地。所谓的事实上的状况主要指土地的位置、形状以及土地的开发程度适于建筑的事实。未开发建筑用地（Rohbauland）指依据《法典》已被确定用于建筑，但是该块土地尚未被开发或者是否开发尚未完全确定，或者依据其地理位置、大小和形态尚不能被充分地建筑利用。预期建造土地（Bauerwartungsland），主要指依照建筑规划以及相应区域内的城市发展情况，基于具体的实施情况可以充分期待将会被建筑利用的土地。除此之外，用于农业和林业的土地就是农林用地。显然，对土地价值

---

①Vgl. Immobilienwertermittlungsverordnung vom 19. Mai 2010 （BGBl. I S. 639）

具有决定性影响的，首先在于其是否能够被建筑利用。对于土地的这种状况，其核心判断时点是征收决定做出之时，如果存在征收的前效果的情况，则以征收前效果产生的时间点为质量时点，已如前述。

《条例》还规定了土地的其他一些特征。如果所在区域土地的建筑用途和方式通常偏离了《法典》的规定，那么以通常交易中所认定的建筑用途为评估依据。对于影响价格的权利和负担主要需要考虑地役权、使用权、土地公共负担以及住房和租赁法上的一些限制。而不动产的地理位置主要需要考虑的是交通状况、居住和商业交易状况及环境影响。此外土地事实上的利用情况，如土地的收益、土地的大小、土地的形状、地下是否有矿产、是否适于做地基、是否存在对土地有害的变更，均构成土地的特征。对于已经建筑了的土地，其房屋形式、建筑方式、大小、建筑的状态、建造年份以及剩余使用年限，都构成土地的特征。

依照《条例》，在评估之时，只有那些没有受到私人因素或者不寻常的情况影响的购买价格才可以被纳入评估基础之中，包括租金或者经营费用。一般来说，如果购买价格或者其他数据明显地与其他类似的情况相背离，就可以认定是不寻常的或者私人的因素。

《条例》规定了具体的评估方法，可以采纳的有比较价值评估法、收益价值评估法、物品价值评估法，具体采用哪种评估法取决于评估客体以及惯常交易中的情况，特别是基于相关数据来具体判定，对选择的评估方法必须加以论证。在具体评估之时，原则上首先考虑整个土地市场的一般价格状况，其次再具体评估特定土地所具有的特征，如使用年限长短、建筑是否存在瑕疵等，在此基础上决定这些特征对土地价值具有增值还是贬值的影响，相应做出增减的评估。

无论采取哪种方式，最关键的无疑是评估所依据的数据基础。既然是评估交易价值，最重要的数据就是汇集起来的此前的交易价格样本，以此为基础形成一系列标准数据。最主要的就是通过交易价格数据而得出的土地标准价值（Bodenrichtwert）。土地价格指数则以一定的时间点为起点，反映土地价格的变化情况，以 100 为指数的起点。土地价格指数特别对于复杂的价格评估意义重大，如前所述，为了确定合理的补偿额，法院往往要查明被征收人受领补偿款以及法庭事实辩论终结时物的不同价值，这两个时间点往往相差数年之久，这时候只有借助价格指数才能良好地反映土地的价值变化情况。此外，没有两块完全相同的土地，为了确立某块土地与其他土地的不同而可能产生的价值差，通过大量数据可以形成换算系数（Umrechnungskoeffizienten），以此确定不同土地特征所可能具有的价值。最后还有资本收益率（Kapitalisierungszinssätze），即依据不同的土地种类，土地的交易价值在市场上平均所可能具有的资本收益率，该数据也有利于确定土地的收益能力。

依据《法典》第 196 条，在某一个特定的区域，在考虑土地不同发展状况的情况下，应当基于此前的交易价格数据查明土地的标准价值，即平均所拥有的价值。对于已经建筑过的土地，则以假定土地没有被建筑时可能拥有的价格为评估基础。所确立的土地标准价值区域，其土地利用形态总体上应当具有一致性，只有这样评估出的土地标准价值才能够反映区域内的土地价值。我们经常会看到北京房屋均价达到 3 万元这样的新闻，这种所谓的均价对于一幢具体的房屋没有任何说明力，因为这么大的区域内的房屋总体上完全没有可比性。《条例》第 10 条规定，土地标准价值应当优先采用比较价值评估法来确定，并规定了标准价值土地的基本特征内涵，如土地发展状态、具体利用形态等。实践中为了便于更准确地查明土地标准价值，联邦政府发布了《土地标准价值评估指南》（Bodenrichtwertrichtlinie），详细规定了如何确定土地标准价值区域和土地标准价值的查明。确定土地标准价值区域时，应当充分考虑所在区域的不同土地的价值差并不显著，这自然也意味着对于不同发展状态的土地应当确立不同的区域，特别是对于预期建造土地和未开发建造土地的区域，应当特别考虑发展规划以及整个土地市场发展的情况。原则上每个区域都应当有自己的土地标准价值，但并不排除两个土地标准价值区域互相有所重合。该评估指南还就不同发展状态的土地所特有的对于价值有影响的特征做了限定。在这样的完善的土地价值评估体系下，总体上说土地标准价值基本能够反映土地的市场价值。当然，需要说明的是，这个指南只是行政指南，对征收机关和法院并不具有拘束力。[1]

《条例》还就比较价值评估法、收益价值评估法和物品价值评估法作了具体规范。比较价值评估法的主要方法就是依赖足够多的交易样本，通过选取与待评估之物足够相似之物来确定该物所可能具有的市场价值。而收益价值评估法则依据物的平均市场收益率来确定，其判定方式往往要借助土地的纯粹价值或者资本化的纯收益来判断。物品价值评估法主要用于确定物的设施价值，基本出发点是重新设置该物扣除折旧所可能需要的花费。

总体上说，德国在实践中已经发展起非常完善的价值评估体系，每个区域都有自己的相关数据，巨细无遗，能够充分体现物的基本价

---

[1] Vgl. Aust/Jacobs/Pasternak，Rn. 627.

值。尽管如此，价值毕竟是主观的，实践中因为征收补偿而产生的纠纷不断。就征收补偿而言，估值的根本目的就是确定对被征收人的补偿额度的高低，因此从本质上说是一种法律适用，故必须接受司法的审查。按照联邦最高法院的观点，法官在具体案件中可以自由决定估值的方式，只要选择的方式能够得出公正的补偿结果即可。①

此外需要补充的是，除了上述的规范，联邦政府还分别发布了《比较价格与土地纯粹价值评估指南》（Vergleichswertrichtlinie）、《林地及其他附属补偿交易价值评估与审查指南》（Waldwertermittlungsrichtlinien）以及《农地及农场以及其他损失的交易价值评估指南》（Entschädigungsrichtlinien Landwirtschaft），它们共同组成了交易价格的评估体系，为《法典》第194条所确立的交易价值提供支撑。

六、补偿的方式

《法典》第99条就金钱补偿作了规范，第1款第1句规定，只要《法典》没有其他规定，原则上补偿应以一次性金钱给付为准。即使被征收人认为补偿额度太低，也无权拒绝受领，因为联邦最高法院认为这样的补偿款不能被视为《德国民法典》第266条意义上的部分履行。②如前所述，如果他拒绝的话，拒绝的部分款项所对应的补偿的份额即不能够享受此后可能产生的增值。第2款则规定，应所有权人的要求，补偿款可以分期支付，但以这种方式对于其他相关人而言可以合理期

---

①Vgl. Weiß, in: Jäde/Dirnberger/Weiß, Baugesetzbuch Kommentar, 6 Aufl., § 95, Rn.4.

②Vgl. Weiß, in: Jäde/Dirnberger/Weiß, Baugesetzbuch Kommentar, 6 Aufl., § 99, Rn.1.

待为准。第 3 款则规定了利率问题，一次性补偿款的利率以高于《民法典》第 247 条所确定的基准利率 2 个百分点为年利率，从征收局就征收申请做出决定之日起算。在提前的占有指定这种情况下，以做出提前的占有指定决定的时间点为准。这样的规定主要考虑的就是从征收决定做出之日起被征收人就不能够再占有其物，此时在他收到补偿款之间的时间点，其补偿款的资本利得应当归他所享有。

《法典》第 100 条规定了以土地作为补偿这种方式，相当于我们所说的安置地。《法典》之所以要做这样的例外规定，主要考虑的就是在很多情况下，仅仅给予被征收人金钱补偿，往往并不足以补偿其所遭受的损害。依据第 1 款，只要所有权人在其职业、营业保障或者为了履行对他而言本质性的使命方面依赖于替代土地，那么他就有权请求补偿以安置地的方式做出。特别是对于农民而言存在着突出的需求，显然即使给农民一笔补偿款项，很多情况下他也不知道该如何做出投资，而且他也将失去他本来的职业，这种情况下最好的办法就是给他补偿一块土地，让他继续他的农耕生涯。该项请求权的前提是征收人拥有合适的安置地，能够购买到或者依据《法典》第 90 条的规定能够通过进一步的征收而获得安置地。同样，在征收人可能提供安置地的条件下，如果被征收人的土地上建有自有住宅（Eigenheim）①或者小民居（Kleinsiedlung）②时，其即有权请求获得安置地，当然被征收人土地上的建筑以合法建筑为限。此项规定的立法目的主要在于

---

① 依据《第二住房建设法》（Zweites Wohnungsbaugesetz）第 9 条的规定，自有住宅指一个自然人所拥有的，在其所拥有土地上建筑的不超过两栋住宅的房屋，其中一栋确定由所有权人或者其亲属居住。

② 小民居在德国法律上指附带小花园和可供农村副业使用的建筑的民居。

使得被征收人有可能重新建造属于自己的房屋，有些类似于我国的宅基地。第 4 款则为征收局保留了自由裁量权，据此，应被征收人或者征收受益人的请求，征收局在公正衡量公共利益与相关人的利益的情况下，可以决定补偿以安置地或者部分以安置地的形式做出。该款适用的前提是征收受益人拥有合适的安置地或者能够购置到合适的安置地，此种情况下不得再进行征收以获得安置地。至于被征收人所获得的安置地，其价值未必与被征收的土地价值相同，此时依然适用《法典》第 95 条的规定，对于价值差额适用低补高退的原则，力求恰好补偿被征收人所失去的。[①]

通过上面的论述可以看出，德国土地征收补偿的法律机制非常规范与精致，尽最大可能地在公共利益与被征收人所遭受的特殊牺牲之间做出权衡，尽可能地对被征收人进行公正补偿，拿走多少，就补偿多少，一点不少，但因为补偿款要由国库支出，因此也不能多，何况基于平等对待所有被征收人的基本考虑，也没有任何理由给特定的被征收人以更多的补偿。为此司法实践发展出征收的前效果理论，以及系列增值判决，据此细致地确定被征收人所失去之物在不同的时间点所可能具有的交易价值，应当说最大限度地满足了公正的要求。当然毋庸置疑，即便如此完善的补偿机制，也必然存在缺陷，比如在被征收人仅仅获得了部分补偿款或者最初确定的补偿款价格太低，事实上没有可能重新获得同样的土地，即使他将这部分补偿款做了投资，也未必能够赶上不动产增值的速度，就如同北京近年来出现的情况（虽然在德国这种情况非常罕见），此时通过增值判决所确立的按比例补

---

①Vgl. Weiß，in： Jäde/Dirnberger/Weiß，Baugesetzbuch Kommentar，6 Aufl.，§ 100，Rn.1-6.

偿增值部分的原则，即未必能够真正使得被征收人处于重新获得被征收物的状况。当然无论如何，这最终都有赖于法院的裁量，因此法官的职业水准与操守在某种意义上说更为重要。

德国的经验无疑非常值得借鉴，它明确告诉我们，到底应该补偿什么，以什么样的方式来补偿，如何具体确定补偿的额度。当然，德国的社会制度环境和我国完全不一样，我国农村土地为集体所有，城市土地为国家所有，土地所有权交易完全不存在，更不存在一个完善的土地市场环境，仅有的国有建设用地市场，价格波动巨大，没有稳定的市场，标准价格评估机制也非常欠缺，在这种情况下适用德国法上的交易价值补偿原则，自然是行不通的。但是，德国的经验依然启示我们，在补偿的时候究竟应当考虑哪些因素。朴素的农民往往难以理解为什么政府强征来的土地一亩转手卖几百万，却只给他们几万块钱的补偿，其根本原因就在于这种价值的提升是因为土地利用形态发生了变化，而这种变化是征收导致的，因此这种增值本来就不应当归属于被征收人。当然，征收土地用于商业开发而非公共目的，则是完全不同的另外一个问题。至于按照原有的土地利用形式给予补偿，政府往往也没有给予充分的补偿，最高30倍的年产值补偿，当然不足以充分补偿其所遭受的损失。在一个没有任何土地交易市场的情况下，特别在市场经济迅速发展的过程中，如何对失地农民的生计做出真正的保障，非常值得我们深入研究。尽管欠缺交易价值存在的基础，德国法上很多机制依然值得我们借鉴。比如对于拒绝合理要约后的增值，比如因为知道要征收为了获得更高补偿迅速加盖楼层，或者迅速栽种树苗等实践中经常出现的情况，完全可以借鉴德国法的经验，采取相应的应对措施。核心的症结依然在于土地交易市场的欠缺，当然深层次的问题也许还在于土地规划制度的完善以及因为土地规划变化而导致价值变化的应对之策。

────── 第三节

德国土地征收救济
机制研究

为防止征收权滥用，德国不仅在宪法和相关法律中严格限制了征收权的行使条件，以最大限度地防止征收权的滥用，而且还建立了以"法院主导型"的对被征收人进行救济的机制，并形成与之相适应的具体的征收救济方式。[①]

一、征收救济的基础性权利保障：征收权的立法规制

根据《德国基本法》第 14 条第 3 款的规定："剥夺所有权只有为公共福利的目的才能被允许。剥夺所有权只有依照法律或者根据法律的原因进行，而且该法律对损害赔偿的方式和措施有所规定。该损害赔偿必须在对公共利益和当事人的利益进行公平的衡量之后确定。对损害赔偿额高低有争议时可以向地方法院提起诉讼。"此条作为德国政府征收权的限制性条款，明确规定了征收权的行使必须是基于公

────────────────

① 参见丁文：《土地征收救济机制之比较研究》，载《法学评论》2008 年第 1 期。

共利益的需要、必须遵循正当程序、必须给予相对人合理补偿，这些对于征收权的立法规制同时构成土地征收救济制度的基础。

德国对于征收权的立法规制主要通过公共利益需要以及正当程序控制之间的联结机制构建，由于公共利益的内容和受益对象具有不确定性，而德国的征收立法中并未对此做出明确的列举性规定，因此，特别重视在征收制度的设计上通过对"征收程序"的合理规范进而弥补公共利益难以界定的缺陷；① 而征收程序的设计主要是以维护被征收人的利益作为程序设计的出发点，因而在德国，对被征收人予以救济的程序性权利较为齐备，可以说，通过程序设计构建的权利体系为被征收人的权利救济奠定了良好基础——在征收程序的设计上，充分发挥了征收程序的组织功能和校准功能，并一定程度上承载了对公共利益的确定和将征收补偿具体化的任务。②

可以说，征收权的立法规制，尤其是德国通过完善征收程序立法已经完成防止被征收人利益受到侵害的第一道防线设置，奠定了征收救济制度的前提和基础；③ 同时，征收的程序性立法作为被征收人权利保护的第一道防线，但却并不为其提供周到、充分的保护，这也并非征收程序本身的制度功能。即便立法再完善，同样会出现政府非法征收的可能，如此，被征收人的利益难以得以维护，征收实践中会出现大量的超越公共利益范畴征收、违背征收程序规范、未给予被征收人合理补偿的违法性征收行为，由此也说明了征收救济机制设定的必要

---

① 参见丁文：《论中国土地征收救济机制之构建——以比较法为视角》，载《中国农村观察》2007 年第 4 期。

② 参见丁文：《土地征收救济机制之比较研究》，载《法学评论》2008 年第 1 期。

③ 参见王太高：《土地征收制度比较研究》，载《比较法研究》2004 年第 6 期。

性以及现实需求。

二、德国征收救济模式：法院主导型救济模式

德国的土地征收救济机制呈现出明显的法院主导型，即法院不仅直接介入土地征收，而且在被征收者的利益保护中发挥着不可替代的决定性作用。[①]德国《基本法》第14条第3款规定，征收当事人对损害赔偿额的高低有争议时可以向地方法院提起诉讼，从而确立了法院介入土地征收的合宪性。[②]同时，司法权对征收制度的介入还体现在对征收"必要性"问题的审查中。在德国法学界眼中，征收中的公共利益属于典型的"不确定法律概念"，属于司法审查的内容要素。司法权对于公共利益的审查可以分为两个层次，即宪法层次和行政层次；宪法层次的司法审查主要是由宪法法院审查决定征收的公共利益类型是否违宪；行政层面的司法审查是由行政法院审查行政机关在实行征收个案时，有无遵从征收法律的规定，即判断征收决定是否违法。

可以看出，德国司法救济呈现的强烈的法院主导型，与传统的司法救济机制比较而言，呈现出参与的全过程性以及全面性。第一，司法介入的全程性。法院从征地开始时就直接介入征收之中，而不仅是在征收结束后才善后。[③]法院对于征收的介入并不只在征收补偿的确定

---

① 参见丁文：《论中国土地征收救济机制之构建——以比较法为视角》，载《中国农村观察》2007年第4期。

② 参见丁文：《论中国土地征收救济机制之构建——以比较法为视角》，载《中国农村观察》2007年第4期。

③ 参见丁文：《土地征收救济机制之比较研究》，载《法学评论》2008年第1期。

环节，而是全程参与。而传统的司法救济机制，只是在公民或者法人的财产受到侵害时方才发生，加之诉讼机制的复杂与漫长，公民财产权益难以得到有效保障；因为传统的救济方式并不会直接导致具体行政行为的中止，即使被征收人在事后赢得诉讼，其利益也已经受到了实质性侵害。①而德国确定的法院主导型的救济机制已然渗透到传统司法救济机制难以参与的公共利益的界定环节，从而能更加有效地化解征地矛盾、减少违法征收问题，也避免了因司法救济介入过晚，损害既已发生加之交易属性发生的根本性变化，致使法院对交易成本的考虑不得不由土地权属转向损害赔偿的对被征收人权益保护极其不利的局面出现。②第二，司法权同时肩负监督职责。传统的司法救济方式并不能对行政权的任意行使进行有效控制，传统的司法救济模式中司法权并不会主动介入征收的决定和实施环节，而只是遵循"有纠纷即介入"的原则；因而，传统司法救济机制下的征收程序呈现出强烈的行政机关单方主导，征收事项完全由政府单方面决定，征地补偿方案的确定也是同样如此。征收程序中司法权介入的缺失，使被征收人只能被动接受征收决定的结果，而无法通过权利性主张请求进行听证或者提出异议，这样程序设定的意义便只会流于形式，甚至可能成为行政机关以合法程序掩盖非法目的的一个工具。③而德国的法院主导型救济模式，司法机关从"公共利益"的审查到"征收程序"的设计再到征

---

① 参见许中缘：《论不动产征收的司法权介入：兼谈司法权的本质》，载《华东政法大学学报》2009 年第 6 期。

② 参见陈新民：《德国公法学基础理论》，山东人民出版社 2001 年版，第 479—482 页。

③ 参见许中缘：《论不动产征收的司法权介入：兼谈司法权的本质》，载《华东政法大学学报》2009 年第 6 期。

收纠纷的解决都参与其中，"征收权"在征收全程中始终处于法院的监督和约束之中，利用司法权与行政权的制衡机制平衡征收人与被征收人的利益，以及反映公共利益与私人利益的博弈，从而真正维护了被征收人的利益。

因此，在德国，行政机关做出的征收决定并非终局性决定，虽然行政机关能够决定是否基于公共目的进行征收，但法院对于征收决定以及被征收财产是否能够转让的决定享有司法审查权。但是，毕竟司法权与行政权所代表的利益不同，由此决定了两者必然相互独立，因此，应当妥善处理司法权与行政权的关系。"行政是国家利益的代表，司法则是权利的庇护者。"①而司法权对于土地征收的介入，实质上，一方面作为一种权利救济方式，为那些受到损害的个人权利提供一种最终的、权威的救济，另一方面作为监督和控制权力的方式，对那些颇具侵犯性和扩张性的国家权力实施一种中立的审查和控制。②但需要注意的是，司法权对于征收权的介入只能是一种消极的、被动的介入，因为司法机关不能主动启动司法程序，并且不能擅自变更当事人的诉讼请求。因此，司法权对于征收权的介入只能是一种适度的、有限的介入，通过法官对具体个案的裁判发挥司法权的判断和辨别作用。此外，财产所有人及相关利益关系人可以向行政法院提起诉讼。在2009年修改后的《德国基本法》第14条第3款规定，只有符合公共利益时，方可准许征收财产。对于补偿额有争议的，可向普通法院提起诉讼。

---

① 参见［德］拉德布鲁赫：《法学导论》，米健等译，中国大百科全书出版社1997年版，第103页。
② 参见陈瑞华：《司法权的性质——以刑事司法为范例的分析》，载《法学研究》2000年第5期。

并且根据案件的不同情况和性质，确定了不同的法院管辖权级别。一般而言，对于征收补偿额有争议的，由普通民事法院管辖；[①]对于公平补偿请求权，在没有法律规定属于普通民事法院管辖的情况下，则可以提起行政诉讼，主管权属于行政法院；对于准征收损害补偿请求权，按照联邦最高法院关于一般牺牲请求权的认定，其也由行政法院管辖。[②]

依靠单纯的行政终局裁决形式解决土地征收引发的一系列纠纷尤其是补偿方面的争议，将导致实践中被征收人权益保障的失衡、征收权力滥用。而法院作为化解矛盾纠纷、维护社会公平正义的最后一道防线，将司法权控制引入土地征收之中，将有效地控制征地机关的行为，同时拓宽被征地人的救济路径，以一种"倒逼"机制的形式有效弥补行政终局裁决的不足。[③]司法权介入下的征收救济机制具有明显优势：首先，司法机关裁决保证了纠纷解决的中立性。法院作为居中裁判者，超然于争议主体之外，以公正独立的身份为双方当事人提供沟通平台，定纷止争。其次，法院裁决提供最终效力依据。诉讼程序为争议事项提供最终效力认定，因此，司法机关的介入并非作为行政诉讼法规范的对象，而是作为不动产征收中的独立程序。一方面，被征收人对因征收而受到的损害有权向人民法院提起行政诉讼请求救济；

---

① 1919 年德国《魏玛宪法》第 153 条第 2 款规定："财产征收，唯有因公共福利，根据法律，方可准许之。除了联邦法律有特别规定外，征收必须给予适当补偿，有关征收之争诉，由普通法院审批之。"

② 参见马良全、王梦凯：《失地农民在土地征收中的救济失范及司法回应——以司法权的适度介入为视角》，载《湖北大学学报（哲学社会科学版）》2014 年第 2 期。

③ 参见马良全、王梦凯：《失地农民在土地征收中的救济失范及司法回应——以司法权的适度介入为视角》，载《湖北大学学报（哲学社会科学版）》2014 年第 2 期。

另一方面，法官同时也应当具备确定不动产中的财产转移的权力，该权力之行使能够直接影响不动产征收程序的顺利进行。①

---

① 参见许中缘：《论不动产征收的司法权介入：兼谈司法权的本质》，载《华东政法大学学报》2009 年第 6 期。